Meik Gerhards

Der Ursprung Davids

STUTTGARTER BIBELSTUDIEN 246

Begründet von Herbert Haag, Norbert Lohfink und Wilhelm Pesch
Fortgeführt von Rudolf Kilian, Hans-Josef Klauck, Helmut Merklein und Erich Zenger
Herausgegeben von Christoph Dohmen und Michael Theobald

Meik Gerhards

Der Ursprung Davids

Studien zum Buch Rut im Alten Testament und in der Hebräischen Bibel

kbw bibelwerk

Umschlaggestaltung: Finken & Bumiller
Satz: SatzWeise, Bad Wünnenberg
Druck und Bindung: Sowa Sp. z o.o., ul. Raszynska 13,
05-500 Piaseczno, Polska
Printed in Poland

www.bibelwerk.de
ISBN 978-3-460-03464-8

Vorwort

Es ist noch nicht lange her, da fand ich das Buch Rut eher langweilig und hätte nie daran gedacht, ausführlicher darüber zu arbeiten. Das Interesse wurde geweckt, als mir deutlich wurde, dass sich aus der Rut-Exegese wichtige Erkenntnisse zu den Fragen der kanonischen Geltung des Alten Testaments in der christlichen Kirche und des christlichen Verständnisses alttestamentlicher Texte ergeben.

Dass das Rutbuch im Kontext dieser Fragestellungen, die nicht voneinander zu trennen sind, ein besonderes Interesse beanspruchen kann, ergibt sich zum einen aus der in mehreren jüngeren Aufsätzen publizierten These von H. J. Fabry, nach der die unterschiedliche Einordnung des Buches im christlichen und im jüdischen Kanon von weitreichender theologischer Bedeutung ist, wobei die jüdische Einordnung unter die Ketubim keineswegs Priorität gegenüber der christlichen Einordnung unter die Geschichtsbücher beanspruchen kann.

Zum anderen ist das Rutbuch auf Grund einer bereits in den 1930er Jahren veröffentlichten These von A. Jepsen interessant, nach der die Figur der Naomi als Typos des exilischen Israel zu verstehen ist, das die Zuwendung Gottes neu erfährt. Von dieser These ausgehend kann im Buch Rut eine typologisch-messianische Bedeutungsebene ausgemacht werden, für die auch die Figuren von Boas und Rut relevant sind. An diese Ebene kann die christliche Rezeption anknüpfen, indem sie Boas als Typos Christi und Rut als Typos der nichjüdischstämmigen (heidenchristlichen) Kirche versteht.

Diese nur sehr oberflächlich skizzierten Ansätze werden in der vorliegenden Arbeit vertieft. Der Diskussionshorizont, in dem sich die Studie verortet, wird ausführlicher in den Prolegomena umrissen, die dem ersten Kapitel vorausgehen. Das Buch wurde zunächst, noch ohne die Prolegomena, von Herrn Prof. Dr. B. Janowski und Herrn Prof. Dr. F. Hartenstein zur Publikation in einer von ihnen herausgegebenen Reihe angenommen. Herr Prof. Janowski gab noch einige Hinweise zur Gestaltung des Textes, für die ich ihm danke. Die Publikation in der ursprünglich angedachten Reihe scheiterte aber an mir unbekannten Problemen des Verlages. Umso mehr freue ich mich über die Bereitschaft von Herrn Prof. Dr. C. Dohmen und Herrn Prof. Dr. M. Theobald, das Manuskript in die Reihe der ‚Stuttgarter Bibelstudien' aufzunehmen. Dafür danke ich den beiden Herausgebern von ganzem Herzen.

Göttingen, den 24. Juli 2019 — Meik Gerhards

Inhalt

Prolegomena

Zum theologischen Diskussionshorizont: Das Alte Testament als Teil des christlichen Kanons

> „Einen Anhang zum Richterbuch bildet das Büchlein Ruth, das eine Episode aus der Richterzeit erzählt. Die kleine Novelle, deren Hauptgestalt ein moabitisches Mädchen ist, trägt durchaus nicht den idyllischen Charakter, den man ihm bisweilen andichtet, sondern ist von stärksten heilsgeschichtlichen Motiven durchpulst und gestaltet. Ruth erscheint in der Stammbaumlinie der davidischen Dynastie und damit als Vorfahrin des Herrn Christus (Ruth 4,21 f.; Matth. 1,5 f.). Von ebenso großer Bedeutsamkeit ist, daß es eine Heidin ist, die als Glied in der Kette der Entwicklung auf die Fülle der Zeiten hin erscheint. Das Gottesheil ist nicht auf Israel beschränkt, sondern gilt der ganzen Welt, gilt ihr von vornherein und Anfang an. Israel ist nur Mittel und Werkzeug zur Erfüllung dieses universalen Heilsplanes und Heilsgeschehens, das Gott Zug um Zug ‚zu Stand und Wesen bringt'. Das zu verkündigen, ist die Geschichte der Moabitin Ruth sonderlich geeignet, denn es ist eine rechte Führungsgeschichte, vergleichbar der Führungsgeschichte Abrahams, dem Ruth im Verlassen von Vaterland und Freundschaft gleicht, oder der Josephs, der wie Ruth in der Fremde aus der Armut in das Glück gehoben wird, das bei der Moabitin das Glück des Stehens in der auf Christus hinführenden Linie ist. Die Heidin die gekommen ist zu dem Herrn, dem Gott Israels, daß sie unter seinen Flügeln Zuflucht hätte (Ruth 2,12), erfährt, daß er seine Gnade nicht versagt den Lebenden und den Toten (Ruth 2,20). So ist das Büchlein Ruth in besonderer Weise dadurch geprägt, daß es Vorgeschichte des Christus, Vorlauf der Christusgeschichte ist, und es wirft damit ein bezeichnendes und aufhellendes Licht auf den Grundzug der Zeit, in der seine Erzählung sich begibt"[1].

So wird das Rutbuch in einer Handreichung für Religionspädagogen charakterisiert, die das Katechetische Amt der Evangelischen Kirche von Westfalen in den 1950er Jahren herausgegeben hat. Die von der damals herrschenden Wort-Gottes-Theologie geprägte Broschüre will aus ihrer Sicht überholte Auffassungen über das Alte Testament überwinden hel-

---

1 Niemeier, Christus, 21 f.

fen und die Unverzichtbarkeit des ersten Kanonteils auch für den Religionsunterricht darlegen.

Als überholt gelten der Broschüre die Ergebnisse einer Exegese, die einseitig von der historischen Kritik bestimmt ist und die das Alte Testament daher nur als „Urkundensammlung zur Entwicklung der Frömmigkeit und der religiösen Vorstellungen" in den Blick bekommt.[2] Die aktuelle Forschung sei dagegen von der Einsicht bestimmt, „daß der Blickpunkt, unter dem allein das AT recht zu sehen und zu werten ist, theologischer Art zu sein hat, daß der Winkel, der allein das Phänomen AT zu fassen vermag, der theologische Winkel ist".[3] Da aber wissenschaftliche Erkenntnisse „unverhältnismäßig lange Zeit brauchen, um Allgemeingut der Interessierten zu werden", hielten viele noch immer die rein historische Sicht auf das Alte Testament für die einzig richtige – so wie auch „Harnacks Vorlesungen über das ‚Wesen des Christentums' immer noch im Schwange gehen, obwohl sie dem Fachmann als so überholt gelten, daß sie ein Gegenstand der Theologiegeschichte geworden sind"[4].

In der gegenwärtigen Situation klingt diese theologische Standortbestimmung wieder fremd. Der in der Handreichung nur am Rande erwähnte Harnack ist von einem „Gegenstand der Theologiegeschichte" wieder zum Impulsgeber geworden, auch im Blick auf die Bedeutung des Alten Testaments für die Kirche. N. Slenczka hat mit der These, „dass das AT (…), wie Harnack vorgeschlagen hat [*!*], eine kanonische Geltung in der Kirche nicht haben sollte"[5], sogar mediale Aufmerksamkeit erregt.[6]

Mit Slenczka habe ich mich bereits an anderer Stelle auseinandergesetzt[7], was mir u. a. die Kritik eigebracht hat, dass ich ihm wohl „zu viel Ehre" erwiesen hätte, seien seine Argumente doch „so alt wie das Christentum" selbst[8]. An die damit zitierte Rezension wäre eine Fülle von Ge-

2 Niemeier, Christus, 4.

3 Niemeier, Christus, 3.

4 Niemeier, Christus, 1.

5 Slenczka, Testament, 49.

6 Vgl. dazu Slenczka, Testament, 55–58. Slenczka bezieht sich dabei allerdings nicht auf das „Wesen des Christentums", sondern auf Harnacks Marcion-Buch von 1921.

7 Vgl. Gerhards, Protevangelium, 39 ff.

8 M. Oeming, Rezension zu: Gerhards, M., Protevangelium, ThRev 114 (2018), Sp. 455 f. (Zitat: Sp. 455).

genfragen zu richten; an dieser Stelle sei aber festgehalten, dass man Slenczka nicht zu viel Ehre antut, wenn man seine Thesen zum Alten Testament sehr ernst nimmt. Das gilt vor allem, weil Slenczka das Verdienst hat, dass er den Finger auf ein Problem legt, dem Theologie und Kirche gar nicht ausweichen können: auf die Spannung zwischen der zumindest in der Evangelischen Kirche verbreiteten Ablehnung einer spezifisch christlichen, gar christologischen Auslegung des Alten Testaments auf der einen Seite und seiner Beibehaltung im Kanon auf der anderen.

Welche Position führende Kreise der Evangelischen Kirche heute vertreten, spiegelt sich in den „Sonderseiten" der Jubiläumsausgabe der Luther-Bibel von 2017[9], in denen es zu Luthers christologischem Verständnis des Alten Testaments heißt:

> Aus heutiger Sicht erscheint dieses Verständnis des Alten Testaments von Christus her und auf das neutestamentliche Heilsgeschehen hin als nicht unproblematisch. Die moderne Wissenschaft erschließt die biblischen Schriften von ihren eigenen historischen Entstehungszusammenhängen her. Nicht zuletzt hat auch das Bewusstsein, dass das christliche Alte Testament die Heilige Schrift des Judentums ist, in der zweiten Hälfte des 20. Jahrhunderts dazu geführt, es zunächst in seiner eigenständigen Bedeutung wahrzunehmen. Doch zu Luthers Zeit war ein direktes christologisches Verständnis noch gut möglich[10].

Wenn aber „das christliche Alte Testament die Heilige Schrift des Judentums ist" – man beachte die exklusive Formulierung: Es heißt nicht etwa, dass das christliche Alte Testament *auch* die Heilige Schrift des Judentums sei! –, und wenn das angemessene Verständnis biblischer Texte maßgeblich dadurch bestimmt sein soll, dass „die moderne Wissenschaft" die Texte „von ihren eigenen historischen Entstehungszusammenhängen her" erschließt – also nicht aus dem Kontext des beide Testamente umfassenden kirchlichen Kanons –, dann ist der Vorschlag von Harnack und Slenczka, dem Alten Testament nur noch eine Stellung zu-

---

9 Die Bibel. Nach Martin Luthers Übersetzung. Lutherbibel. Revidiert 2017. Jubiläumsausgabe 500 Jahre Reformation. Mit Sonderseiten zu Martin Luthers Wirken als Reformator und Bibelübersetzer, Stuttgart 2016.

10 S. 35 der im hinteren Teil der in Anm. 7 genannten Bibelausgabe abgedruckten „Sonderseiten".

zuerkennen, wie Luther sie den Apokryphen zuweist[11], durchaus nachvollziehbar.

Slenczka verweist dazu auch auf ein anderes Beispiel, das „faktisch (…) die Konsequenz“ aus der Stellungnahme der Sonderseiten zieht[12]: Im Vorwort zur Lutherbibel 2017 stellt der Ratsvorsitzende der Evangelischen Kirche in Deutschland (EKD), H. Bedford-Strohm, fest, dass im Alten Testament „die Geschichte Gottes mit seinem Volk Israel im Mittelpunkt“ stehe, während es im Neuen Testament „um Jesus Christus“ gehe. Dass die im Alten Testament erzählte Geschichte Gottes mit Israel in einer Verbindung zu Jesus Christus stehe, dass sie gar auf das Kommen Jesu Christi hinauslaufe und in seinem Kommen ihre Vollendung finde – wie schon der erste Abschnitt des Neuen Testaments, der Stammbaum Jesu in Mt 1,2–17, feststellt – wird in dem Vorwort nicht gesagt. Es hätte wohl auch, wie Slenczka aus einem anderen Zusammenhang mitteilt, in führenden Kreisen der EKD zu „erheblichen Irritationen“ geführt[13]. Wenn das aber gilt, kann man Slenczka kaum widersprechen, wenn er unter Berufung auf das Vorwort zur Lutherbibel 2017 feststellt: „Das Alte und das Neue Testament haben nach dieser Zusammenfassung bereits unterschiedliche Gegenstände, und die Botschaft von Jesus Christus ist Gegenstand des Neuen, offenbar aber nicht des Alten Testaments. Damit ist aber eben das Evangelium von Jesus Christus, das der Grund der kanonischen Geltung der biblischen Schriften ist, nicht Gegenstand der Verkündigung des Alten Testaments“[14]. Die Folgerung liegt auf der

---

[11] Vgl. Slenczka, Testament, 55; 306–310.

[12] So Slenczka, Rezeptionshermeneutik, 148.

[13] Slenczka, Testament, 311 berichtet über die Entstehung der Einführung zu der von der Bildzeitung herausgegebenen Volksbibel von 2012. In einem Entwurf hatte der damals bereits emeritierte (bei Slenczka fälschlich: damalige) Bischof der Selbständigen Evangelisch-Lutherischen Kirche (SELK), J. Schöne, geschrieben, dass im Alten Testament alles auf den einen zulaufe, „der sich als Sohn Gottes offenbart hat: Jesus Christus“, und: „Vom Neuen Testament her lesen und verstehen Christen auch das Alte Testament“. Die EKD lehnte diese Sätze mit der Begründung ab, dass sie in ihren Reihen „erhebliche Irritationen“ auslösen würden. Als Quelle nennt Slenczka eine Internetseite des „Gemeindenetzwerkes“, auf der sich ein Kommentar von Altbischof Schöne unter dem Titel: „Was treibt die EKD um?“ findet (www.gemeindenetzwerk.de/?p=8816 [von mir eingesehen am 7. Juli 2019]).

[14] Slenczka, Rezeptionshermeneutik, 147.

Hand: Es gibt dann keinen Grund, dem Alten Testament kanonische Geltung zuzuerkennen.

In der römisch-katholischen Kirche besteht größere Offenheit für ein spezifisch christliches Verständnis des Alten Testaments. So wird im Vorwort zur revidierten Einheitsübersetzung[15] festgehalten, dass beide Testamente „untrennbar zusammengehören", weil es nur einen Gott gibt, dessen Wort die Welt geschaffen hat und in Jesus Christus Fleisch geworden ist. „Deshalb wird das Neue Testament im Lichte des Alten Testaments und das Alte Testament wird im Lichte des Neuen Testaments gelesen". Die Einheit der Heiligen Schrift wird darin gesehen, dass sie „von der großen Liebesgeschichte Gottes mit den Menschen" erzählt. Wenn aber die Einheit der christlichen Bibel und die gegenseitige Bezogenheit der beiden Testamente in der katholischen Kirche auch stärker betont werden, dürfte das Problem, das sich am Vorwort und an den Sonderseiten der Lutherbibel aufzeigen lässt, auch in der katholischen Kirche nicht unbekannt sein.

In diesem wichtigen theologischen Diskussionshorizont will die vorliegende Arbeit Stellung beziehen, indem sie zeigt, dass die Charakterisierung des Buches Rut aus der Handreichung der 1950er Jahre in allen wesentlichen Punkten immer noch Zustimmung verdient – und zwar gerade dann, wenn das Buch von seinen „eigenen historischen Entstehungszusammenhängen her" verstanden wird. Es soll also keinen Rückschritt hinter den in den Sonderseiten der Lutherbibel 2017 benannten Ansatz der „modernen Wissenschaft" geben – allerdings darf der historisch-kritische Ansatz auch nicht einseitig als die Zugangsweise der „modernen Wissenschaft" gelten: Zur modernen Wissenschaft gehört ebenso die Einsicht, dass Texte Sinnpotentiale enthalten, die in verschiedenen Rezeptionskontexten unterschiedlich aktualisiert werden.[16] Angesichts dieser Grundeinsicht kann es einer kirchlich verantworteten Theologie, gleich welcher Konfession, nicht gleichgültig sein, dass der

---

15 Die Bibel. Einheitsübersetzung des Heiligen Schrift. Gesamtausgabe, Stuttgart ^{3}2017. Das Vorwort ist von den Vorsitzenden der Bischofskonferenzen Deutschlands, Österreichs und der Schweiz sowie von vier weiteren Bischöfen teilweise deutschsprachiger Diözesen unterzeichnet.

16 Zu dieser Kritik an den Aussagen der Sonderseiten vgl. ausführlicher Gerhards, Gott und das Leiden, 278.

zweiteilige Kanon der christlichen Bibel der Rezeptionskontext ist, der der Kirche vorgegeben ist. Gerade eine Kirche, die diesen Rezeptionskontext in Gestalt einer revidierten Bibelübersetzung den Lesern buchstäblich in die Hand gibt, kann diesen Kontext theologisch nicht außer Acht lassen. Wo der christliche Kanon als Verstehenskontext ernst genommen wird, zeigt sich, wie das Vorwort zur Einheitsübersetzung formuliert, dass „das Neue Testament im Lichte des Alten und das Alte Testament im Lichte des Neuen" betrachtet werden will. Anders gesagt: Es zeigt sich eine Korrelation des Verstehens zwischen beiden Kanonteilen bzw. zwischen Jesus Christus und dem Alten Testament: Einerseits ist Jesus Christus vom Alten Testament her zu verstehen, weshalb das neutestamentliche Christuszeugnis voller Bezugnahmen auf alttestamentliche Texte ist; dabei wird aber zugleich das Alte Testament in das Licht Jesu Christi gerückt, wobei sich Zusammenhänge und Sinndimensionen in den alttestamentlichen Texten zeigen, die ohne das neutestamentliche Christuszeugnis nicht wahrzunehmen wären.[17]

Das Rutbuch gehört zu den alttestamentlichen Texten, bei denen das exegetisch grundlegende Postulat, den Text in seinem eigenen Anspruch ernst zu nehmen, dazu führen kann, den christlichen Kanon aus Altem und Neuem Testament als angemessenen Rezeptionskontext zu entdecken. Dabei kann davon ausgegangen werden, dass das Buch, mit der Handreichung gesagt, „eine rechte Führungsgeschichte" erzählt. Das Buch Rut handelt aber nicht nur von der göttlichen Führung im individuellen Leben der Hauptpersonen Naomi und Rut, sondern ist auch, wie die Handreichung feststellt, „von stärksten heilsgeschichtlichen Motiven durchpulst und gestaltet". So beginnt es mit einer Hungersnot (Rt 1,1), die als Anspielung auf die Erzvätergeschichten zu verstehen ist. Deren

---

17 Diese Korrelation kommt beispielhaft in der Emmaus-Geschichte (Lk 24,13–35) zur Geltung. Dort erschließt einerseits der Auferstandene den beiden wandernden Jüngern was in „Mose und allen Propheten" über ihn gesagt ist (24,27). Dabei werden Zusammenhänge im Alten Testament deutlich, die die Jünger zuvor so nicht gesehen hatten: Der Messias ist zugleich der Gottesknecht, der für die Sünden der vielen leiden und sterben muss. Andererseits wird aus dieser Sicht auf die alttestamentlichen Texte verständlich, dass Jesus leiden und in Gottes Herrlichkeit eingehen musste (24,26). Vgl. dazu Gerhards, Windeln, 20–25; ders., Protevangelium, 100–103.

Thema ist wiederum, wie Gott in Abraham eine Segensgeschichte für die ganze Menschheit beginnt. Das Buch endet mit einem Ausblick auf die Geburt Davids (Rt 4,17.22), des Königs, mit dem messianische Hoffnungen verbunden sind, denen auch das Buch Rut mit einer von prophetischen Texten inspirierten typologisch-messianischen Bedeutungsebene Ausdruck verleiht. Schon diese knappen Beobachtungen zeigen, dass das Buch Rut nicht für sich steht, sondern das Alte Testament insgesamt als Verstehenskontext voraussetzt. Die messianischen Hoffnungen, denen es Ausdruck verleiht, weisen aber über das Alte Testament hinaus, das die Erfüllung dieser Hoffnungen nicht mehr berichtet.

Stellt man aber die Frage, ob und ggf. wo sie sich erfüllt haben – und das gehört dazu, wenn der Text ernst genommen wird –, dann wird eine kirchlich orientierte Exegese das Neue Testament nicht außer Acht lassen. Sie wird die alttestamentliche Geschichte Gottes mit Israel, von der die Ruterzählung ein Teil sein will, nicht so unverbunden neben die neutestamentliche Botschaft von Jesus Christus stellen, wie es im Vorwort der revidierten Lutherbibel der Fall ist. Vielmehr wird sie bemüht sein, das Rutbuch zumindest probeweise als Teil der „großen Liebesgeschichte Gottes mit den Menschen" zu verstehen, die nach dem Vorwort zur Einheitsübersetzung das Thema der Heiligen Schrift Alten und Neuen Testaments ist. In diesem gesamtbiblischen Kontext findet die Frage nach der Erfüllung der im Buch Rut angesprochenen messianischen Hoffnungen eine Antwort: Sie erweisen sich als in Jesus Christus erfüllt, der als Sohn Davids ein Nachfahre von Boas und Rut ist, und der – so wie Boas die Moabiterin Rut zur Ehe nimmt – Gläubige nichtjüdischer Abstammung in das Gottesvolk aufnimmt. Damit wäre die eine Seite der Verstehenskorrelation angesprochen: das Licht, das vom neutestamentlichen Zeugnis auf einen alttestamentlichen Text fällt. Was die andere Seite angeht, den Beitrag des Alten Testaments zum neutestamentlichen Zeugnis, so zeigt das Rutbuch am Beispiel seiner aus Moab stammenden Hauptperson, dass Gläubige, die sich für die Zugehörigkeit zum Gottesvolk und zu Gott selbst entscheiden, ebenso Teil des Gottesvolkes sind wie die, die in das Volk hineingeboren sind. Diese Einsicht, vor deren Hintergrund die einzige Erwähnung Ruts im Neuen Testament (Mt 1,5) zu verstehen ist, ist für das Selbstverständnis der Kirche als Gottesvolk aus Juden und Nichtjuden in Kontinuität zum Gottesvolk des Alten Testaments grundlegend.

Werden diese theologisch gewichtigen Sinndimensionen wahrgenommen, die sich nur zeigen, wenn man über eine Exegese hinausgeht, die die Texte allein „von ihren eigenen historischen Entstehungszusammenhängen her" erschließt, wenn man also das Buch Rut in den Gesamthorizont der Bibel aus Altem und Neuem Testament stellt, wird man über die kanonische Geltung des Alten Testaments anders denken als es die Sonderseiten zur Lutherbibel 2017 nach Slenczkas berechtigter Kritik nahelegen.

In den Sonderseiten wird allerdings auch darauf hingewiesen, dass „das christliche Alte Testament die Heilige Schrift des Judentums ist". Darin kommt die Kritik an einer spezifisch christlichen Auslegung des Alten Testaments zur Geltung, die sich in den letzten Jahrzehnten aus der institutionalisierten Form des jüdisch-christlichen Dialogs ergeben hat. Diese Kritik erkennt den Anspruch des heutigen Judentums, der unmittelbare, legitime Erbe des antiken Israel, des alttestamentlichen Gottesvolkes, zu sein, grundsätzlich an, während die direkte Kontinuität der vor allem aus nichtjüdischstämmigen Gliedern bestehenden Kirche zu Alt-Israel als problematisch gilt. Das Rutbuch liefert aber schon innerhalb des Alten Testaments einen Beleg dafür, dass man sich dem Gottesvolk auch auf Grund einer Entscheidung anschließen kann, so dass der genealogische Zusammenhang mit Israel zumindest nicht allein entscheidend ist. Im Horizont des christlichen Kanons wird daraus ein wichtiger Schriftbeleg dafür, dass sich die aus Juden und Nichtjuden bestehende Kirche in legitimer Kontinuität zum alttestamentlichen Gottesvolk verstehen kann. Für den Anspruch der Kirche, das Alte Testament als Teil ihres Kanons zu betrachten, ist diese Einsicht entscheidend: Die Kirche kann von daher die Israeliten des Alten Testaments als ihre „Vorfahren" betrachten und das, was im Alten Testament zu Israel gesagt ist, im Licht des neutestamentlichen Christuszeugnisses „innerlich und geistlich" auf sich beziehen. Damit wurde Luther zitiert[18], da hierin ein wesentliches

---

[18] Luther hält in: WA 31/2, 243,7–9 fest, dass wir Christen das, was die Israeliten des Alte Testaments als „unsere Vorfahren" äußerlich und körperlich erfahren haben, innerlich und geistlich erfahren können *(Hoc, quod passi sunt nostri antecessores secundum historiam externe corporaliter, hoc nos patimur secundum nostram historiam interne et spiritualiter)*. Konkret geht es an dieser Stelle darum, dass die Zusage Jesajas an Hiskia, dass die Erretteten des Hauses Juda wieder Wurzeln schlagen und Frucht bringen werden (Jes 37,31), von Christen als

Element seines christlichen Verständnisses des Alten Testaments liegt, das vor dem Hintergrund der theologisch begründeten Kontinuität von alttestamentlichem Gottesvolk und christlicher Kirche unproblematisch ist. Problematisch wird es, wo diese Kontinuität bestritten wird.[19]

Schließlich bleibt zu beachten, dass das „christliche Alte Testament“ nicht einfach mit der „Heiligen Schrift des Judentums“ gleichgesetzt werden kann wie die Sonderseiten ebenfalls behaupten. Das christliche Alte Testament und die jüdische Hebräische Bibel sind vielmehr zwei verschiedenen Kanones, wofür nicht zuletzt die unterschiedlichen Einordnungen des Buches Rut stehen, das im Alten Testament unter den Geschichtsbüchern erscheint, während es in der Hebräischen Bibel zu den „Schriften“ (Ketubim) gerechnet wird. H. J. Fabry hat darauf hingewiesen, dass diese Unterschiede in der Einordnung theologisch beachtlich sind, weil sie die gesamtbiblische Bedeutung der Gestalt des Königs David betreffen. Fabry nennt gute Gründe dafür, dass die im Judentum übliche Zuordnung zu den Ketubim gegenüber der christlichen Einordnung in die Geschichtsbücher sekundär ist und mit der Absicht der Abgrenzung gegenüber dem Christentum vorgenommen wurde. Wenn diese These zutrifft, hat die Hebräische Bibel im Blick auf das theologische

---

bleibend gültiges Trostwort verstanden werden kann, das dazu ermuntert, in scheinbar hoffnungslosen Situationen die Hoffnung nicht zu verlieren: *Est autem consolacio, ne desperemus in rebus apparentibus carni impossibilibus restitui posse* (a. a. O., 243, 20 f.). So sehr Luther vor einer unreflektierten Anwendung von Allegorien warnt (*cavete ergo ab ineptis et vulgatis allegoriis!*, a. a. O., 243,4 f.), so kann dieser Trost doch allegorisch auf das getötete und wiederbelebte Gewissen bezogen werden (a. a. O. 243, 18–20).

19 Wenn die Kontinuität zwischen alttestamentlichem Gottesvolk und Kirche bestritten wird, werden das alte Israel (und das heutige Judentum als dessen Fortsetzung) und die Kirche als zwei Religionsgemeinschaften betrachtet. Dann aber gilt: „Sobald sich das Bewusstsein ausbildet, dass dieses Buch [= *das Alte Testament*] nicht von der Kirche, sondern von einer Religionsgemeinschaft handelt und zu ihr spricht, von der sich die Kirche getrennt hat, wird das Verhältnis der Kirche zu diesem Schriftenkorpus hochproblematisch“ (Slenczka, Testament, 82). Das „Bewusstsein“, dass sich die Kirche von der israelitisch-jüdischen Religionsgemeinschaft getrennt hat, wird allerdings dem komplexeren historischen Befund nicht gerecht (vgl. dazu unten S. 36 f.). Wie am Beispiel des christlichen Verständnisses des Rutbuches gezeigt werden soll, ist es auch nicht aus der Heiligen Schrift zu begründen.

Gesamtverständnis der gemeinsamen heiligen Schriften kein älteres Recht als das Alte Testament: Indem das Alte Testament mit dem Neuen zum christlichen Kanon zusammengeschlossen wird, erfährt das Verständnis der alttestamentlichen Texte durch die Korrelation mit dem Christuszeugnis gewisse Brechungen; andererseits steht die Einordnung des Buches Rut unter die Ketubim, wie sie in der Hebräischen Bibel üblich ist, ihrerseits dafür, dass auch das jüdische Verständnis der heiligen Schriften Alt-Israels kein ungebrochenes ist.

Dass die messianischen Hoffnungen, die auf der typologisch-messianischen Bedeutungsebene des Buches Rut zum Ausdruck kommen, in Jesus Christus erfüllt sind, dass das Buch also „Vorgeschichte des Christus" und „Vorlauf der Christusgeschichte" ist, wie die eingangs zitierte Handreichung sagt, erschließt sich nur dort, wo zumindest Offenheit für das kirchliche Bekenntnis besteht, dass Jesus von Nazareth der im Alten Testament vorbereitete Messias ist. Aus allgemein-hermeneutischer Sicht lässt sich das christliche Verständnis also nicht als objektiv richtig oder allein gültig erweisen. Jedoch – wer das kirchliche Bekenntnis in dem substantiellen Sinn teilt, dass er sich im Leben, Glauben und Denken Jesus Christus verpflichtet weiß[20], wird im Sinn von Joh 5,39 die christliche Lesart als normativ gelten lassen.

Die vorliegende Arbeit möchte diesem Verstehensansatz nachdenken, gerade weil mit der Exegese des Rutbuches so wichtige Folgerungen für die kanonische Geltung des Alten Testaments in der Kirche verbunden sind. Da die historische Exegese als relativ objektivster Zugang

---

20 „Substantiell" bedeutet in diesem Zusammenhang, dass das Bekenntnis nicht „entsubstantialisiert" verstanden wird, dass sich also das Vertrauen auf den lebendigen Herrn Jesus Christus als eine unabhängig vom Gläubigen und seinem religiösen Selbstverständnis existierende Größe richtet. Dass dies in der gegenwärtigen evangelischen Theologie nicht selbstverständlich ist, zeigt etwa Slenczka, Flucht. Das kirchliche Kernbekenntnis in substantiellem Sinn zu teilen, bedeutet etwa, die „innere Freundschaft mit Jesus" zu suchen, auf die nach J. Ratzinger (Papst Benedikt XVI.) „alles ankommt", und die „ins Leere zu greifen" droht, wenn der wahre Jesus „so ganz anders" gewesen sein sollte, „als ihn die Evangelisten darstellen und als ihn die Kirche von den Evangelien her verkündigt" (Die Zitate in: Ratzinger, Jesus I, 10 f.). Das substantielle kirchliche Bekenntnis geht also mit einem Vertrauen in die Jesus-Darstellung der Evangelien und ihre Fundierung in der wirklichen Geschichte Jesu einher.

zu Texten eine notwendige, wenn auch keine hinreichende Voraussetzung für ein wissenschaftlich begründetes theologisches Verständnis ist, ist dabei mit historischen Erörterungen zur Einordnung des Buches Rut in den Kanon sowie mit Fragen der historischen Exegese zu beginnen. Diese historischen Erörterungen sollen einer vorschnellen theologischen Vereinnahmung der Erzählung entgegenwirken. Anschließend soll die christliche Verstehenstradition in den Blick genommen und mit Einsichten der historischen Exegese verbunden werden.

1. Einleitung

1.1. Verschiedene Lesarten der Rut-Erzählung

Die von Herder und Goethe ausgehende, innerhalb der alttestamentlichen Wissenschaft u. a. von H. Gunkel vertretene Tradition, das Buch Rut als idyllische Novelle zu verstehen, deren Schönheit sich „jedem unverbildeten Geschmack“ erschließt[21], kommt der bukolischen Sehnsucht einer rationalisierten Lebenswelt entgegen[22]; dennoch wurde sie mittlerweile zu Recht relativiert: Die Not der Witwen Naomi und Rut taugt nicht zum Gegenstand romantischer Sehnsuchtsbefriedigung[23]. Auch darf nicht übersehen werden, dass das Buch auf Grund vieler Bezüge zu anderen alttestamentlichen Texten der gebildeten, schriftgelehrten Literatur zuzurechnen ist. Daher sind es gewiss keine „Verirrungen des grübelnden Verstandes“[24], vom Buch Rut mehr zu erwarten als eine „Ge-

---

21 Goethes bekannte Charakterisierung des Buches Rut („das lieblichste kleine Ganze [...], das uns episch und idyllisch überliefert ist“) findet sich in den „Noten zu besserem Verständniss“ des West-östlichen Divan (Goethe, Divan I, 140 f.). Das Rutbuch wird dort vor allem als Beispiel hebräischer Poesie besprochen, die im Gefolge Herders und Eichhorns zur ältesten, naiven Dichtkunst gerechnet wird. Zwar wird auch festgestellt, die Bibel sei „uns deßhalb gegeben (...), damit wir uns daran, wie an einer zweiten Welt, versuchen, uns daran verirren, aufklären und ausbilden mögen“; Goethe geht es dabei aber nicht um gelehrte theologische Interpretationen, sondern um lebenskluge Lehren, die aus alter, naiver Poesie zu gewinnen sind. Zustimmung zu Goethe und dessen Gewährsmann Herder bei Gunkel, Ruth, 65.

22 Schon Umbreit, ThStKr 7 (1834), 306 stellt fest, dass „die berühmten Kritiker“, die dieses idyllische Verständnis vertreten, Stadtbewohner sind, denen es guttut, „auf die offenen Aehrenfelder des Boas versetzt zu werden“.

23 Dagegen v. a. Ebach, Fremde, 278 m. Anm. 5, der darauf hinweist, dass die Überwindung eines oberflächlichen idyllischen Verständnisses des Rutbuches gerade auch ein Verdienst der feministischen Exegese war.

24 Gunkel, Ruth, 89.

schichte, wie sie das Volk gerne hört: nach Regen Sonnenschein!"[25] Der Text selbst gibt die Frage nach einer tieferen theologischen Tendenz auf.

Das Buch enthält Potentiale, die es für eine feministisch und sozialgeschichtlich interessierte Exegese besonders interessant machen. Es trägt im Titel den Namen einer Frau, einer Migrantin aus Moab, und hat in der Figur der Naomi eine weitere weibliche Hauptperson. Eine feministische Auslegung kann den Akzent darauf legen, wie kinderlose Witwen als Randfiguren einer männerdominierten Gesellschaft durch gegenseitige Solidarität mit Gottes Hilfe soziale und materielle Absicherung finden. Dazu wird zwar eine dritte, nunmehr männliche, Hauptperson in Gestalt des Boas benötigt; bei ihm kann jedoch gefragt werden, ob ihm als Handlungsträger derselbe Rang zukommt wie den Frauen Rut und Naomi.[26]

Die Frauenperspektive des Buches hat sogar zu der Vermutung Anlass gegeben, dass eine Frau der Verfasser ist.[27] Wiederum können manche Aspekte der Erzählung gerade aus feministischer Sicht auch als problematisch empfunden werden.[28] Unstrittig ist jedoch, dass die Frauenfiguren, aber auch Boas, bei einer sozial und politisch engagierten Lesart als Vorbilder verstanden werden können, die Orientierung in aktuel-

---

25 Gunkel, Ruth, 83. Nach Zenger (bearb. Frevel) in: Ders. (u. a.), Einleitung, 281 ist dieses Urteil Gunkels „leider klassisch geworden". Aus sachlichen Gründen muss man sich dieser Klage anschließen.

26 Nach Fischer, Rut, 93 ist Boas „zwar ein zentraler Handlungsträger", der aber „durch die rahmenden Szenen, die sich jeweils auf die Frauen konzentrieren, narrativ ins zweite Glied gestellt" wird.

27 Vgl. dazu Fischer, Rut, 93 f.; auch Ebach, Fremde, 283 Anm. 24; Hausmann, Ruth, 99. Nach Petermann, Rut, 104; Lacocque, CAT XVII, 15 m. Anm. 8 ist die Annahme, dass das Rutbuch in Kreisen „weiser Frauen" (vgl. II Sam 14,2) entstanden ist, ansprechend bzw. plausibel. Nach Köhlmoos, ATD 9/3, XVI ist die Abfassung durch eine Frau „nicht prinzipiell ausgeschlossen", bleibt aber Spekulation.

28 Nach Petermann, Rut, 105 bildet der David-Bezug am Ende des Buches „geradezu eine Crux für die feministische Auslegung, erweckt der genealogische Schluß doch den Verdacht, hier sei ein (…) ‚Frauenbuch' für die patriarchale ‚Männergeschichte' vereinnahmt worden". Auch lasse sich das Buch kaum „als feministische Streitschrift" lesen, weil „die Grenzen des Patriarchats (…) wohl immer wieder angetastet, nie aber wirklich verletzt" werden. Vgl. dazu auch Jobling, Ruth, 132–134.

len Fragen bieten, und zwar neben den feministischen Fragestellungen und Fragen sozialer Sicherheit auch im Problemkreis von Migration und Identität.[29]

Die Sinnpotentiale des Rutbuches werden aber durch feministische, sozial- und identitätsgeschichtliche[30] Ansätze nicht ausgeschöpft. Angesichts der „große[*n*] Bandbreite unterschiedlicher Lesarten" wäre die Empfehlung aber unbefriedigend, dass jeder und jede Einzelne „den Text selbst zur Hand (...) nehmen" solle, „um sich ein eigenes Bild von dieser Erzählung zu machen"[31]. Eine Exegese, die sich als Anwalt des Textes versteht und als solcher in der „Vielfältigkeit" der Interpretationsansätze[32] Orientierung zu schaffen sucht, wird zunächst nach dem ursprünglichen Sinn der Erzählung fragen. Sie wird also zu erheben suchen, wie das Rutbuch wohl in seinem Entstehungsmilieu aufgenommen wurde und – einen Schritt weiter und damit (noch) spekulativer[33] – was der Autor intendierte.

---

29 So stellt Hausmann, Rut, 9f. eine „Wiederentdeckung" des Rutbuches in den vergangenen Jahrzehnten fest, weil Frauen durch die Figuren Ruts und Naomis angeregt wurden, über ihre Lebensformen nachzudenken und die Rut-Figur angesichts der Herausforderungen zunehmender Multikulturalität „zur Gesprächspartnerin bei der Suche nach veränderter oder doch bewahrter Identität werden kann". Schließlich könne „das wachsende Unbehagen angesichts des immer größer werdenden Auseinandergehens der so viel zitierten ‚Schere' im sozialen Gefüge" durch die Lektüre des Rutbuches in ein konstruktives Problembewusstsein verwandelt werden. Was den Problemkreis der Migration angeht, bietet Grätz, EvTh 65 (2005) ein interessantes Beispiel, der dem Buch Rut ein Konzept zu Migration und Integration entnimmt, das als „früher Vorläufer des ‚Zuwanderungsgesetzes'" gelten kann, über das damals in Deutschland diskutiert wurde (a. a. O., 309; vgl. auch a. a. O., 294f.).

30 Unter „identitätsgeschichtlicher Exegese" kann eine Sonderform sozialgeschichtlicher Exegese verstanden werden, die das Rutbuch vor seinem kulturgeschichtlichen Hintergrund als Beitrag zu den Identitätsfragen des nachexilischen Israel auslegt. So sucht de Villiers, ZAR 24 (2018), 307 zu zeigen, dass der Rut-Erzähler legislative und narrative Texte des Pentateuch herangezogen habe „to address identity issues in the Israelite community of the Second Temple period" (im Abstract).

31 Lanoir in: Römer (u. a.) (Hg.), Einleitung, 588f.

32 So mit Hausmann, Rut, 111f.

33 Manchen Exegeten scheint nicht immer bewusst zu sein, wie spekulativ es ist, aus Texten, die zum Teil nur mit großen Unsicherheiten zeitlich und räumlich

Dabei ist der schriftgelehrte Charakter des Buches zu berücksichtigen. Als Erzählung, die wohl in der späten Perserzeit oder der hellenistischen Zeit entstanden ist, nimmt es Bezug auf eine Vielzahl anderer Texte, die schon damals als kanonisch galten oder auf dem Weg dorthin waren. Unter diesen Bezugnahmen sind der Rückverweis auf das Richterbuch in der Zeitangabe von Rt 1,1 und der das Buch abschließende Stammbaum Davids in 4,18–22 am auffälligsten. Sie verorten das Rutbuch zwischen dem Richterbuch einerseits und den Samuelbüchern andererseits. Nachdem das Buch Rut mit einem Ausblick auf seine Geburt schloss, wird David in den Samuelbüchern persönlich auftreten. Das Rutbuch weist aber nicht nur Bezüge zu den umliegenden Geschichtsbüchern, sondern auch zum Pentateuch und zu prophetischen Texten auf. Es verortet sich also in einem weiten biblischen Horizont, der nicht zuletzt für das Verständnis der Frauenfiguren von Bedeutung ist.

A. Jepsen hat schon in den 1930er Jahren gezeigt, dass die Figur der Naomi im Licht deuterojesajanischer Texte als Personifikation Israels zu verstehen ist, das durch Gericht und Exil hindurch zu neuer Hoffnung kommt.[34] Für die Rut-Figur ergibt sich aus dem weiteren biblischen Horizont ein Verständnis als Urbild von Nichtisraeliten, die sich in der messianischen Heilszeit Israel anschließen werden. In diesem Rahmen rückt die Heirat von Rut und Boas in das Licht des, wiederum aus Deuterojesaja bekannten, Bildfeldes „Hochzeit mit Gott", das metaphorisch die Befreiung und Wiederherstellung Israels nach dem Exil beschreibt[35], wozu die Einbeziehung nichtisraelitischer Völker in den Herrschaftsbereich

---

verortet werden können, auf die Autoren und ihre Absichten zu schließen. So werden bisweilen Aussagen über die Anliegen von Autoren getroffen, über deren Biographie, Gruppenzugehörigkeit und persönliche Grundeinstellung nichts bekannt ist, da die Texte dazu nur sehr oberflächliche Schlüsse zulassen. Zugleich ist nicht wirklich bekannt, in welchen sozialen Kontexten die Texte gelesen wurden.

34 Vgl. Jepsen, ThStKr 108 (1937/38), 424–427.

35 „Bildfelder" sind als gedankliche Verbindungen zweier „Sinnbezirke" kulturell vorgegebene Grundlagen zur Bildung von Metaphern, vgl. dazu Weinrich, Münze. Das Bildfeld „Hochzeit mit Gott" verbindet den Sinnbezirk „Ehe" mit dem Sinnbezirk „Verhältnis zwischen Israel und Gott": Der „Ehebund" zwischen Jahwe und Israel wurde im Exil gelöst; mit dem Ende des Exils und der Wiederherstellung Israels (Rückkehr der Exilierten, Wiederaufbau, Ende der Diaspora) wird er in einer neuen „Hochzeit" restauriert (vgl. Hos 2,16–22; Jes 54,4–8;

des Messias kommen kann[36]. Indem er als menschlicher Löser (גֹּאֵל) dem göttlichen גֹּאֵל Deuterojesajas entspricht[37], wird Boas – passend für eine Figur, die zu den Stammvätern Davids gehört (Rt 4,17.22) – zum Typos des Messias.

Dass im Rutbuch mit einer typologisch-messianische Bedeutungsebene zu rechnen ist, und dass sie sich schon den ursprünglichen Lesern erschließen konnte, ist nicht nur in den Bezügen zu Deuterojesaja und anderen prophetischen Texten begründet, sondern ergibt sich auch aus dem zeitgeschichtlichen Hintergrund. D. Böhler hat anhand anderer Erzählungen (Susanna, Jephtahs Tochter, Judit) gezeigt, dass „in biblischer Prosa des 3. und 2. Jh. v. Chr. (…) die hintersinnige Bedeutung einer weiblichen Figur eher das zu Erwartende, das automatisch mindestens Erfragte“ ist.[38] Indem also Naomi – nicht nur, aber auch – „hintersinnig“ für Israel steht, und Rut – nicht nur, aber auch – für Nichtisraeliten, die sich in der messianischen Zeit Israel anschließen, teilt das Buch Rut die von Böhler benannte Tendenz, auch wenn man mit der Datierung vor das 3. Jh., nämlich in das späte 4. Jh. v. Chr., gehen kann. Damit scheint der Frauenperspektive des Buches ursprünglich ein anderer Sinn zuzukommen als der, an dem die feministische und sozialgeschichtliche Exegese interessiert ist.

Gegen das typologisch-messianische Verständnis könnte eingewandt werden, dass es der nachrangigen Hauptperson Boas zu viel Ehre erweist. Der Einwand wiegt aber nicht schwer. Dass die weiblichen Hauptpersonen, Naomi und Rut, einen Vorrang vor der männlichen Hauptperson Boas zu haben scheinen[39], ist auf der typologisch-messianischen Bedeutungsebene insofern sinnvoll, als Naomi als Repräsentantin Israels und Rut als Repräsentantin der Völker, die sich Israel anschließen, für den Leser unmittelbares Identifikationspotential besitzen. Für Boas als Repräsentanten des Messias gilt das nicht in gleicher Weise. Zugleich darf die Figur des Boas nicht allzu sehr gegenüber den starken

61,10 f.; 62,1–12). Das Bildfeld wird m. E. auch im Hohelied als einer religiös-allegorischen Dichtung aktualisiert, vgl. dazu Gerhards, Hohelied, 487 ff.

36 So kann mit der Braut des Messias nach Ps 45 auch ein fremdes Volk gemeint sein, vgl. dazu unten S. 170.

37 Jepsen, ThStKr 108 (1937/38), 426.

38 Böhler, Hohelied, 193–196; 200 (dort das Zitat).

39 Vgl. dazu oben Anm. 26.

Frauen zurückgestellt werden. So zeigt er sich zwar von Ruts Verhalten beeindruckt, sowohl von dem, was er gehört hat (2,11), als auch von ihrem Einsatz auf der nächtlichen Tenne, den er selbst erlebt (3,10). Allerdings ist er nicht so schwach dargestellt wie manche behaupten, die etwa von der Frauenperspektive auf einen weiblichen Verfasser schließen.[40]

1.2. Geschichtsbuch oder Teil der Ketubim?

Mit der Entdeckung der typologisch-messianischen Bedeutungsebene wird das Rutbuch aber gerade aus christlicher Sicht interessant. In der christlichen Auslegungstradition hat das Verständnis des Boas als Typos Jesu Christi und das der Rut als Typos der nichtjüdischstämmigen, „heidenchristlichen" Kirche eine lange Tradition. Wenn das Buch aber tatsächlich eine typologisch-messianische Bedeutungsebene enthält, ist dieses traditionelle christliche Verständnis der Erzählung nicht willkürlich aufoktroyiert, sondern knüpft – unter der Voraussetzung, dass Jesus der in alttestamentlichen Texten angekündigte Messias ist – an etwas an, von dem das Buch selbst spricht.

Dass die feministische und sozialgeschichtliche Exegese zu anderen, im weitesten Sinne ethischen Lesarten kommt, ergibt sich auch daraus, dass sie nicht vorrangig an der Befreiung und Wiederherstellung Israels nach Gericht und Exil interessiert ist und noch weniger daran, diese alttestamentlichen Erfahrungen von Gericht und Heil als Urbild (Typos) des Erlösungswerkes Jesu Christi und der Begründung der christlichen Kirche zu verstehen. Das Verständnis wird allerdings nicht nur von Interessen und Fragestellungen gelenkt, mit denen einzelne Ausleger oder Auslegungsrichtungen an den Text herangehen; beim Buch Rut sind auch die unterschiedlichen Stellungen innerhalb des Kanons der heiligen Schriften Alt-Israels zu beachten.

---

40 Vgl. etwa Lacocque, CAT XVII, 98. Dass es in Rt 3,9 nicht so ist, dass Rut Boas diktiert, was er zu tun habe, wird die ausführlichere Besprechung der Tennenszene zeigen (Vgl. unten S. 105–119.). Damit ist Lacocques Folgerung: „Tout le livret montre des hommes inférieures à leur tâche et des femmes qui doivent prendre leur place avec autorité" (ebd.) im Blick auf Boas zu hinterfragen.

In der Septuaginta und den ihr folgenden christlichen Bibelübersetzungen steht das Buch Rut an der Stelle zwischen dem Richterbuch und den Samuelbüchern, an der es sich durch Rt 1,1 und 4,18–22 selbst verortet. Hier erscheint das Rutbuch als Teil einer Geschichtsdarstellung, die von der Schöpfung der Welt und den Anfängen Israels (Genesis) bis in die Perserzeit (Esra / Nehemia; Ester) reicht. Indem es in 4,11 f. ausdrücklich auf die Genesis zurückgreift und indem es ebenfalls in Kap. 4, wenn auch nicht ausdrücklich, auf die Durchsetzung des Mischehenverbots in Esr 9–10 anspielt[41], beansprucht das Buch Rut, Teil eines Geschichtsbildes zu sein, das bis in die Perserzeit reicht, und das zur Entstehungszeit des Buches bereits auf dem Weg zur kanonischen Anerkennung war, auch wenn noch kein allgemein anerkannter fest umrissener Bibelkanon bestand.[42] Diesem Geschichtsbild fügt das Rutbuch an dem wichtigen Wendepunkt von der Richterzeit zur Königszeit eine neue Episode hinzu. Damit stellt sich die Frage, welche inhaltlichen Aspekte diese Episode zum sich verfestigenden Geschichtsbild ergänzt.

Im Unterschied zur christlichen Tradition hat sich im Judentum eine Einordnung in den dritten Teil der Hebräischen Bibel, unter die „Schriften“ (hebr. כְּתוּבִים, daher: „Ketubim“), durchgesetzt. Ihrer Textgrundlage, dem Codex Petropolitanus (M^L)[43], folgend bietet auch die *Biblia*

---

41 Vgl. dazu unten S. 183.

42 Gegenüber Steinberg, Ketuvim, 127 f. ist zu betonen, dass damit nicht gesagt sein soll, das Rutbuch sei „integraler Bestandteil“ eines als „übergreifende Einheit“ verstandenen Geschichtswerkes gewesen, das die Bücher Jos bis II Reg umfasste. Es geht vielmehr darum, dass das Buch als selbstständig verfasste Schrift in den Kontext der bereits eigenständig abgegrenzten Bücher Gen bis Esr / Neh eingefügt wurde.

43 Gemeint ist der üblicherweise noch immer sog. „Codex Leningradensis“ (BHS: „L“; BHQ: „M^L“), der m. E. nach der Rückbenennung Leningrads in St. Petersburg nicht mehr so bezeichnet werden sollte. In der Tat sind „Handschriftenbezeichnungen (…) kein Ort politischer Bekenntnisse“ (A. A. Fischer, Text, 53 Anm. 42). So hält auch die Zoologie an der Bezeichnung *Anophthalmus hitleri* für einen kleinen räuberischen Laufkäfer fest, ohne dass damit noch ein Bekenntnis zum Nationalsozialismus verbunden wäre. Allerdings bringt es die Bezeichnung mit sich, dass hohe Summen für Exemplare dieses Käfers bezahlt werden – sei es aus nach wie vor bestehender Verehrung Hitlers, sei es wegen des mit dem Namen verbundenen „Gruselfaktors“. Wie der Name des Käfers nicht ohne Erinnerung an den Tyrannen zu haben ist, ist die Bezeichnung

Hebraica das Buch Rut als Teil der Ketubim. Es steht in ihr als erste der fünf „Megillot“ (Festrollen)[44] unmittelbar nach dem Proverbienbuch.

Die Zuordnung zu den Ketubim hat, zumal sie sich in der *Biblia Hebraica* als einer verbreiteten wissenschaftlichen Ausgabe des hebräischen Textes findet, zweifellos ihren Anteil daran, dass das Buch Rut üblicherweise als isolierte Schrift und nicht als Teil des kanonischen Geschichtsbildes behandelt wird. Wo das Rutbuch aber von den Geschichtsbüchern isoliert wahrgenommen wird, liegen ethische, auch feministische und sozialgeschichtliche Lesarten näher als eine Auslegung, die die typologisch-messianische Bedeutungsebene in den Vordergrund rückt und Anschluss an die christliche Auslegungstradition sucht.

Vor diesem Hintergrund hat eine Exegese, die mit der Frage nach der ursprünglichen Bedeutung des Buches Rut einsetzt, die Vorfrage zu klären, ob der im christlichen Bereich üblichen Zuordnung zu den Geschichtsbüchern oder der in der jüdischen Tradition etablierten, den Fachexegeten aus der *Biblia Hebraica* vertrauten Zuordnung zu den Ketubim das ursprüngliche Recht zukommt.

Von vornherein ist festzustellen, dass die jüdische Zuordnung zu den Ketubim die Selbstverortung der Erzählung außer Acht lässt.[45] Daher ist keineswegs ausgemacht, dass die jüdische Tradition ursprünglicher ist als die christliche, und dass sie dem Rutbuch eher gerecht wird – im Gegenteil: Die jüdische Zuordnung zu den Ketubim scheint eher erklärungsbedürftig. Nach H.-J. Fabry entspricht sie dem jüdischen Bedürfnis der Abgrenzung vom Christentum. Es lohnt sich, dieser These Fabrys nach-

„Codex Leningradensis“ nicht ohne Erinnerung an Lenin zu haben. Eine bedeutende Bibelhandschrift sollte m. E. aber keine Bezeichnung tragen, die noch immer an den Begründer der Sowjetunion erinnert, in der Christentum und Judentum als Religionen ausgelöscht werden sollten, was viele Opfer gefordert hat. Da bei der Bezeichnung „Codex Petropolitanus“ aber Verwechslungsgefahr mit dem Petersburger Prophetenkodex besteht (Kreuzer, ZAW 124 [2012]), ist der Zusatz „M^L“ unabdingbar. Damit wird aber die Erinnerung an „Leningrad“ und seinen unheiligen Namenspatron auf die Abkürzung beschränkt.

44 Vgl. dazu unten S. 56.

45 Der Stellungnahme von Schipper, Ruth, 11: „Internal textual evidence from Ruth does not endorse its placement according to any particular canonical ordering“ kann ich auf Grund der in der vorliegenden Arbeit besprochenen Bezüge, schon am Anfang und am Ende des Buches, nicht zustimmen, vgl. dazu unten Anm. 124; auch S. 126 f.

zudenken, zumal sie mit theologischen Konsequenzen für den christlichen Umgang mit den heiligen Schriften Alt-Israels als dem Alten Testament der Kirche verbunden ist.

1.3. Die jüdische Zuordnung zu den Ketubim als Abgrenzung vom Christentum

1.3.1. Anordnung der kanonischen Bücher als Mittel der Interpretation

Als Mittel der Interpretation stand die Bücheranordnung noch während der Zeit zur Verfügung, in der die Einzeltexte schon abschließend fixiert waren, sich aber noch keine überregional akzeptierten Standardanordnungen durchsetzen konnten, was letztlich erst nach Erfindung des Buchdrucks der Fall war.[46]

Dass die Anordnung der Bücher Hinweise auf das Gesamtverständnis des Kanons liefert, wird deutlich, wenn man vergleicht, welche Bücher in verschiedenen Zweigen der Handschriftenüberlieferung an das Ende des Alten Testaments bzw. der Hebräischen Bibel gestellt wurden.

Im christlichen Alten Testament hat sich weitgehend die Schlussstellung der Propheten durchgesetzt, letztlich die des Zwölfprophetenbuches, bei der das Alte Testament mit der Ankündigung der Wiederkehr Elias vor dem Tag Jahwes (Mal 3,23 f.) schließt. Diese Anordnung bringt die christliche Überzeugung zum Ausdruck, dass das Alte Testament das Kommen Jesu Christi vorbereitet. Da nach Mt 11,14; 17,10–13 (par. Mk 9,11–13) die in Mal 3,23 f. angekündigte Wiederkehr Elias als in Johannes dem Täufer erfüllt gilt, verklammert die Schlussstellung des Maleachi-Buches das letzte Buch des Alten mit dem ersten Buch des Neuen Testaments und damit die beiden Teile des christlichen Kanons überhaupt.

Die Schlussstellung der Propheten im Allgemeinen und des Maleachibuches im Besonderen hat sich im christlichen Kanon allerdings erst allmählich durchgesetzt. Die Codices Vaticanus, Sinaiticus und Alexandrinus stellen jeweils unterschiedliche Bücher an das Ende des Alten Testaments: Im Vaticanus schließt das Alte Testament zwar mit den Prophe-

---

[46] Fabry, Beitrag, 598. Brandt, Endgestalten, 305 ff. behandelt die Zeit seit Erfindung des Buchdrucks unter der Überschrift „Neuzeitliche Stabilitäten".

ten, allerdings nicht mit dem Maleachi-, sondern mit dem Danielbuch; im Sinaiticus endet das Alte Testament mit Hiob, im Alexandrinus mit dem Sirachbuch. In allen drei Fällen ist das Bemühen erkennbar, vom Ende des Alten Testaments eine Brücke zum Neuen zu schlagen. Im Vaticanus steht mit Daniel ein Auferstehungszeuge am Ende des Alten Testaments[47]; auch Hiob, mit dem das Alte Testament im Sinaiticus schließt, gehört nach Hi 42,17a (LXX) zu denen, die Gott auferwecken wird[48]; Sir 51,30, den der Alexandrinus an das Ende stellt, mahnt dazu, vor der Zeit gute Werke zu tun, um zur rechten Zeit (ἐν καιρῷ) Lohn zu empfangen. In dieser Mahnung klingt die Vorstellung eines Endgerichts an, zugleich ist „mit dem καιρός (...) ein ureigener ntl. Begriff angesprochen", der „die eschatologische Grundbefindlichkeit desjenigen beschreibt, der mit der in Jesus Christus anbrechenden Gottesherrschaft konfrontiert wird"[49].

Im Unterschied zu den christlichen Textzeugen hat sich in der masoretischen Tradition die Schlussstellung der Chronik durchgesetzt. Die jüdische Hebräische Bibel endet so mit dem Auftrag an die Angehörigen des Gottesvolkes, nach Jerusalem hinaufzuziehen (II Chr 36,23). Diese Aufforderung ist Teil des Kyrosediktes. Auf der Binnenebene der Erzählung bezieht sie sich auf das Ende des Babylonischen Exils. Auffällig ist, dass sich die Schlussstellung der Chronik in der jüdischen Tradition durchgesetzt hat, obwohl mit ihr eine beachtliche inhaltliche Inkonsistenz verbunden ist: In der kanonischen Reihenfolge kommt die Chronik damit erst nach den Büchern Esra / Nehemia, deren Inhalt sachlich auf den der Chronik folgt. Diese Inkonsistenz wurde offenbar in Kauf genommen, weil die Rückkehr aus dem Exil als Typos der vom mittelalterlichen und frühneuzeitlichen Diasporajudentum ersehnten Rückkehr nach Jerusalem zu verstehen ist: Die Aufforderung, nach Jerusalem hinaufzuziehen, hält nun am Ende der Hebräischen Bibel die Hoffnung

---

47 Der primäre Danielschluss wird durch die Auferstehungsverheißung Dan 12,13 gebildet; fraglich bleibt aber die mögliche Bedeutung der Daniel-Anhänge, vgl. dazu Fabry, Beitrag, 589 f.

48 Vgl. dazu Fabry, Beitrag, 591 f. Dass „das griech. Hiobbuch sonst keine Auferstehungsvorstellung aufweist", habe ich bestritten (vgl. Gerhards, Gott und das Leiden, 245–257). Die Frage ist im vorliegenden Zusammenhang aber ohne Relevanz.

49 Fabry, Beitrag, 593.

wach, dass es der Diaspora gegeben werde, entsprechend dem Vorbild des exilischen Israel heimzukehren.

Offensichtlich waren in der christlichen wie in der jüdischen Tradition theologische Überlegungen dafür bestimmend, welchem Buch die prominente Stellung am Schluss des Alten Testaments bzw. der Hebräischen Bibel zugewiesen wurde. Dasselbe wird für andere Positionen innerhalb des Kanons gelten wie für die verschiedenen Einordnungen des Buches Rut. Dabei ist, wie oben erwähnt, vor allem die jüdische Einordnung erklärungsbedürftig, die der Selbstpositionierung des Buches zwischen Richterbuch und Samuelbüchern widerspricht.

1.3.2. Die Zuordnung zu den Ketubim nach Y. Zakovitch

Y. Zakovitch erklärt die im Judentum übliche Zuordnung des Rutbuches zu den Ketubim mit seiner späten Entstehung. Danach hätte es „der Autor des Buches Rut (…) nicht mehr geschafft, sein Buch in die Nähe des Richterbuches zu stellen". Weil der Kanon der Prophetenbücher einschließlich der Geschichtsbücher („Vordere Propheten") bereits als abgeschlossen galt, hätte der Rut-Erzähler keine Anerkennung mehr dafür gefunden, dass sein Buch an die Stelle zwischen Richterbuch und Samuelbüchern gehört, die es inhaltlich beansprucht. Eine Zuordnung zu den Ketubim war dagegen noch möglich: „Da der Kanon der Schriften (…) weiterhin offen blieb, fand das Buch schließlich doch noch seinen Weg in die Hebräische Bibel"[50]. Dieses Argument ist der Sache nach schon viel älter: Bereits für Wellhausen ist die Stellung des Rutbuches unter den Ketubim („Hagiographen") nur damit erklärbar, „dass der Kanon der Propheten bereits abgeschlossen war, als Ruth recipirt wurde"[51].

Bei diesen Stellungnahmen ist aber zu beachten, dass im Judentum der ersten Jahrhunderte nach Christi Geburt ein Dissens in der Frage bestand, an welcher Stelle des Kanons das Rutbuch einzuordnen ist. Teile des antiken Judentums ordneten das Buch schon damals den Ketubim zu, was am ehesten verständlich wird, wenn man im Anschluss an Zakovitch

50 Die beiden letzten Zitate in: Zakovitch, Rut, 34.
51 Wellhausen, Composition, 234.

und Wellhausen davon ausgeht, dass es seit jeher Widerstand gegen die Zuordnung zu den Geschichtsbüchern gab.

Manche Kreise waren wohl überzeugt, dass der Kanon der Propheten- und Geschichtsbücher keine Ergänzung mehr erlaubte. Das Vorhandensein dieser Überzeugung kann als grundlegende Bedingung für die Fortentwicklung der jüdischen Tradition gelten: Wäre die Zuordnung zu den Geschichtsbüchern, wie sie das Rutbuch selbst beansprucht, je allgemein anerkannt gewesen, wäre es kaum aus diesem theologisch gewichtigeren Kontext herausgelöst und unter die Ketubim versetzt worden.[52]

Andere Teile des antiken Judentums hatten dagegen zunächst offensichtlich kein Problem damit, dem Rutbuch den von ihm selbst beanspruchten Platz unter den Geschichtsbüchern zuzuerkennen. Diese zweite Gruppe setzte sich aber auf lange Sicht nicht durch: Für die jüdische Tradition prägend wurde die Zuordnung zu den Ketubim. Warum sich die Zuordnung zu den Geschichtsbüchern nicht allgemein durchsetzte, bleibt aber zu fragen. Damit ist der Erklärungsversuch Fabrys in den Blick zu nehmen.

1.3.3. Zum Erklärungsversuch von H.-J. Fabry

Fabry setzt dabei an, dass die neuere Forschung stärker als bisher darauf aufmerksam geworden ist, dass nicht wenige Lesarten der Septuaginta ein textgeschichtlich älteres Stadium zu spiegeln scheinen als der Masoretische Text.[53] Vor diesem Hintergrund stellt sich aber die Frage, ob der

52 So auch schon Wellhausen, Composition, 234; vgl. auch Campbell, Ruth, 34f.; Steinberg, Ketuvim, 127. Steinbergs Argument, dass es weniger plausibel sei, „dass ein fest in die Buchgruppe Jos bis Kö integriertes Buch sekundär herausgelöst und unter eine Gruppe ‚übriger Schriften' gestellt wurde" als der umgekehrte Fall, nach dem das Buch ursprünglich unter den Schriften stand und von dort sekundär in die Geschichtsbücher eingefügt wurde, verliert aber sein Gewicht, wenn das Buch Rut als selbstständig entstandene Schrift gilt, deren Selbstpositionierung unter den Geschichtsbüchern von Anfang an umstritten war, wobei sie in manchen Kreisen doch auch Anerkennung fand.

53 Fabry, Beitrag, 596: „Im Zuge der Arbeit an der Übersetzung der Septuaginta in moderne Sprachen ist sehr bald der Verdacht aufgekommen – paradigmatisch in

Masoretische Text „nicht nur im Blick auf Einzeltexte, sondern auch im Blick auf die Komposition der biblischen Bücher ein späteres Stadium“ spiegelt als die Septuaginta-Codices.[54]

Zur unterschiedlichen Stellung des Buches Rut stellt Fabry fest: „Die LXX-Tradition hat das Rut-Buch konsequent an seinem erzählerisch richtigen Ort zwischen Ri und 1Sam behalten. Der so von Gen-Rut gebildete Oktateuch bildete die zusammenhängende Basis-Urkunde Israels, die geschichtlich orientiert war und auf die Begründung der Davids-Dynastie hinauslief (Rut 4,17 und 4,18–22). Eindeutig dominierte die Kategorie Geschichte; gesetzliche Texte waren vorhanden, aber völlig von narrativen Texten umschlossen“. Der Masoretische Text habe dagegen „mit dem Export des Buches Rut aus seinem ursprünglichen Zusammenhang zwei Ziele“ erreicht: „Er hob das geschichtlich orientierte Oktateuch-Prinzip auf und machte damit Platz für ein tora-zentriertes Pentateuch-Prinzip. Er hob die David-Perspektive auf und ließ den ersten Buchkomplex mit Ri 21,25 enden: ‚In jenen Tagen gab es noch keinen König in Israel; jeder tat, was ihm gefiel‘. Also musste eine Tora her. Das Gewicht verlagerte sich damit demonstrativ von David auf Moses“.

Den Grund für dieses Aufheben der David-Perspektive, die „konträr zur Hochschätzung Davids bes. in den Spätschriften des Alten Testaments und in Qumran“ steht, sieht Fabry in dem Anliegen, „einen Anspruch des frühen Christentums abzuwehren: Der Oktateuch als die ursprüngliche Basis-Schrift für die Identität Israels lief über Rut auf die Davids-Dynastie hinaus, die in den Augen des kontemporären Christentums über den Stammbaum Jesu in Mt 1 auf Jesus Christus zielte. Dem Judentum wiederum musste daran gelegen sein, diese Kontextualität auszuschließen, weshalb die Rabbinen mit dem Buch Rut den entscheidenden Brückenbogen herausbrachen. War aber das Oktateuch-Prinzip einmal aufgebrochen, konnte die pharisäisch-rabbinische Konzentration auf das Gesetz den Pentateuch als alleinige identitätsstiftende Basis-Schrift endgültig etablieren, die vollständig auf Mose als den einmaligen, aber wiederkehrenden Propheten konzentriert war“[55].

---

der Übersetzung des Jeremiabuches – dass die LXX häufig eine ältere Texttradition abbildet, als dies beim MT der Fall ist“.

54 Fabry, Beitrag, 596.

55 Die letzten Zitate in: Fabry, Beitrag, 596f.

Die Erklärung, dass das Buch Rut im Judentum unter die Ketubim eingereiht wurde, weil die Rabbinen einen „Brückenbogen" zum Neuen Testament „herausbrechen" wollten, kann sich auf die Beobachtung stützen, dass die christliche Anordnung des alttestamentlichen Kanons tatsächlich „Verbindungsbögen" zum Neuen Testament hervorzuheben sucht – sei es durch die Schlussstellung der Propheten oder durch andere Verbindungsmöglichkeiten wie sie in den Codices Sinaiticus und Alexandrinus vorliegen[56] –, während sich in der jüdischen Tradition Ordnungen herausgebildet haben, die „nie mit dem Neuen Testament zusammengesehen werden" können[57]. Dafür steht u.a. die in der jüdischen Tradition bestimmend gewordene Schlussstellung der Chronik.

Religionsgeschichtlich, vor allem aber theologisch wichtig ist Fabrys Hinweis, dass die jüdische Anordnung der biblischen Texte keineswegs ursprünglicher sein muss als die christliche, da es gerade im Fall des Rutbuches so aussieht, als sei die Einordnung unter die Ketubim sekundär und diene der Abwehr des aus jüdischer Sicht ungerechtfertigten christlichen Anspruchs auf David und seine Dynastie als Vorläufer Jesu Christi.

Diese nach Fabry von Erkenntnissen der neueren Septuaginta-Forschung angeregte These passt hervorragend dazu, dass die neuere Forschung auch das geschichtliche Verhältnis von heutigem Judentum und Christentum komplexer bestimmt als die verbreitete Vorstellung will, nach der das heutige Judentum die bruchlose Fortsetzung des antiken Judentums bzw. des antiken Israel ist, während das Christentum als neue Religion durch Abspaltung vom Judentum entstand.

Heute kann nicht mehr übergangen werden, dass das antike Judentum sehr unterschiedliche Richtungen umfasste, unter denen sich das Christentum als diejenige herausbildete, deren Spezifikum die Anerkennung Jesu von Nazareth als des in alttestamentlichen Texten angekündigten und erwarteten göttlichen Heilsbringers (Messias = Christus, Gottesknecht und Menschensohn) ist.

Das heutige Judentum bildete sich in den Jahrhunderten nach der römischen Eroberung Jerusalems im Jahr 70 n.Chr. heraus. Es setzt im Wesentlichen die pharisäische Tradition fort, hat dabei jedoch „erst im

---

56 Vgl. dazu oben S. 31f..

57 Fabry, Beitrag, 598.

Austausch mit dem Christentum" zu sich selbst gefunden, auch in der Abwehr von Verstehensansätzen alttestamentlicher Texte, auf die sich das Christentum berief.[58] Das „schlichte Bild", nach dem „eine Religion (‚Judentum') (...) bereits fest etabliert war (...) und eine neue Religion (‚Christentum') (...) sich von Anfang an durch die Abgrenzung von ihrer Mutterreligion definierte", muss durch die Erkenntnis abgelöst werden, dass auch das Judentum, „das sich in der Form des rabbinischen Judentums nach der Zerstörung des Tempels beträchlich von dem vorchristlichen Judentum (...) unterscheidet", „erst in Kontakt und in der Konfrontation mit dem entstehenden Christentum seine bis heute gültige Gestalt gewinnt"[59].

Mit alledem sind auf zwei Ebenen zu schlichte Verhältnisbestimmungen zu vermeiden.

Erstens können im Blick auf das Verhältnis von Septuaginta und Masoretischem Text die Gleichungen „hebräisch = ursprünglich" und „griechisch = (interpretierende) Übersetzung" nicht unhinterfragt vorausgesetzt werden. Zwar bietet der Masoretische Text die biblischen Texte in ihrer ursprünglichen Sprache, teilweise hat aber die Septuaginta ältere Lesarten in griechischer Übersetzung bewahrt.

Zweitens ist im Blick auf das geschichtliche Verhältnis von Christentum und Judentum die Vorstellung zu schlicht, das heutige Judentum sei

---

58 Vgl. dazu Schäfer, Geburt, X: „Nicht nur definiert sich dieses [= *das spätantike*] Christentum im Rückgriff auf das zeitgenössische Judentum und in der aktiven Auseinandersetzung mit ihm, auch das rabbinische Judentum findet zu sich selbst erst im Austausch mit dem Christentum – und dies in dem doppelten Sinne der Abstoßung und Anziehung: der Ausscheidung von (ursprünglich im Judentum angelegten) Elementen, die das Christentum usurpieren und verabsolutieren sollte, sowie der stolzen und selbstbewussten Wiederaneignung eben solcher religiöser Traditionen trotz oder auch gerade wegen ihrer christlichen Usurpation". Schäfer will der Einsicht zum Durchbruch verhelfen, dass „auch das rabbinische Judentum der ersten nachchristlichen Jahrhunderte sich erst langsam herausbildete und dass dieser Prozess der Selbstfindung nicht unabhängig von der Entstehung des Christentums gesehen werden kann" (a. a. O., VIII). Seine Formulierungen entsprechen aber teilweise zu sehr der Haltung des Judentums: Beim Bemühen um möglichst neutrales Formulieren müsste auf Begriffe wie „usurpieren / Usurpation" verzichtet werden.

59 Schäfer, Polemik, 7.

die unmittelbare Fortsetzung des antiken Judentums, von dem sich das Christentum abgespalten habe.

Vermeidet man in beiden Fällen unterkomplexe Vorstellungen, kann man die verbreitete Auffassung, das heutige Judentum habe gegenüber dem Christentum das ursprünglichere oder jedenfalls ein bevorzugtes Recht an den kanonischen Schriften Alt-Israels, nicht unbesehen akzeptieren. Schon die Bibel des heutigen Judentums, der Masoretische Text, bietet ja im Vergleich mit der Septuaginta nicht durchgehend die ursprünglicheren Lesarten. Die teilweise altertümlichere Septuaginta hatte durch ihre Wirkung auf die neutestamentlichen Autoren, aber auch weit darüber hinaus, beachtlichen Einfluss auf die christliche Rezeption des Alten Testaments. Sollte sich Fabrys These zur unterschiedlichen Einordnung des Buches Rut in den Kanon erhärten lassen, böte die Stellung des Rutbuches ein Beispiel dafür, dass sich ein Primat der Septuaginta nicht nur bei einzelnen Lesarten findet, sondern dass der Masoretische Text auch ein Gesamtverständnis des Bibelkanons spiegelt, das keineswegs ursprünglicher ist als das christliche Verständnis.

Fabrys These kann als plausibel gelten, wenn sich wahrscheinlich machen lässt, dass das Rutbuch im Judentum deshalb überhaupt nicht mehr zu den Geschichtsbüchern, sondern nur noch zu den Ketubim gerechnet wird, weil es an seinem „erzählerisch richtigen Ort" (Fabry) zwischen Richterbuch und Samuelbüchern ein Bedeutungspotential eröffnet, das erstens mit der Charakterisierung Davids und seiner Dynastie zu tun hat und das zweitens als solches geeignet war, Jesus Christus als Erben und Vollender der Daviddynastie zu verstehen. Sollte sich das wahrscheinlich machen lassen, ist auch die umgekehrte Frage zu stellen, ob die im Judentum üblich gewordene Zuordnung zu den Ketubim das Bedeutungspotential des Rutbuches nicht in einer Weise beschneidet, die der Erzählung nicht gerecht wird.

Bevor der These Fabrys auf diesen Bahnen nachgedacht wird, sind allerdings Modifizierungen notwendig, die die Grundtendenz der These jedoch nicht berühren.

1.3.4. Notwendige Modifikationen von Fabrys These

Schwierig scheint Fabrys Rede vom „Oktateuch“, d.h. der kanonischen Abfolge der acht Bücher von der Genesis bis Rut, als der ursprünglichen, geschichtsbezogenen „Basis-Urkunde Israels“, die mit dem „Export des Buches Rut aus seinem ursprünglichen Zusammenhang“ durch den torazentrierten Pentateuch ersetzt wurde, den „die pharisäisch-rabbinische Konzentration auf das Gesetz (...) als alleinige identitätsstiftende Basis-Schrift endgültig“ etablierte.[60]

Zwar zeigen „alle Texttraditionen außerhalb des Masoretischen Textes (...) die Bücherabfolge des Oktateuchs Gen – Rut. Diese Bücherabfolge ist bemerkenswert konstant“[61]; das bedeutet aber noch nicht, dass der Oktateuch tatsächlich als in sich geschlossene Basis-Urkunde Israels galt.[62]

Das Konzept „Oktateuch“ ist im griechischen Bereich ab dem 5. Jh. nachweisbar.

Der Codex Alexandrinus (5. Jh.) grenzt die ersten acht Bücher als eigene Gruppe ab[63]; Theodoret von Kyrrhos (gest. 466) schreibt einen Kommentar über die acht Bücher Gen bis Rt[64]; Prokop von Gaza (gest. 538) verwendet den Begriff „Oktateuch“[65]. Aus der Zeit ab dem 10. Jh. sind Oktateuch-Handschriften erhalten, u.a. wurden zwischen 1050 und 1300 in Byzanz kunstgeschichtlich bedeutende illustrierte Oktateuche angefertigt. Außerhalb des byzantinischen Bereichs sind jedoch nur wenige Hinweise darauf auszumachen, dass der Oktateuch als zusammenhängende Büchergruppe galt, die als solche die Bibel eröffnet.[66]

---

60 Die Zitate in: Fabry, Beitrag, 596f.

61 Fabry, Beitrag, 595.

62 Vgl. dazu oben S. 35.

63 Die Bücher Genesis bis Rut werden im Kanonverzeichnis des Alexandrinus als ὁμοῦ βίβλια η’ abgegrenzt. Dabei dürfte η’ dem milesischen Notierungssystem entsprechend „acht“ bedeuten (so Fabry, Beitrag, 592 m. Anm. 27). Bei der alternativen Lesart „sieben“ wäre Rut wohl als Teil des Richterbuches gerechnet (so Brandt, Endgestalten, 184).

64 Zu Theodoret als Exeget vgl. Hidal, Exegesis, 563–566.

65 Vgl. dazu Lowden, Manuscripts, 107f.

66 Nach Lowden, Manuscripts, 108f. gibt es Oktateuch-Handschriften ab dem 13. Jh. in Äthiopien; im lateinischen Westen können Cassiodor (Mitte des

Dieser Befund lässt nicht darauf schließen, dass eine ältere jüdische Tradition den Oktateuch als „Basis-Urkunde Israels" verstand und dass sich der Pentateuch gegen diese ältere Tradition „als alleinige identitätsstiftende Basis-Schrift" Israels durchsetzen musste.

Es ist aber auch noch aus anderen Gründen problematisch, das Buch Rut als Abschluss des Oktateuch zu verstehen.

Das Buch enthält Rückbezüge zur Genesis: Schon die Hungeremigration Elimelechs und seiner Familie (Rt 1,1 f.) spielt auf vergleichbare Ereignisse der Väterzeit an. Andererseits schließt es mit der Genealogie in Rt 4,18–22, die auf die Geburt Davids vorausschaut. Das Rutbuch könnte daher als Abschluss eines Oktateuch betrachtet werden, der einen Erzählzusammenhang von der Schöpfung und den Anfängen Israels bis zum Ausblick auf die Entstehung des Königtums umfasst.[67] Allerdings ist die Schlussgenealogie nicht nur als Ausblick am Ende eines Erzählzusammenhangs zu verstehen, sondern auch, vielleicht sogar noch mehr, als Einleitung der Davidgeschichte. Als solche stiftet sie eine starke Verbindung zwischen dem Rutbuch und dem Ersten Samuelbuch, die das Rutbuch nun nicht als Abschluss des oktateuchischen Erzählzusammenhangs erscheinen lässt, sondern als Bindeglied innerhalb des bis in die Königszeit reichenden Kontextes der kanonischen Geschichtsdarstellung. Die im Talmud (Baba Bathra 14b) bezeugte Tradition, nach der Samuel der Verfasser der Bücher Richter, Rut und Samuel war, lässt vermuten, dass das Buch Rut schon im antiken Judentum als verbindendes Glied dieses Kontextes verstanden wurde.[68] Dann bildet aber der weitere, mindestens auch die Samuelbücher umfassende Kontext – und nicht der Oktateuch – den Rahmen, aus dem das Rutbuch herausgenommen wurde, um es den Ketubim zuzuordnen.

Fabrys These behält allerdings insofern ihr Recht, als auch die von der Genesis bis mindestens in die Samuelbücher reichende Geschichtsdarstellung identitätsstiftende Bedeutung für Israel hatte und es das An-

---

6. Jh.s) und ein Bild des Codex Amitianus (um 700; Northumbrien) als Zeugen für das Konzept des Oktateuch genannt werden, die aber nur durch sehr wenige weitere Belege ergänzt werden (vgl. dazu a.a.O., Anm. 11). In anderen Bereichen sind keine Oktateuche belegt.

67 Vgl. dazu auch etwa Fischer, Rut, 110.

68 Vgl. dazu unten S. 55 f..

liegen des Buches Rut gewesen sein wird, diese Geschichtsdarstellung um eine David-Perspektive zu ergänzen. Dann ist es aber keineswegs abwegig, im Anschluss an Fabry anzunehmen, dass sich im Judentum die Zuordnung des Rutbuches zu den Ketubim durchsetzte, um diese David-Perspektive zu relativieren.

Da im Anschluss an Zakovitch damit zu rechnen ist, dass das spät entstandene Rutbuch in manchen jüdischen Gruppen nie als Teil der Geschichtsschreibung anerkannt wurde, während seine Aufnahme unter die Ketubim auch für diese Gruppen noch möglich war[69], blickt die Zuordnung zu den Ketubim als eine von mehreren Optionen auf eine lange Tradition zurück. Dass sie sich als einzige Option durchsetzte, kann dann aber nicht einfach als „Export des Buches Rut aus seinem ursprünglichen Zusammenhang" (Fabry)[70] bezeichnet werden. Genauer müsste es heißen, dass dem Rutbuch mit der eindeutigen Zuordnung zu den Ketubim die selbst beanspruchte Stellung innerhalb des Kanons schließlich durchgehend verweigert wurde. Diese durchgehende Verweigerung kann aber immer noch im Sinn von Fabrys These motiviert werden.

1.4. Bezug zum theologischen Diskussionshorizont

Dass die Reihenfolge der heiligen Schriften Alt-Israels im christlichen Kanon, dem „Alten Testament", und im jüdischen Kanon, der „Hebräischen Bibel" („Tenach"; „Miqra"), nicht übereinstimmt, ist bibelkundliches Grundwissen. Es darf aber nicht vergessen werden, dass es hierbei nicht um eine Äußerlichkeit geht. Gerade die Frage, wie das Buch Rut in den Kanon einzuordnen ist, ist von theologischer Brisanz im Blick auf das jeweilige Verhältnis von Christentum und Judentum zu den gemeinsamen kanonischen Schriften.

Wenn Fabrys These zutrifft, dass die im Judentum üblich gewordene Einordnung des Buches Rut der Abwehr des christlichen Verständnisses nicht nur des einen Buches, sondern in einem wesentlichen Aspekt der alttestamentlichen Geschichtsdarstellung überhaupt dient, ergibt sich

69 Vgl. dazu oben S. 33f..
70 Fabry, Beitrag, 596.

daraus, dass der jüdische Umgang mit den heiligen Schriften Alt-Israels kein älteres oder gar ursprüngliches Recht auf seiner Seite hat. Diese Erkenntnis ist sowohl für die Frage nach der Zugehörigkeit der alttestamentlichen Schriften zum christlichen Kanon von Bedeutung als auch für die Frage der Legitimität eines eigenständigen, nicht von jüdischen Zugängen abhängigen christlichen Verständnisses alttestamentlicher Texte. Damit kommt der in den Prolegomena umrissene theologische Diskussionshorizont in den Blick, der davon geprägt ist, dass durch die historische Kritik und durch den jüdisch-christlichen Dialog beachtliche Verunsicherungen über das christliche Verständnis des Alten Testaments und seine angemessene Stellung innerhalb der Kirche entstanden sind. Indem wir uns ausgehend von der Rut-Exegese auf diesen Horizont einlassen, sind allerdings gewisse Leitlinien zu beachten.

Zum einen darf die christliche Theologie – bei aller notwendigen Sensibilität in den Fragen des christlich-jüdischen Verhältnisses – nicht der Neigung nachgeben, im Interesse einer Neubestimmung des Verhältnisses zum Judentum Differenzen außer Acht zu lassen oder zu übertünchen. Um christlicher Selbstvergewisserung und Lehre willen muss über notwendige Abgrenzungen vom Judentum (wie von anderen Religionen) frei nachgedacht werden. Auch sind spezifisch christliche Positionen, die auf Grund des Bekenntnisses zu Jesus als dem Christus unverzichtbar sind, offen zu formulieren, wobei das Ziel aber nicht darin bestehen kann, Andersglaubende zu diffamieren, zumal auch dem Judentum (und anderen Religionen) das unbestreitbare Recht zusteht, die eigene Position zu klären und darzustellen. Nur dann, wenn auf beiden Seiten eigene Spezifika und Abgrenzungen klar angesprochen werden, ist auch ein Dialog möglich, der weder zum Austausch von Höflichkeitsfloskeln verkommt noch eine der beteiligten Positionen verwässert.

Da wir im Folgenden die Fragen nach dem Recht der Kirche auf das Alte Testament und auf ein christliches Verständnis seiner Texte nur am Beispiel des Buches Rut behandeln, sei wenigstens der Vollständigkeit halber daran erinnert, dass Gesamtsachverhalte nicht anhand einzelner Beispiele umfassend geklärt werden können. Das bedeutet konkret: Was für das Rutbuch gilt, muss nicht für alle Teile des Alten Testaments gelten; andere Texte könnten Gegenbeispiele liefern, die weniger dem christlichen als dem jüdischen Verständnis entgegenkommen. Wenn sich Fabrys These aber plausibel machen lässt, ergäbe sich immerhin, dass dem jüdischen Verständnis der kanonischen Schriften Alt-Israels kein allgemeiner Vorzug gegenüber dem christlichen zuzuerkennen ist.

1.5. Übersicht über die vorliegende Arbeit

Die vorliegende Arbeit setzt sich das Ziel herauszuarbeiten, dass das Buch Rut als Teil der kanonischen Geschichtsdarstellung – also an der von ihm beanspruchten Stelle zwischen dem Richterbuch und den Samuelbüchern – eine Perspektive auf David und seine Dynastie eröffnet, die es der christlichen Rezeption erlaubt, Jesus Christus als Erben und Vollender dessen zu verstehen, wofür nach Darstellung des Rutbuches David steht. Es soll gezeigt werden, dass das christlich verstandene Rutbuch damit einen Anknüpfungspunkt für das Selbstverständnis der Kirche bietet, in Kontinuität zum alttestamentlichen Gottesvolkes zu stehen – ein Selbstverständnis, das unter umgekehrtem Vorzeichen, nämlich unter Voraussetzung der Ablehnung der Messianität Jesu, auch für das heutige Judentum bestimmend ist. Wenn sich tatsächlich eine Davidperspektive des Buches Rut aufzeigen lässt, als deren Erbe und Vollender Jesus Christus gelten kann, dürfte Fabrys These unter Berücksichtigung der in 1.3. angesprochenen Modifikationen plausibel sein.

Bevor sich die Arbeit mit Kap. 3 der Exegese des Rutbuches selbst zuwendet, soll Kap. 2 die Problembeschreibung des vorliegenden ersten Kapitels vertiefen, indem Quellen zu den unterschiedlichen Einordnungen des Rutbuches in den biblischen Kanon besprochen werden.

Kap. 3 wird Grundlagen zum Verständnis des Buches Rut besprechen. Dabei soll deutlich werden, dass das Buch eine konstruierte theologische Erzählung ist (3.1), die geschaffen wurde, um die Verbindung zwischen dem Richterbuch und den Samuelbüchern zu vertiefen (3.2); weiterhin soll herausgearbeitet werden, dass das Rutbuch als Davidgeschichte, genauer: als Vorgeburtsgeschichte Davids, anzusprechen ist (3.3.1; 3.3.2), wobei auch eine typologisch-messianische Bedeutungsebene auszumachen ist (3.3.3).

Kap. 4 wird sich dem Verständnis der Erzählung im engeren Sinne widmen, indem bei Auffälligkeiten und Spannungen im Handlungsablauf angesetzt wird, die v. a. für die Charakterisierung der Figuren wichtig sind.

Kap. 5 wird sich der typologisch-messianischen Bedeutungsebene widmen und herausarbeiten, wie sich im weiteren Horizont des Alten Testaments ein typischer Charakter der Figuren erschließt: Die Figur der Naomi erschließt sich in diesem Horizont als Repräsentantin Israels (5.1.), die Figur der Rut als Typos von Nichtisraeliten, die sich in der messianischen Heilszeit Israel anschließen werden (5.2), die Figur des Boas als Typos des Messias (5.3).

Kap. 6 soll herausarbeiten, was die Ergebnisse der beiden vorhergehenden Kapitel für das Veständnis des Buches Rut als Teil der alttestamentlichen Geschichtsdarstellung bedeuten. Dabei wird zunächst zu zeigen sein, wie die Schlusskapitel des Richterbuches (Jdc 17–21) als Vorbereitung der Rut-Erzählung zu lesen sind, wenn das Buch Rut an der von ihm beanspruchten Stelle unmittelbar nach dem Richterbuch steht (6.1). Die Erkenntnisse sind dann auf die beiden Bedeutungsebenen zu beziehen, auf die geschichtliche (6.2) und die typologisch-messianische (6.3).

Kap. 7 wird im Sinne des übergeordneten theologischen Interesses der vorliegenden Arbeit zeigen, dass und wie die christliche Auslegungstradition auf die typologisch-messianische Bedeutungsebene des Buches zurückgreift. Als Beispiele der christlichen Tradition werden exemplarisch die Erwähnung Ruts im Stammbaum Jesu von Mt 1,2–17 (7.1) und die Kommentierung dieser Stelle bei Ambrosius von Mailand (7.2) angesprochen. Es wird sich zeigen, dass die Tradition, Boas als Typos Christi und Rut als Typos der nicht-jüdischstämmigen (heidenchristlichen) Kirche zu verstehen, dem Rutbuch nicht willkürlich aufoktroyiert ist (7.3). Anschließend wird das Thema „Land / Landbesitz" angesprochen, das im Rutbuch von Bedeutung ist, das aber in einer christlichen Auslegung nur im übertragenen Sinn rezipiert werden kann (7.4).

Kap. 8 wird im Licht des bis dahin Erarbeiteten die Plausibilität von Fabrys These begründen (8.1), die Stellung des Buches Rut im christlichen Alten Testament und in der jüdischen Hebräischen Bibel einschließlich der Konsequenzen für das Verständnis bedenken (8.1.–8.4) und abschließend theologische Konsequenzen formulieren (8.5.).

2. Quellen zur Einordnung des Buches Rut in den Kanon

2.1. „Hebräische" und „hellenistische" Tradition?

Bisweilen wird zwischen einer hebräischen Tradition, die das Buch Rut zu den Ketubim rechnet, und einer hellenistischen Tradition, die es zu den Geschichtsbüchern rechnet, unterschieden, wobei die Neigung bestehen kann, die hebräische Zuordnung zu den Ketubim für ursprünglich zu halten.[71] Dem stehen Voten gegenüber, nach denen nicht zu entscheiden ist, welche Einordnung ursprünglich ist.[72] Auch gibt es Stimmen, die die „hellenistische Überlieferung" für „besser begründet" halten.[73] So wurde schon im 19. Jh. unter Verweis auf kanongeschichtliche Quellen und aus inhaltlichen Gründen, insbesondere wegen der Beziehungen zu den Schlusskapiteln des Richterbuches, die Auffassung vertreten, dass die Zuordnung des Rutbuches zu den Geschichtsbüchern ursprünglich und angemessen sei, bis dahin, dass man sich an der bei Josephus und Hieronymus greifbaren antiken Tradition orientiert, die das Rutbuch sogar als Teil des Richterbuches betrachtet.[74]

---

71 Vgl. dazu schon Keil, Ruth, 383 Anm. 1; auch Rudolph, KAT XVII 1–3, 23; unter den Neueren Zakovitch, Rut, 32; 34. Auch Steinbergs Unterscheidung zwischen „jüdischer" (= masoretischer) und „griechischer" Tradition der Einordnung des Buches Rut (ders., Ketuvim, 127) gehört hierher.

72 Vgl. etwa Lanoir in: Römer (u. a.) (Hg.), Einleitung, 588 f.; auch Schipper, Ruth, 10–13.

73 Schulz, HSAT II/4.5., 112 (unter Berufung auf Quellen, die auch im Folgenden angesprochen werden: Josephus, Hieronymus und die in Baba Bathra enthaltene Tradition, dass Samuel der Verfasser der Bücher Richter, Rut und Samuel sei).

74 Bertheau, KEH 6, 290–294 erkennt der Aussage Melitos von Sardes und Origenes', „die Hebräer zählen Richter und Ruth als ein Buch (…) volle Glaubwürdigkeit" zu (a. a. O., 292). Er schreibt die Einfügung des Rutbuches zwischen Jdc 21 und I Sam 1 dem letzten Redaktor des von Jos bis II Reg reichenden Geschichtswerkes zu. Im Anschluss an die erste Auflage von Bertheaus Kommentar votieren auch Ewald, Einleitung, 226 f. und Auberlen, ThStKr 33 (1860), 537 f. dafür,

Zu beachten bleibt, dass in der Unterscheidung zwischen „hebräischer" und „hellenistischer Tradition" heutige Gewohnheiten wirksam sein dürften, die dadurch bestimmt sind, dass das Rutbuch in Ausgaben des Masoretischen Textes unter den Ketubim steht, während es in Septuaginta-Ausgaben und in christlichen Bibelübersetzungen unter den Geschichtsbüchern erscheint. Für die Antike ist jedoch ein differenzierteres Bild vorauszusetzen: Mehrere Befunde sprechen dafür, dass die Zuordnung zu den Geschichtsbüchern damals auch in Kreisen des hebräischsprachigen Judentums akzeptiert war. Dann kann aber die Zuordnung zu den Ketubim, wie sie im Masoretischen Text vorliegt, nicht undifferenziert als „hebräische Tradition" bezeichnet werden.

2.2. Melito von Sardes, Josephus und Hieronymus

Interessant ist an dieser Stelle schon die Quelle, die den ältesten Beleg für die Anwendung des Begriffs „Altes Testament" auf den gesamten Kanon von Gesetz, Propheten und Schriften enthält: die Kanonliste des Melito von Sardes (2. Hälfte des 2. Jh.s n. Chr.) wie sie bei Euseb (Euseb, h.e. IV 26,12–14) überliefert ist.

Euseb zitiert einen Brief Melitos an einen gewissen Onesimus, der an genauem Wissen über Zahl (ἀριθμός) und Anordnung (τάξις) der biblischen Bücher interessiert war. Melito schreibt, er habe im Heiligen Land[75] genaue Erkundigungen über die Bücher des Alten Testaments (τὰ τῆς παλαιᾶς διαθήκης βιβλία) eingeholt. Er zählt die Titel aller Bücher auf, wobei er das Buch Rut zwischen dem Richterbuch (Κριταί) und den „vier [Büchern der] Königtümer" (Βασιλειῶν τέσσαρα) nennt, zu denen die Samuel- und Königebücher in der griechischen Tradition zusammengefasst werden. Mit den heute üblichen Bezeichnungen gesagt

dass der ursprüngliche Platz des Rutbuches zwischen Richterbuch und Samuelbüchern ist.

75 Er will bei einer Orientreise bis an den Ort gekommen sein, an dem „verkündigt und gehandelt wurde". Gemeint ist offenbar das Heilige Land, in dem die biblische Verkündigung und die in der Bibel berichteten Geschehnisse stattgefunden haben.

steht das Rutbuch danach zwischen dem Richterbuch und dem Ersten Samuelbuch.

Da unklar bleibt, auf welche Gewährsleute sich Melito bezieht, bleibt zugleich unklar, inwiefern die von ihm genannte Reihenfolge der Bücher im zeitgenössischen Judentum üblich war. Melito könnte „an einen hellenistischen Juden geraten“[76] sein, der ihn über einen Kanon informierte wie er im griechischsprachigen, nicht aber im hebräisch- bzw. aramäischsprachigen Judentum anerkannt war. Auch könnten sich die Erkundigungen Melitos nur auf die Zahl der Bücher bezogen haben: Dann könnte er in seinem Schreiben an Onesimus die Bücher aufführen, die im Heiligen Land als kanonisch galten, hätte dabei aber vielleicht eine Reihenfolge gewählt, die der ihm geläufigen Ordnung der „christlich-griechischen Bibel“ entsprach.[77]

Wägt man angesichts der bestehenden Möglichkeiten Wahrscheinlichkeiten ab, dann liegt zunächst nahe, dass sich Melito bei seinen Erkundigungen im Land der Bibel, die er sorgfältig vorgenommen haben will[78], nicht mit den Auskünften einer einzigen Seite zufriedengab. Sollte er also an einen hellenistischen Juden geraten sein, dürfte er sich auch für das interessiert haben, was im hebräisch- bzw. aramäischsprachigen Judentum üblich war. Zugleich liegt nahe, dass sich seine ernsthaften, sorgfältigen Erkundigungen auch auf die Anordnung (τάξις) der Bücher bezogen, über die Onesimus ebenso informiert sein will wie über die Anzahl.

Berücksichtigt man vor diesem Hintergrund, dass das Buch Rut in Melitos Liste den Platz einnimmt, den es selbst beansprucht, und den man ihm am ehesten zuweisen würde, wenn man es überhaupt für kanonisch hält, so spricht nichts dagegen, dass es zu Melitos Zeiten in allen Strömungen des palästinischen Judentums üblich war, dem Buch den beanspruchten Platz zuzuerkennen. Das muss nicht auf alle Kreise zutreffen; allerdings erwähnt Melito keine Abweichungen von dieser Ordnung.

---

76 So Rudolph, KAT XVII 1–3, 23.

77 Vgl. dazu Brandt, Endgestalten, 74 f.

78 Er sei ἀκριβῶς μαθών („sorgfältig lernend“ oder „sorgfältig in Erfahrung bringend“) vorgegangen.

Dass die Stellung zwischen dem Richterbuch und den Samuelbüchern schon vor Melito, in der zweiten Hälfte des 1. Jh.s n. Chr., im Judentum anerkannt war, ist aus Josephus' *Contra Apionem* I 38–41 [8] zu erschließen. Josephus zählt zwar nicht die Titel der kanonischen Bücher auf, gibt aber ihre Zahl mit 22 an (I 38). Damit setzt er eine Anzahl voraus, die gegenüber der in IV Esr 14,44–46 vorausgesetzten Zahl von 24 Schriften um zwei geringer ist. Die geringere Zahl bedeutet aber kaum, dass Josephus „von einem kleineren Kanon" ausging[79], vielmehr kommt sie „wohl dadurch zustande, dass er Ri und Ruth sowie Jer und Klgl jeweils als ein Buch zählte"[80]. Diese übliche Erklärung der Zahl 22[81] funktioniert aber nur, wenn das Buch Rut unmittelbar hinter dem Richterbuch eingeordnet war. Damit setzt wohl auch Josephus eine kanonische Ordnung voraus, in der das Rutbuch an der Stelle steht, an der es sich selbst verortet.

Dazu passen die Angaben zu Umfang und Inhalt der einzelnen Kanonteile (Mose, Propheten, Schriften). Josephus rechnet 13 Bücher zu den Propheten, die unter anderem die Geschichte Israels vom Tod des

79 So aber Hengel, Septuaginta, 261, der vermutet, dass Josephus wohl das Hohelied und Kohelet nicht für kanonisch hält, „die ja auch sehr spät ins Griechische übersetzt wurden und noch im 2. Jh. bei den Rabbinen kontrovers diskutiert waren". Sollte Josephus, wie Hengel meint, das Hohelied und Kohelet nicht für kanonisch gehalten haben, hätte er Rut und Threni nicht zu den Geschichts- bzw. Prophetenbüchern gerechnet, sondern zum dritten Kanonteil, dessen Umfang er in *Contra Apionem* I 8 mit vier Büchern angibt, bei denen dann an die Psalmen, Proverbien, Rut und Threni zu denken wäre. Sollte Josephus dagegen nur eines von beiden, entweder das Hohelied oder Kohelet, nicht für kanonisch gehalten haben, könnten die Threni an dessen Stelle zum dritten Kanonteil gerechnet worden sein (vgl. dazu Beckwith, Canon, 119). Rut könnte dann aber noch immer hinter dem Richterbuch eingeordnet gewesen sein bzw. hätte als Teil des Richterbuches gegolten.

80 Labow in: Flavius Josephus, Contra Apionem I, 8 mit der Fortsetzung: „Da diese Schriften ursprünglich selbstständig waren, dürfte diese Zählung gegenüber der, die 24 Schriften ergibt, jünger sein". Zum Problem vgl. auch Rudolph, KAT XVII 1–3, 23. Die Alternative, Josephus habe zwei Schriften, die später allgemein als kanonisch galten (z. B. Hohelied und Kohelet), nicht als kanonisch anerkannt (vgl. dazu die Stellungnahme Hengels in der vorhergehenden Anm.), wird von Rudolph wie von Labow abgewiesen.

81 Nach Bertheau, KEH 6, 290 war sie schon im 19. Jh. „allgemein anerkannt"; so auch Wellhausen, Composition, 233 f.

Mose bis in die Zeit des Artaxerxes schildern (I 40), wobei offenbar Esra als letzter Prophet gilt.[82] Zum dritten Kanonteil, den „übrigen (Schriften)", rechnet Josephus nur 4 Bücher, die Hymnen an Gott sowie Lebenslehren enthalten (I 40). Zu diesen vieren gehört das Rutbuch sicher nicht[83]: Hymnen enthält es nicht; eher könnte es als Lebenslehre betrachtet werden, zumal gerade Josephus ein moralisches Verständnis der Rut-Erzählung vertritt. Das aber geschieht im Rahmen der *Antiquitates* (Ant V 318–337), wo er auf die Rut-Erzählung als Quelle für eine Episode der Geschichte Israels zwischen Samson (Ant V 275–317) und Samuel (sowie Eli und seinen Söhnen) (Ant V 338 ff.) zurückgreift.[84] Damit ist auch in den *Antiquitates* die Zugehörigkeit des Rutbuches zu den Geschichtsbüchern und seine Stellung zwischen Richterbuch und Erstem Samuelbuch vorausgesetzt; in *Contra Apionem* ist demnach sicher vorausgesetzt, dass es zu den 13 Prophetenbüchern mit ihrer Darstellung der Geschichte Israels vom Tod des Mose bis in die Perserzeit gehört.

Da Josephus „stärker auf das palästinische Judentum, aus dem er stammt, als auf die Diaspora in Alexandrien hin ausgerichtet" ist, und da die Zahl 22 „mit den Buchstaben des hebräischen [*!*] Alphabets zusammenhängt"[85], kann davon ausgegangen werden, dass Josephus eine Fassung des Kanons voraussetzt, die zu seiner Zeit im hebräischsprachigen Judentum anerkannt war.[86] Dabei fällt auf, dass er offenbar nicht nur Rut (als Teil des Richterbuches), sondern auch die Bücher, die die Ge-

---

82 *Contra Apionem* I 40 [8]: „Vom Tod des Mose aber bis zu Artaxerxes (…) schrieben die Propheten nach Mose über die Ereignisse ihrer Zeit in 13 Büchern". Zum Verständnis vgl. Labow in: Flavius Josephus, Contra Apionem I, 32 Anm. 89; auch a. a. O., 31 Anm. 84, wo u. a. festgehalten wird, dass sich die Vorstellung, dass Geschichtsbücher inspiriert und von Propheten verfassst sind, schon in I Chr 29,29 findet.

83 Das gilt auf jeden Fall dann, wenn Josephus Hohelied und Kohelet für kanonisch hält, vgl. dazu oben Anm. 79: Da die Psalmen und das Proverbienbuch zweifellos zu diesen 4 Büchern gehören, wird die Vierzahl durch Hohelied und Kohelet komplettiert, sofern Josephus auch sie für kanonisch hält.

84 Zur Rezeption der Rut-Erzählung in den *Antiquitates* des Josephus vgl. unten S. 220 f..

85 Beide Zitate in: Hengel, Septuaginta, 261 m. Anm. 224.

86 Vgl. dazu auch Steinberg, Ketuvim, 179 mit Anm. 283 (Lit!).

schichte Israels bis in die Perserzeit (Artaxerxes) darstellen, also die Chronik, Esra / Nehemia und Ester, zu den Propheten rechnet.[87] Danach gab es im damaligen palästinischen Judentum eine Ordnung des Kanons, die mit einer die Bücher des Pentateuch und der Propheten umfassenden ausführlichen Geschichtsdarstellung begann, die von der Schöpfung bis in die Perserzeit reicht. Das wiederum ist insofern interessant, als das Rutbuch selbst Teil einer Geschichtsdarstellung zu sein beansprucht, die mindestens von der Erzväterzeit bis in die Perserzeit reicht. Der Rut-Erzähler will demnach sein Buch in eine kanonische Ordnung einfügen, die für ihn noch im Werden war, die aber offenbar derjenigen entsprach, die Josephus später voraussetzt. Dass es daneben auch andere Vorstellungen über die Ordnung des Kanons gab – der Prolog des griechischen Sirach könnte einen umfangreicheren dritten Kanonteil voraussetzen als Josephus[88] – bleibt davon unberührt.

Nur nebenbei sei darauf hingewiesen, dass auch die Erwähnung Ruts im Stammbaum Jesu in Mt 1,2–17 dafür spricht, dass das Rutbuch im Judentum des 1. Jh.s als Teil der alttestamentlichen Geschichtsdarstellung galt. Rut wird darin als Figur des kanonischen Geschichtsbildes an der Stelle aufgeführt, wo sie stehen muss, wenn dem Rutbuch der Ort zwischen dem Richterbuch und den Samuelbüchern zuerkannt wird: Sie ist in Mt 1,5 nach Tamar aus der Genesis (1,3) und Rahab aus dem Josuabuch (1,5), aber vor Batseba aus den Samuel- und Königebüchern (1,6) aufgeführt. Wenn Matthäus aber als „Vertreter eines liberalen hellenistischen Diaspora-Judentums“ gilt[89], wäre der Verweis auf den Stammbaum in Mt 1 kein Beleg dafür, dass das Rutbuch auch vom hebräischsprachigen Judentum des 1. Jh.s unter die Geschichtsbücher eingeordnet wurde.

Hinsichtlich der Anzahl der Bücher und der Einordnung des Buches Rut entspricht der von Josephus vorausgesetzte Kanon dem, den Hiero-

87 Vgl. Beckwith, Canon, 119: „In all probability, his thirteen books of the prophets are Job, Joshua, Judges (possibly with Ruth), Samuel, Kings, Isaiah, Jeremiah (possibly with Lamentations), Ezekiel, the Twelve Prophets, Daniel, Chronicles, Ezra-Nehemiah, Esther“. Beckwith hält sich die Möglichkeit offen, dass Josephus Rut auch zum dritten Kanonteil gerechnet haben könnte, wo es dann als Teil der Psalmen gegolten hätte.

88 Vgl. dazu Beckwith, Canon, 123.

89 So Schnelle, Einleitung, 201.

nymus drei Jahrhunderte später im *prologus galeatus*[90], dem Prolog der Vulgata-Übersetzung der vier „Bücher der Königtümer“ (Samuel- und Königebücher), ausführlicher beschreibt.

Dort zählt auch Hieronymus 22 Schriften als kanonisch[91], wobei er die Threni gar nicht erwähnt – sie gelten ihm als Teil des Jeremiabuches[92] –, während er die Bücher Richter und Rut als ein Buch zählt, das auch für ihn zu den Propheten gehört. Die Reihe der Propheten beginnt mit „Jesus, dem Sohn des Nave, der bei ihnen [= *den Juden*] *Iosue Bennun* genannt wird. Darauf lassen sie *Sophtim* folgen, das ist das Richterbuch, und daran fügen sie Ruth an, weil (dort) eine Geschichte erzählt wird, die in den Tagen der Richter geschehen ist. Als drittes [*!*] folgt Samuel, den wir das erste und zweite (Buch) der Königsherrschaften nennen“. Anschließend zählt Hieronymus die weiteren Prophetenbücher auf: Könige, Jesaja, Jeremia, Hesekiel und das Zwölfprophetenbuch.[93] Damit rechnet er insgesamt 8 Bücher zu den Propheten. Abweichend von Josephus, der auf 13 Prophetenbücher kommt[94], zählt Hieronymus Hiob, Daniel, die Chronik, Esra / Nehemia und Ester zum dritten Kanonteil, den Hagiographen *(Agiografa)*, die bei ihn also 9 Bücher umfassen:

---

90 Die Bezeichnung „helmbewehrter Prolog“ ergibt sich daraus, dass er eigentlich eine Einleitung zu allen alttestamentlichen Schriften ist, in der u. a. die Unterscheidung von kanonischen Schriften und Apokryphen besprochen wird. Dass dieser Prolog den Samuel- und Königebüchern vorangestellt ist, spricht vielleicht dafür, dass Hieronymus die Übersetzung der Vulgata mit diesen Büchern begann, vgl. dazu Graf Reventlow, Epochen II, 47 f.

91 Vgl. Weber / Gryson (Hrsg.), Vulgata, 364,23–365,45; auch die tabellarische Übersicht in: Brandt, Endgestalten, 125.

92 Vgl. Weber / Gryson (Hrsg.), Vulgata, 364, 15–19, wo Hieronymus erwähnt, dass fünf kanonische Bücher in zwei Teile aufgeteilt werden wie fünf hebräische Buchstaben (צ, פ, נ, מ, כ) zwei verschiedene Formen (Kontext- und Finalbuchstabe) haben. Zu diesen aufgeteilten Büchern zählt er neben Samuel, Königen, Chronik und Esra (Esra / Nehemia) auch Jeremia und die Klagelieder *(Hieremias cum Cinoth, id est Lamentationibus suis)*. Da alle hier genannten Bücher in der Kanonauflistung nur als ein Buch genannt werden, werden die Klagelieder ganz offenbar zu Jeremia gezählt; so auch Brandt, Endgestalten, 125 / 126 Anm. 565.

93 Weber / Gryson (Hrsg.), Vulgata, 364,27–365,35.

94 Vgl. dazu oben Anm. 87.

Hiob, die Psalmen, die drei salomonischen Bücher (Proverbien, Kohelet, Hohelied) sowie Daniel, Chronik, Esra / Nehemia und Ester.[95]

Diese Kanoneinteilung, die Rut als Anhang des Richterbuches zählt – sonst wäre Samuel ja nicht das dritte Prophetenbuch nach Josua und Richter –, bespricht Hieronymus ausführlicher. Es scheint sich um die Ordnung zu handeln, die er als die im Judentum übliche wahrnimmt.[96] Allerdings erwähnt er auch, dass „manche" oder „einige" *(nonnulli)* die Bücher Rut und Threni zu den Hagiographen zählen und so auf einen Kanon von 24 Büchern kommen.[97] Im *prologus galeatus* sieht er darin aber wohl eine Minderheitsposition.

Im Prolog zum Danielbuch setzt Hieronymus dagegen diesen 24 Bücher umfassenden Kanon als den im Judentum üblichen voraus, wenn er daran erinnert, „dass Daniel bei den Hebräern nicht zu den Propheten gerechnet wird", sondern zu den Hagiographen. Dabei gibt er den jeweiligen Umfang der drei Bibelteile mit „fünf" (= Pentateuch), „acht" (= Propheten) und „elf" (= Hagiographen) an und fügt hinzu: „Darüber zu handeln, ist jetzt nicht an der Zeit"[98]. Die Zahl von 11 Hagiographen, und damit zwei mehr als in der im *prologus galeatus* ausführlicher besprochenen Ordnung, setzt voraus, dass nun Rut und Threni dazugerechnet werden wie es im *prologus galeatus* als Minderheitsposition erwähnt ist. Warum Hieronymus diese Position im Daniel-Prolog als übliche jüdische Ordnung nennt, wenn auch eher *en passant*, ist angesichts der Knappheit seiner Bemerkung nicht zu klären.

Die Überlegungen zu Melito, Josephus und dem *prologus galeatus* des Hieronymus ergeben folgenden Befund: Nachdem aus dem Rutbuch selbst hervorgeht, dass schon der hebräische Erzähler „versuchte (…), sein Werk zwischen das Buch der Richter und die Bücher Samuel zu stellen"[99], zeigen diese Quellen, dass beachtliche Gruppen im Judentum des 1. bis 4. Jh.s dem Rutbuch den selbst beanspruchten Ort auch zuerkannten, wobei es bisweilen als Teil oder Anhang des Richterbuches

---

95 Weber / Gryson (Hrsg.), Vulgata, 365,36–43.

96 So auch Campbell, Ruth, 33: Der 22 Bücher umfassende Kanon sei nach Hieronymus „the position held by the majority of the Jews".

97 Vgl. Weber / Gryson (Hrsg.), Vulgata, 365,45 f.

98 Vgl. Weber / Gryson (Hrsg.), Vulgata, 1342,45–49.

99 Zakovitch, Rut, 32.

galt. Schon nach Melito und Josephus ist anzunehmen, dass dies auch für Teile des Judentums galt, die sich am hebräischen Text orientierten. Durch Hieronymus wird diese Annahme bestätigt. Hieronymus wurde durch jüdische Lehrer in die hebräische Sprache eingeführt[100], jüdische Bibelhandschriften und Kommentierungen waren ihm bekannt[101], und im *prologus galeatus* nennt er Buchtitel in hebräischer Sprache *(Iosue Bennun; Sophtim)*. Demnach wird er bei dem, was er dort als jüdische Mehrheitsposition beschreibt, einen hebräischen Bibelkanon vor Augen gehabt haben.[102] Indem er im *prologus galeatus* außerdem erwähnt, dass Rut von manchen unter die Schriften (Ketubim; *Agiografa*) gerechnet wird, zeigt er, dass ihm auch schon die Einordnung des Rutbuches bekannt war, die sich im Judentum später durchsetzen sollte. Im Prolog des Danielbuches kann er diese Ordnung auch schon als übliche jüdische Position nennen, ohne jedoch einen Ausgleich zum *prologus galeatus* herzustellen.

Nachdem, was Melito, Josephus und dem *prologus galeatus* zu entnehmen ist, ist es unangemessen, die Zuordnung des Rutbuches unter die Geschichtsbücher als „hellenistische Tradition“ zu bezeichnen. Es muss diese Tradition auch im hebräischsprachigen Judentum gegeben haben, auch wenn sie im Handschriftenbefund heute nur aus der Septuaginta – etwa aus den „textgeschichtlich wie anordnungsgeschichtlich zentralen“[103] alten Unzial-Codices Vaticanus, Sinaiticus und Alexandrinus[104] – bekannt ist.

---

100 Vgl. Fürst, Hieronymus, 77–79; auch Graf Reventlow, Epochen II, 44.

101 Vgl. Fürst, Hieronymus, 130–137. Fürst mahnt eine berechtigte Skepsis an, Hieronymus’ zahlreiche „Hinweise auf jüdische Lehrer und Kontakte mit jüdischen Exegeten für bare Münze zu nehmen (a. a. O., 136; zu einem Beispiel vgl. a. a. O., 131); dennoch seien solche Kontakte unbestreitbar (vgl. a. a. O., 78). Es gelte: „Aufgrund seiner Sprachkenntnisse war er [= *Hieronymus*] als einziger unter seinen Zeitgenossen imstande, das komplexe und entlegene Material jüdischer Schriftgelehrsamkeit der christlichen Welt immerhin ansatzweise zu erschließen und für Exegese und Theologie fruchtbar zu machen. Erst im Humanismus sollte er mit solchem Forschen und Wissen Nachfolger finden“ (a. a. O., 137).

102 So auch Beckwith, Canon, 119: „Jerome was a Hebrew scholar, and had Jewish teachers; consequently, when he speaks of the opinion of the Jews, he is speaking from knowledge“.

103 Brandt, Endgestalten, 184.

104 In den Codices Vaticanus und Alexandrinus ist das Buch Rut an dieser Stelle

Die Einordnung des Rutbuches in anderen christlichen Traditionen wie der lateinischen[105] oder syrischen[106] kann an dieser Stelle übergangen werden. Wir wenden uns der jüdischen Tradition zu.

2.3. Weitere Beobachtungen zur jüdischen Tradition

In rabbinischen Texten und Bibelhandschriften ist die Zuordnung der Bücher zu den einzelnen Kanonteilen nicht mehr strittig[107]; Rut steht dabei nie mehr unter den Propheten- bzw. Geschichtsbüchern, sondern grundsätzlich unter den „Schriften".

Eine Baraita – also eine Nachricht über rabbinische Auffassungen aus

---

erhalten; für den im Alten Testament nicht vollständig erhaltenen Codex Sinaiticus kann diese Position angenommen werden, vgl. dazu Brand, Endgestalten, 183; Fabry, Beitrag, 589; 593; 596 m. Anm. 35; auch Millard, Codizes, 47 Tabelle 2.

105 Mit nur wenigen Ausnahmen folgen in den lateinischen Handschriften die Bücher Jos bis Rt auf den Pentateuch, so dass sich auch hier der Oktateuch findet (Brandt, Endgestalten, 276) – unabhängig von der Frage, inwiefern diese acht Bücher als besondere, abzugrenzende Einheit empfunden wurden. In der altlateinischen, also der Vor-Vulgata-Tradition gelten hingegen bisweilen die ersten sieben Bücher, Gen bis Jdc, also ein „Heptateuch", als Basisgröße (vgl. Brandt, Endgestalten, 241). So schreibt Augustinus *Quastiones in heptateuchum*. Das Buch Rut kann, wenn die Bücher Gen bis Jdc als zusammenhängender Abschnitt der Geschichtsdarstellung verstanden werden, als „Vorgeschichte" *(principium)* der folgenden vier Bücher der Königtümer gelten (vgl. Augustinus, *De doctrina Christiana* II 8,13). Andere Einordnungen des Rutbuches, etwa die auf einer Liste Innozenz' I. (gest. 417), in der es zwischen den Königebüchern und den Büchern der Schriftpropheten steht (vgl. Brandt, Endgestalten, 255), sind in der lateinischen Tradition Ausnahmen.

106 Die syrische Tradition kennt verschiedene Anordnungen, bei denen das Buch Rut nicht an dem von ihm beanspruchten Platz zwischen dem Richterbuch und den Samuelbüchern steht. So kann es zwischen den Königebüchern und dem Psalter eingeordnet werden (vgl. Brandt, Endgestalten, 219); auch kann es gemeinsam mit Susanna, Ester und Judit in einer Gruppe von Büchern erscheinen, deren Hauptpersonen Frauen sind (vgl. Brandt, a. a. O., 222 f.), schließlich kann es im Rahmen der Weisheitsschriften zwischen Hohelied und Kohelet aufgeführt sein (vgl. Brandt, a. a. O., 222).

107 So Beckwith, Canon, 121 f.

der Zeit vor 200 n. Chr., die nicht Teil der Mischna geworden sind – aus dem Talmudtraktat Baba Bathra (14b) rechnet die Bücher Josua, Richter, Samuel und Könige gemeinsam mit Jeremia, Hesekiel, Jesaja und dem Zwölfprophetenbuch zu den Propheten, während Rut die Reihe der Ketubim eröffnet.[108] Die Ketubim umfassen dort elf Bücher[109], was dem entspricht, was Hieronymus als übliche jüdische Position im Daniel-Prolog angibt.

In den in Baba Bathra 14b/15a folgenden Mitteilungen über die Verfasser der biblischen Bücher heißt es allerdings: „Samuel schrieb sein Buch und Richter und Rut“. Diese Zuschreibung an Samuel wird aber vor allem dann verständlich, wenn das Rutbuch zwischen dem Richterbuch und den Samuelbüchern wahrgenommen wird. Das widerspricht jedoch Baba Bathra, wo es den Ketubim zugerechnet ist. Die Spannung ist aber damit aufzulösen, dass die Zuschreibung an Samuel als Reminiszenz daran gelten kann, dass die Zuordnung Ruts zu den Geschichtsbüchern im Judentum einmal größere Anerkennung fand als der Talmud und das nachtalmudische Judentum insgesamt vermuten lassen.[110] So

---

108 Nach Beckwith, Canon, 152 f. könnte die Kanonliste der Baraita auf eine von Judas Maccabäus (vgl. II Macc 2,14 f.) aufgestellte Liste zurückgehen. Dass sie so weit zurückreicht, ist jedoch keineswegs zwingend, vgl. dazu Brandt, Endgestalten, 95–98.

109 Es handelt sich dabei um: Rut, Psalmen, Hiob, Proverbien, Kohelet, Hohelied, Threni, Daniel, Ester, Esra / Nehemia und Chronik. Mit Ausnahme von Hiob entspricht diese Abfolge der chronologischen Reihenfolge. Da Hiob zur Zeit des Mose gelebt haben soll, müsste sein Buch eigentlich vor den mit David verbundenen Büchern Rut und dem Psalter stehen. Diese spätere Einordnung Hiobs wird in Baba Bathra 14b damit erklärt, dass die jüdischen Gelehrten kein Buch an den Anfang stellen wollten, das von einer Strafe Gottes handelt. Zwar sei auch im Buch Rut von einer Strafe Gottes die Rede, diese finde aber einen guten Ausgang, indem sie auf die Geburt Davids hinausläuft, was wiederum die Stellung Ruts vor den Psalmen begründet: Der Name Rut wird mit der Wurzel רוה (pi.: „sättigen, erfrischen, erfreuen“; so im Anschluss an Jastrow, Dictionary II, 1459 s. v. רוה ,רוי) zusammengebracht, was auf Davids Wirken als Psalmendichter bezogen wird, der Gott mit seinen Liedern und Dankliedern „sättigte“. Die Schlussstellung der Chronik ist chronologisch damit begründbar, dass Esra und Nehemia als ihre Verfasser gelten; dass die Chronik zugleich aus theologisch-sachlichen Gründen an das Ende des jüdischen Kanons gestellt wurde, wurde bereits oben angesprochen, vgl. S. 32 f.

110 Nach Bertheau, KEH 6, 292 enthält die Zuschreibung an Samuel „eine Erinne-

ausgewertet unterstützt die eher nebenbei erwähnte Zuschreibung an Samuel das, was der *prologus galeatus* des Hieronymus erkennen lässt, wenn dort die Einordnung Ruts nach dem Richterbuch, ja als dessen Anhang, als jüdische Mehrheitsposition erscheint.

Das Rutbuch wird im Judentum gemeinsam mit dem Hohelied, Kohelet, Threni und Ester zu den fünf „Megillot", den mit den großen Jahresfesten verbundenen „Schriftrollen", gerechnet.[111] Rut gehört zum Schawuot- oder Wochenfest. Die Megillot können unter sich verschieden angeordnet sein[112], gelten aber als eigener Block, so dass auch die erzählenden Festrollen Rut und Ester niemals mehr in die Reihe der kanonischen Geschichtsbücher eingeordnet werden[113]. Der Codex von Aleppo (925 n. Chr.) und der Codex Petropolitanus (M^L) (1009 n. Chr.) bieten als die ältesten masoretischen Vollbibeln, die bis ins 20. Jh. hinein erhalten geblieben sind[114], das Rutbuch als erste Megilla nach dem Proverbienbuch. Damit folgt das Buch unmittelbar dem Lob der tüchtigen Frau (אֵשֶׁת חַיִל), mit dem das Proverbienbuch schließt (Prov 31,10–31). Da in Rt 3,11 auch Rut als אֵשֶׁת חַיִל bezeichnet wird, wird sie bei dieser Einordnung des Buches zur „Beispielgestalt der idealen Frau des Sprüchebuches".[115]

---

rung an die ursprüngliche Stellung des Buches nach Richter"; sinngemäß ebenso Schultz, HSAT II/4.5, 112. Da es im Judentum aber immer Kreise gegeben haben dürfte, die dem spät entstandenen Buch Rut die Stellung nach dem Richterbuch nicht zuerkannten, ist diese Formulierung wohl zu undifferenziert. Sie weist aber in die richtige Richtung.

111 Zu der kaum zu erhellenden Frage der Entstehung dieser Gruppe vgl. Brandt, Endgestalten, 129.

112 Vgl. dazu Brandt, Endgestalten, 164–170.

113 Dagegen spricht sicher nicht, dass die Megillot nach Brandt, Endgestalten, 136–138 in manchen frühen Drucken unmittelbar auf den Pentateuch folgen.

114 Der Codex von Aleppo wurde 1947 schwer beschädigt, so dass von den Schriften nur noch das Buch Rut und Ct 1,1–3,11 erhalten sind.

115 So Fischer, Rut, 102, die diesen Ansatz folgendermaßen konkretisiert: „Auch sie [= *Rut*] ist in allem umsichtig, sorgt für den Lebensunterhalt der ganzen Familie, ist selbständig in ihren Entscheidungen und solidarisch mit ihrem Nächsten. Ihr Mann kommt durch sie zu Ansehen, wenn er mit den Ältesten im Tor sitzt (Spr 31,23; vgl. bes. Rt 4,11 f.)". Auch in der jüdischen Tradition ist dieser Zusammenhang ausgeführt worden, vgl. Zakovitch, Rut, 31 f. Zur Beziehung des Rutbuches zu den Proverbien vgl. auch Schipper, Ruth, 13. Die dort genannten Bezüge er-

Angesichts der Belege dafür, dass dem Rutbuch in der Antike auch im hebräischsprachigen Judentum der von ihm selbst beanspruchte Platz zwischen dem Richterbuch und den Samuelbüchern zuerkannt werden konnte, wird noch einmal deutlich, wie erklärungsbedürftig es ist, dass die spätere jüdische Tradition völlig davon abgekommen ist. Das Problem, zu dem Fabry einen interessanten Lösungsvorschlag vorgetragen hat, erwartet in der Tat eine Antwort. Mit diesen Beobachtungen im Hintergrund wird sich die Arbeit jetzt der Auslegung des Rutbuches selbst zuwenden. Dazu sind zunächst Grundlagen zum Verständnis zu erheben.

klären in der Tat, warum manche Teile der Handschriftenüberlieferung das Rutbuch hinter die Proverbien stellen. Da sie aber insgesamt weniger Gewicht als die Bezüge zu den Geschichtsbüchern haben, geht aus ihnen, anders als Schipper meint, nicht hervor, dass die Einordnung des Rutbuches unter die Ketubim ebenso berechtigt ist wie die zwischen dem Richterbuch und den Samuelbüchern.

3. Grundlagen zum Verständnis des Buches Rut

3.1. Das Buch Rut als späte theologische Lehrerzählung

3.1.1. Literarischer Charakter und Datierung

Die folgenden Ausführungen setzen die literarische Integrität des Buches Rut voraus. Zwar wird die abschließende Genealogie Rt 4,18–22 oft als späterer Nachtrag betrachtet[116]; dem folgt die vorliegende Arbeit aus Gründen, die noch deutlich werden sollen, allerdings nicht.[117]

Die Querbezüge zu anderen Texten des Alten Testaments bzw. der Hebräischen Bibel lässt auf einen Autor schließen, der an theologischer Lehre interessiert ist, und dem ein großer Teil der heute kanonischen Schriften schon als normative Literatur vorliegt.

Datierungsrelevant sind folgende Beobachtungen. Das Buch setzt sowohl nichtpriesterschriftliche Erzvätergeschichten voraus[118] als auch priesterschriftliche Genealogien („Toledot") aus der Genesis[119], und es

---

116 Nach Fischer, Rut, 67 f. wurde „die Genealogie am Schluß des Rutbuches (…) in der deutschen Rut-Forschung des letzten Jahrhunderts beinah ausschließlich als sekundärer Zusatz angesehen", während „im englischen Sprachraum und in der jüdischen Bibelauslegung (…) der Forschungsbefund wesentlich divergenter" ist. Die Gründe für die literarkritische Abtrennung werden bei Fischer im Folgenden besprochen. Auch sie schließt sich ihnen nicht an.

117 Vgl. dazu unten S. 68–72; 74–79.

118 Vorausgesetzt sind die Erzählungen über Emigrationen während einer Hungersnot (Gen 12,10–20; Gen 26,1–11).

119 Dafür steht die auf David hinauslaufende Perez-Genealogie in Rt 4,18–22. Diese scheint zwar als Exzerpt aus I Chr 2 entstanden zu sein. Anders als dort wird aber nur eine einzige Abstammungslinie aufgelistet, so dass die engeren Analogien „nicht in I Chr zu suchen" sind, „sondern in der Genesis" (Hieke, Genealogien, 235; auch a. a. O., 237). Die Einleitung וְאֵלֶּה תּוֹלְדוֹת פָּרֶץ (Rt 4,18) erinnert dementsprechend an die Toledot-Formeln in Gen 2,4; 6,9; 10,1; 11,10.27; 25,12.19; 36,1.9; 37,2, die üblicherweise der Priesterschrift zugeschrieben werden.

spielt auf gesetzliche Bestimmungen des Deuteronomiums an[120]. Der Pentateuch ist damit im Wesentlichen in seiner vorliegenden Gestalt vorausgesetzt. Nach mehrheitlicher Ansicht ist die Schlussgenealogie Rt 4,18–22 aus einem Abschnitt der Juda-Genealogie in I Chr 2 exzerpiert.[121] Wenn aber das Rutbuch den Pentateuch im Wesentlichen schon in seiner vorliegenden Gestalt, zugleich aber die Chronik voraussetzt, kann es nicht vor der spätpersischen Zeit entstanden sein. Auch eine Entstehung zu Beginn der hellenistischen Zeit ist noch möglich.[122]

Bei dieser späten Datierung kann die Kenntnis prophetischer Texte über die künftige Heilszeit vorausgesetzt werden, in der Israel wieder gesammelt wird, in der sich auch Menschen aus anderen Völkern Israel anschließen, und in der der Messias im Namen Gottes eine Herrschaft des Friedens und der Gerechtigkeit errichtet. Manche Aussagen des Buches sind in der Tat als Anspielungen auf entsprechende Texte zu verstehen.[123]

Da Anspielungen auf andere biblische Texte in beachtlichem Maß vorhanden sind und Sinndimensionen eröffnen[124], kann das Buch Rut

---

120 So scheint in der Szene über die Verhandlung im Tor die Leviratsbestimmung Dtn 25,5–10 vorausgesetzt zu sein, vgl. dazu unten S. 149.

121 Vgl. dazu unten S. 61.

122 Entscheidend dafür ist die Datierung der Chronik. Nach Steins in: Zenger (u. a.), Einleitung, 325 reichen die Datierungsvorschläge für die Chronik „vom ausgehenden 6. Jh. bis zur ersten Hälfte des 2. Jh.s. v. Chr., wobei aber Datierungen in die spätpersische Zeit oder die frühhellenistische Zeit dominieren. Selbst eine Entstehung im 2. Jh. v. Chr. wird erwogen. Auch Abadie in: Römer (u. a.) (Hg.), Einleitung, 690 f. verweist darauf, dass die Datierungsvorschläge „von 515 bis 250 v. Chr. (…) bzw. gar noch später (um 190 v. Chr., […])“ reichen, hält dann aber gegenüber Datierungen in das 3. Jh. fest: „Da wir nicht allzu unvorsichtig sein möchten, halten wir eine Datierung zwischen 350 und 300 v. Chr. jedoch für angemessener“. Die Frage kann an dieser Stelle nicht diskutiert werden; es darf aber wohl festgehalten werden, dass eine Datierung der Chronik in die spätpersische Zeit oder in die früheste hellenistische Zeit die größte Zustimmung finden dürfte. Das Rutbuch müsste dann etwas später entstanden sein.

123 Hierher gehört die Anspielung auf Jes 40,1 f. in Rt 2,13 (vgl. dazu unten S. 141 f.). sowie das Zitat aus Ez 16,8 in Rt 3,9 (vgl. dazu unten S. 145–147).

124 Der Ansatz, auf Bezüge zu anderen biblischen Texten zu verweisen und diese für die Interpretation fruchtbar zu machen, wird von Schipper, Ruth, 20 sehr kritisch bewertet, da das Buch Rut keine ausdrücklichen Bezugnahmen auf andere biblische Texte enthält. Als Gegenbeispiele nennt er die Zitate in Jos 8,31; Neh

als Werk schriftgelehrter Literatur bezeichnet werden.[125] Die Bezeichnung ist zwar insofern anachronistisch als sie streng genommen das Vorhandensein einer klar umgrenzten heiligen „Schrift“ voraussetzt, was in der Entstehungszeit des Rutbuches erst in Ansätzen der Fall war; dennoch kann sie aus pragmatischen Gründen verwendet werden. Die Bezugnahmen auf andere im heutigen Sprachgebrauch „biblische“ Texte können in manchen Fragen als der entscheidende Interpretationskontext gelten. So ist für die im Alten Testament nur im Rutbuch belegte Verbindung der Verpflichtung des Lösers (גֹּאֵל) mit der Pflicht zur Schwager- oder Leviratsehe nicht nach einem tatsächlichen rechtsgeschichtlichen Hintergrund zu suchen[126], der vielleicht aus außerbiblischen Quellen erschlossen werden könnte[127]; das entsprechende Vorgehen des Boas ist

13,1 und die Verweise auf andere Quellen in I Reg 14,19.29. In der Rutauslegung werden daher Verbindungen zu den anderen Texten, selbst wenn sie überzeugend begründet sind, letztlich nicht vom Text, sondern vom Exegeten hergestellt, der zugleich derjenige ist, der diesen Verbindungen einen Sinn abgewinnt. Das ist sicher richtig. Wenn aber in einem Text wie der Rut-Erzählung eine auffällige Menge an Bezügen zu anderen biblischen Texten festgestellt werden kann, wird man davon ausgehen müssen, dass der Autor es darauf anlegt, dass der Leser diese Bezüge wahrnimmt und den von ihnen eröffneten Sinndimensionen nachgeht. Der heutige Exeget ist eine Sonderform des Lesers. Vgl. dazu auch unten S. 126f.

125 Fischer, Rut, 81 bevorzugt stattdessen die Bezeichnung „schriftauslegende Literatur“ im Sinne einer Gattungsbestimmung.

126 Zu Positionen eines „True-to-Life-Approach“ zu der Verbindung von Löse- und Leviratspflicht vgl. die kritischen Bemerkungen von Berlin, JAJ 1 (2010), 4f.

127 Als mögliche außerbiblische Parallele hat Lemaire, EI 20 (1989) die phönizische Inschrift vom Cebelireis Dağı in Kilikien in die Diskussion eingeführt. Nach Lemaire beziehen sich sowohl die Inschrift als auch das Rutbuch auf dieselbe Rechtstradition des „marriage de *g*^e^*ʾullāh*“ (a.a.O., 127*). Vorausgesetzt, dass Lemaires Interpretation der Inschrift (vgl. a.a.O., 125*f.) zutrifft (vgl. aber auch Röllig, Inschrift), ist der Abstand zwischen den beiden Quellen zu beachten: Die Inschrift aus dem späten 7. Jh. v.Chr. spiegelt nach Lemaire trotz phönizischer Sprache kilikische Rechtspraxis, die vielleicht durch hethitische oder griechische Parallelen aus Kleinasien weiter erhellt werden könnte (a.a.O., 126*); es ist nicht selbstverständlich anzunehmen, dass der in spätpersischer, wahrscheinlich aber wohl frühhellenistischer Zeit wirkende Rut-Erzähler an seinem wahrscheinlichen Wirkungsort Palästina dieselben rechtsgeschichtlichen Hintergründe voraussetzt. Andererseits zeigt er durch eine Fülle von Bezugnahmen auf andere biblische Texte, dass er mit der religiösen Literatur Alt-Israels vertraut ist, die zu

vielmehr mit anderen biblischen Texten, v. a. den Bestimmungen kanonischer Gesetzestexte, zu vergleichen und an ihnen zu messen. Bei der Verbindung von Lösung und Leviratsehe dürfte es sich um eine aus den Gesetzestexten entwickelte Rechtsfiktion handeln.[128] Dabei geht es aber sicher nicht um die Schilderung fiktiver Rechtsbräuche, sondern wohl darum, die besondere Fürsorglichkeit des Boas zu betonen.

Für den theologisch-lehrhaften Charakter des Buches sprechen auch Auffälligkeiten und Spannungen des Erzählverlaufs, die in der Art von Verfremdungseffekten darauf hinwirken, dass sich der Leser nicht in der erzählten Welt verliert, sondern sich aus einem gewissen Abstand heraus ein Urteil über die Figuren und ihr Handeln bildet, wobei wiederum die biblischen Texte relevant sind, auf die die Rut-Erzählung anspielt.

3.1.2. Zur Konstruktion der Handlung

Zum schriftgelehrten Charakter des Buches passt es, dass selbst Grundelemente der Handlung von anderen biblischen Texten inspiriert zu sein scheinen. Von zentraler Bedeutung dürfte dabei I Chr 2,3–15 sein, ein Abschnitt der Juda-Genealogie der sog. „genealogischen Vorhalle“ der Chronik.

Es ist üblich, die Genealogie in Rt 4,18–22 als „Auszug“ oder „Exzerpt“ aus I Chr 2,3–15 zu betrachten[129], in das nur die direkte Linie von

---

seiner Zeit bereits auf dem Wege zu kanonischem Ansehen war, und dass er sie als Interpretationskontext seiner Erzählung voraussetzt.

128 So liegt nach Berlin, JAJ 1 (2010), 10 „legal fiction“ vor, „that employs fictional or imaginary legal practices, which, in this case, bear an obvious resemblance to Torah law but depart from it“.

129 So Würthwein, HAT I/18, 24; Witzenrath, Rut, 26–38, v. a. 37; Zenger, ZBK.AT 8, 11; Köhlmoos, ATD 9/3, 84; Zakovitch, Ruth, 58 spricht etwas vorsichtiger von einem „Echo auf die Genealogie des Stammes Juda in I Chr 2,3–15“. Frevel, NSK.AT 6, 157 bestimmt die Abhängigkeit in umgekehrter Richtung. Vorausgesetzt ist dabei, dass die Genealogie in Rt 4,18–22 ein Zusatz zum ursprünglichen Rutbuch ist, dass aber Obed schon in 4,17 als Sohn von Boas und Rut genannt ist. Daraus leitet Frevel ab: „Gerade wenn Boas und Obed schon zur ursprünglichen Ruterzählung gehörten, wäre der Zufall der Übereinstimmung des Rutbuches und I Chr 2,12 zu groß“, wenn der chronistische Stammbaum unabhängig vom Rutbuch wäre. Frevels Argument erledigt sich aber, wenn

Perez bis David aufgenommen wurde[130]. Allerdings reicht die Übereinstimmung der Namen für sich genommen kaum aus, um diese Annahme zu begründen[131], die Beziehungen zwischen I Chr 2 und dem Rutbuch gehen aber tiefer – bis dahin, dass die Vermutung naheliegt, dass I Chr 2,3–15 nicht nur auf die Genealogie in Rt 4,18–22, sondern auch auf die Gestaltung des Handlungskerns eingewirkt hat.

Geht man von der Vorstellung aus, dass der Rut-Erzähler bei seinem Vorhaben, eine Vorgeburtsgeschichte Davids zu verfassen[132], mit Recherchen nach Material begann, das er einer historisierenden Erzählung zu Grunde legen konnte, liegt die Annahme nicht fern, dass er die chronistische Juda-Genealogie heranzog, um Kenntnisse über die Vorfahren Davids zu gewinnen. Dann dürfte es aber von zentraler Bedeutung für die Gestaltung seiner Geschichte gewesen sein, dass er in I Chr 2,3f. eine Anspielung auf die Tamar-Juda-Geschichte aus Gen 38 vorfand: In I Chr 2,3f. wird der merkwürdige Sachverhalt angesprochen, dass es die Schwiegertochter Tamar war, die Juda die Söhne Perez und Serach gebar. Die entsprechenden Bemerkungen sind aber nur verständlich, wenn die Tamar-Juda-Geschichte bekannt ist: Der Leser muss aus Gen 38 wissen, dass Tamar Juda zur Synusie nötigte, nachdem er verhindert hatte, dass sein jüngster Sohn Schela der Verpflichtung zur Leviratsehe nachkommt (Gen 38,11). Der Rut-Erzähler, dem Kenntnis der Genesis zugeschrieben werden muss[133], wäre also durch die Lektüre von I Chr 2 an die Tamar-

---

man erstens davon ausgeht, dass Rt 4,18–22 ein ursprünglicher Bestandteil des Buches Rut ist, und wenn zweitens die Rut-Erzählung schon in ihrem Kern auch von I Chr 2 inspiriert ist. Dann wäre die genealogische Abfolge Boas > Obed aus I Chr 2 übernommen; die außergewöhnliche Maßnahme, mit der Rut in Rt 3 Boas um die Ehe bittet, wäre von der Tamar-Juda-Geschichte (Gen 38) beeinflusst, auf die auch I Chr 2,3f. anspielt.

130 Vgl. die Übersicht in Hieke, Genealogien, 234. Dass Rt 4,18–22 nur an der direkten Linie von Perez zu David interessiert ist, führt Hieke allerdings zu dem Schluss, es sei „nicht notwendig so, dass der Stammbaum am Ende des Rutbuches ein Exzerpt aus I Chr 2" ist (a.a.O., 235).

131 Witzenrath, Rut, 37 begründet den Exzerpt-Charakter von Rt 4,17–22 damit, dass in der Rut-Genealogie kein einziger Name vorkommt, der nicht auch in I Chr 2 genannt ist; zustimmend zitiert von Zenger, ZBK.AT 8,11. Kritisch dagegen Fischer, Rut, 71.

132 Vgl. dazu unten S. 78–83.

133 Dafür stehen die Anspielungen auf die Erzvätergeschichten: die durch eine

Juda-Geschichte erinnert worden, in der es im Kern darum geht, dass eine junge kinderlose Witwe auf ungewöhnliche, mutige Weise dafür sorgt, dass ein naher Verwandter ein Kind mit ihr zeugt, das als Sohn ihres verstorbenen Mannes gelten soll. Diese, der Leviratsehe entsprechende Zweckbestimmung (vgl. Dtn 25,6), ist in Gen 38,8 f. ausdrücklich genannt. Vor diesem Hintergrund fällt aber auf, dass Perez in I Chr 2,3 f. nicht, wie es nach Gen 38 sein müsste, Judas Sohn Ger zugeordnet wird, sondern Juda selbst, obwohl, anders als in Gen 46,12; Num 26,20 f.; I Chr 4,1; 9,4, wo Perez ebenfalls als Sohn Judas gilt, ausdrücklich auf Gen 38 angespielt wird. Damit enthält I Chr 2,3 f. für Leser, denen die Tamar-Juda-Geschichte bekannt ist, eine Spannung, die beachtlich ist, auch wenn sie insofern nicht übermäßig stark ist, als ja alle Nachkommen Gers *eo ipso* Nachkommen von dessen Vater Juda sind.

Die gleiche Spannung, die I Chr 2,3 f. im Blick auf die genealogische Zuordnung des Perez enthält, findet sich im Buch Rut im Blick auf Obed, der sowohl als Sohn seines leiblichen Vaters Boas gilt als auch als Sohn von Ruts verstorbenem ersten Mann. Die Schlussgenealogie Rt 4,18–22 ordnet ihn Boas zu (4,21), während er unmittelbar zuvor, in 4,17, als Sohn der Naomi bezeichnet wird, was nur sinnvoll ist, wenn er als Sohn von Ruts verstorbenem Mann, Naomis Sohn Machlon, gilt.

Wie I Chr 2,3 f. nimmt auch das Rutbuch auf Gen 38 Bezug: Der Wunsch der Volksversammlung in 4,11 f., das Haus des Boas möge durch die Nachkommen aus seiner Ehe mit Rut „wie das Haus des Perez“ sein, „den Tamar dem Juda gebar“, greift ausdrücklich auf die Tamar-Juda-Geschichte zurück. Allerdings findet sich die Formulierung, dass Perez „dem Juda“ geboren wurde, in Gen 38 nicht und hätte dort auch keinen Platz: Sie widerspräche dem Anliegen von Gen 38,8, dass dem frühverstorbenen Ger ein Nachkomme geboren werde. Stattdesssen erinnert die in Rt 4,11 f. verwendete Formulierung an I Chr 2,4 („Tamar aber, seine [= *Judas*] Schwiegertochter, gebar ihm Perez und Serach“) und dürfte daher wie die Genalogie Rt 4,18–22 von I Chr 2 beeinflusst sein.

Führen wir die Vorstellung fort, dass der Rut-Erzähler anhand der Chronik Quellenstudien betrieb, wäre er in I Chr 2 nicht nur auf die

---

Hungersnot angeregte Auswanderung Elimelechs und seiner Familie nach Moab Rt 1,1 f. (vgl. dazu unten S. 126), die Erwähnung Rahels und Leas in 4,11 sowie das Zitat aus Gen 24,27 in 2,20 (vgl. dazu unten S. 126 f.).

Namen der Vorfahren Davids gestoßen, sondern auch an die Tamar-Juda-Geschichte Gen 38 erinnert worden. Er hätte dieser Geschichte das Motiv der leviratsähnlichen Verbindung einer weiblichen und einer männlichen Hauptperson entnommen und, angeregt durch eine Synopse von I Chr 2,3 f. und Gen 38, dieses Motiv mit der spannungsvollen genealogischen Zuordnung desjenigen kombiniert, der aus der leviratsähnlichen Verbindung hervorgeht: Wie Perez in I Chr 2,3 f. gilt Obed sowohl als Sohn seines leiblichen Vaters (Rt 4,21) als auch als Sohn des verstorbenen ersten Mannes seiner Mutter (4,17; vgl. schon 4,3.5).

Von einer „leviratsähnlichen Verbindung" ist sowohl im Blick auf Gen 38 wie im Blick auf die Rut-Erzählung zu sprechen, weil in beiden Fällen keine wirkliche Leviratsehe vollzogen wird, welche Verpflichtung dem Schwager obliegt. In Gen 38 weigert sich der eine Schwager, Onan, dieser Pflicht nachzukommen (Gen 38,9), der zweite, Schela, wird der Witwe vorenthalten (Gen 38,11); im Rutbuch ist gar kein Schwager mehr vorhanden. Sowohl Tamar als auch Rut werden aber durch den Umstand, dass kein Schwager zum Vollzug der Leviratsehe zur Verfügung steht, zu einem ungewöhnlichen Vorgehen angeregt, das einen anderen männlichen Verwandten, den Schwiegervater Juda bzw. den Löser Boas, dazu bringt, mit ihnen einen Sohn zu zeugen. Trotz beachtlichen Unterschieden zwischen dem Vorgehen Tamars und dem Vorgehen Ruts, auch im Blick auf die Beteiligung des anderen männlichen Verwandten am vorhergehenden Geschehen[134], wird Tamar auf diese Weise zu einem Urbild (Typos) der Rut.

Die Spannung, dass der Sohn aus der Beziehung zu einem nahen Verwandten sowohl seinem leiblichen Vater als auch dem verstorbenen Mann seiner Mutter als Nachkomme zugeordnet wird, dient im Rutbuch erzählerischen Zwecken, die bei der Synopse von I Chr 2,3 f. und Gen 38 noch nicht zu erkennen sind.

Indem Obed als Sohn des Boas, damit aber letztlich als Nachkomme Judas, gilt, wird auch Obeds Enkel David in die Juda-Genealogie eingeordnet. Als Vorgeburtsgeschichte Davids muss das Rutbuch an dieser Zuordnung Davids zu Juda interessiert sein. Dazu kommt, dass David nach Rt 4,11.18–22 (auch nach I Chr 2,3–15) Nachkomme Judas in elfter Generation ist. Dass auch das für das Verständnis des Rutbuches als Vor-

[134] Vgl. dazu unten S. 110 f.

geburtsgeschichte Davids interessant ist, soll später deutlich werden.[135] Indem Obed zugleich als Sohn der Naomi bezeichnet wird (Rt 4,17) und damit als Nachkomme von Ruts erstem Mann, gewinnt die Elimelech-Familie eine neue Zukunft, nachdem sie schon so gut wie ausgestorben war. Das wiederum ist für das Verständnis des Boas als königliche Gestalt und Urbild des Messias interessant.[136]

Unter der Voraussetzung, dass der Rut-Erzähler von der Genealogie in I Chr 2 angeregt wurde, kann also mehr erklärt werden als das Zustandekommen der Genealogie Rt 4,18–22 als Exzerpt aus der Chronik. Geht man daher von I Chr 2 als Quelle der Rut-Erzählung aus, ergeben sich weitere Fragen:

1. Warum verbindet der Erzähler die Geschichte gerade mit Boas, den er aus I Chr 2,11 f. als Vater Obeds und mithin als Großvater Isais und Urgroßvater Davids kennt?
2. Warum schreibt er Boas eine Frau aus Moab zu?

Die Antwort auf die erste Frage ergibt sich daraus, dass der Erzähler das Buch unmittelbar vor den Samuelbüchern verortet. Wird dem Rutbuch diese Position zuerkannt, geht die Geburt von Boas' Sohn Obed (Rt 4) unmittelbar der Geburtsgeschichte Samuels (I Sam 1) voraus. Obed und Samuel scheinen damit derselben Generation anzugehören, was zu den Altersunterschieden zwischen Samuel, Isai und David passt, wie sie in I Sam 1–17 vorausgesetzt scheinen.[137]

Was die zweite Frage angeht, so scheint vor allem wichtig zu sein, dass die Moabiter als alte Erbfeinde Israels gelten. Darüber hinaus könnte in diesem Zusammenhang auch noch ein anderer biblischer Text von Bedeutung gewesen sein.

Dass David mit Rut eine Urgroßmutter aus Moab zugeschrieben wird, ist schon seit Langem mit I Sam 22,3 f. in Verbindung gebracht worden, wo er beim König von Moab um Asyl für seine Eltern nachsucht. Diese Stelle könnte dem Rut-Erzähler als „historischer Anhalt" gedient haben[138]; er könnte auch das Anliegen verfolgt haben, zu erklären, „wie David dazu kam, seine Eltern bei einem heidnischen Volke, bei den Moa-

---

[135] Vgl. dazu unten S. 70 f.

[136] Vgl. dazu unten S. 121 f.

[137] Vgl. dazu unten S. 71.

[138] Wellhausen, Composition, 235.

bitern, in Sicherheit zu bringen“[139]. Anders gesagt: Es könnte dem Rut-Erzähler darum gehen, mit der Zuschreibung einer moabitischen Urgroßmutter an David die vertrauensvollen Beziehungen zu Moab zu motivieren, die bei der Asylbitte notwendig vorausgesetzt sind.[140] Dagegen spricht aber, dass der Rut-Erzähler, wenn dies sein Anliegen gewesen wäre, gewisse Züge sicher anders gestaltet hätte. Dass sich Rut in 1,14.16 f. von Moab lossagt, was kein unwichtiges Element der Erzählung ist, lässt nicht die Vermutung aufkommen, dass Ruts Nachkommen wie David und seine Eltern noch vertrauensvolle verwandtschaftliche Beziehungen nach Moab unterhielten. Damit bietet die Rut-Erzählung also keine geeignete Erklärung für den Umstand, dass David seine Eltern in Moab in Sicherheit bringen will. Eine direkte Abhängigkeit der Erzählung von I Sam 22,3 f. scheint also wenig plausibel. Denkbar bleibt ein indirekter Bezug: Der Erzähler könnte eine Tradition über moabitische Vorfahren Davids aufgegriffen haben, die sich auch in I Sam 22,3 f. spiegelt[141].

Traditionsgeschichtliche Hypothesen dieser Art tragen allerdings kaum zum Verständnis des Rutbuches bei. Wichtiger ist zweifellos der Umstand, dass die Notwendigkeit, die Zuwanderung einer Moabiterin nach Israel und ihre Eheschließung mit einem Vorfahren Davids in die

139 Budde, ZAW 12 (1892), 43. Schon Eichhorn, Einleitung II, 518 stellt fest: „Wer da weiß, daß Ruth eine gebohrne Moabiterin war, der begreift leicht, warum sich David auf seiner Flucht vor Saul ins Land der Moabiter wandte“.

140 Da das Rutbuch von einem schriftgelehrten Verfasser stammt, der auch kreativ mit dem umzugehen scheint, was er in den bereits auf dem Weg der Kanonisierung befindlichen Texten vorfindet, ist es nicht *per se* unwahrscheinlich, dass er diese Erklärung selbst erdacht hat wie auch Budde, ZAW 12 (1892), 43 f. annimmt, der das Buch Rut für einen Teil des in II Chr 24,27 erwähnten Midraschs zum Buch der Könige hält. Diese These, die u. a. voraussetzt, dass das Buch Rut nicht, wie wir glauben, von der Chronik abhängig ist, sondern die umgekehrte These vertritt, dass die Genealogie Rt 4,18–22 vom Chronisten bei der Gestaltung von I Chr 2 entlehnt wurde (vgl. Budde, a. a. O., 45), muss man nicht teilen, um davon auszugehen, dass die Zuschreibung einer moabitischen Urgroßmutter Davids Handeln in I Sam 22,3 f. erklären soll. Allerdings liegt es von Text selbst her nicht nahe, dass es dem Rut-Erzähler um diese Erklärung ging. Im Haupttext wird dazu mehr zu sagen sein.

141 Vgl. dazu Gerleman, BK XVIII, 8.

Geschichte einzubetten, dem Erzähler die Möglichkeit eröffnet, wichtige Anspielungen auf weitere biblische Texte einfließen zu lassen.

Um Rut nach Israel zuwandern zu lassen, lässt der Erzähler zunächst Elimelech und seine Familie nach Moab auswandern. Rut wird dann dort von einem der Söhne Elimelechs, von Machlon (Rt 4,10), geheiratet. Das Motiv der Auswanderung ermöglichte es dem Erzähler aber, die Schicksale der Familie in das Licht der Erzvätergeschichten zu rücken, indem er die Emigration mit einer Hungersnot begründet.[142] Die moabitische Herkunft ermöglicht es, Rut zum Typos von Nichtisraeliten zu machen, die sich in der messianischen Heilszeit Israel anschließen.[143] Dabei ist gerade eine Moabiterin ein besonders eindrücklicher Typos dieser Völker, gelten die Moabiter doch nach dem „(Ammoniter- und) Moabiterparagraphen" Dtn 23,4–7 seit der Exoduszeit als Feinde, die niemals in die Gemeinde Gottes, also in das Volk Israel, aufgenommen werden dürfen.[144] Die Erbfeindschaft zu den Moabitern und die besondere Eindrücklichkeit, die sich daraus für Ruts Zuwendung zu Israel ergibt, reichen wohl aus, um zu erklären, warum der Rut-Erzähler die Urgroßmutter Davids aus Moab stammen lässt. Eventuell vorhandene Traditionen über moabitische Vorfahren Davids mögen als weitere Anregung wirksam gewesen sein. Es muss aber nicht damit gerechnet werden.

Wenn aber das Buch Rut eine konstruierte Erzählung mit theologischer Absicht ist, bleibt zu fragen, welche Erkenntnisse es denn zu vermitteln sucht. Dabei ist der Ort zwischen dem Richterbuch und den Samuelbüchern, den das Buch selbst beansprucht, ernstzunehmen.

---

142 Vgl. dazu unten S. 126.

143 Vgl. dazu unten S. 134–139.

144 Vgl. dazu unten S. 158.

3.2. Das Buch Rut als Brücke zwischen Richterbuch und Samuelbüchern

3.2.1. Rt 4,18–22 als Einleitung der David-Geschichte

Der letzte Satz der eigentlichen Erzählung, Rt 4,17, sowie die Genealogie 4,18–22, mit der das Buch schließt, blicken auf die Geburt Davids voraus, der nach dem Scheitern Sauls der erste erfolgreiche König Israels war.

Die Position der Genealogie „am Schluß der story" ist „ungewöhnlich; gewöhnlich finden sich Genealogien am Anfang einer Erzählung oder eines Erzählabschnitts und führen die handelnden Personen ein". Aus dieser zutreffenden Beobachtung ist allerdings nicht unbedingt zu folgern, dass die Schlussgenealogie „nicht zum ursprünglichen Bestand der Erzählung gehören" kann.[145] Bevor man zu einer entsprechenden literarkritischen Operation greift, ist zu fragen, ob die auffällige Schlussposition nicht einen guten Sinn haben kann – und das ist tatsächlich der Fall: Sie kann als Indiz dafür genommen werden, dass das Rutbuch nicht nur eine abgeschlossene „story" erzählen will, sondern dass das Buch die dann in den Samuelbüchern erzählte Geschichte Davids vorbereiten will.

So verstanden dient die Genealogie der Verzahnung des Rutbuches mit den Samuelbüchern. Dabei greift sie zugleich als Aufzählung von zehn Generationen von Perez bis David weit in die Vergangenheit, bis zu den Anfängen Israels, zurück: Perez gehört zu der Generation, die unmittelbar auf den Stammeseponymen Juda folgt. Indem die Genealogie damit ein Segment der Genealogie des Stammes Juda ist, schließt sich der Kreis zum Anfang des Buches, wo der Heimatort von mindestens vier Männern, die in der Genealogie genannt sind – von Boas, Obed, Isai und David – „Bethlehem in Juda [!]" genannt wird (1,1).

Zur Verzahnung mit den Samuelbüchern trägt bei, dass die Überschrift der Genealogie in 4,18a („dies ist der Stammbaum des Perez") die „Toledot-Formeln" der Genesis aufnimmt. Die Überschrift erlaubt es, die zehn Generationen umfassende Genealogie als Einleitung der in I Sam 16 beginnenden Geschichte Davids zu verstehen, so dass von hier aus I Sam 1–15 als eine Art „Zwischenspiel" zu verstehen ist, das vom Ende der Richterzeit handelt – Samuel ist der letzte Richter (I Sam 7,2–

145 Die beiden letzten Zitate in: Zenger, ZBK.AT 8, 10.

17; 8,1–3; 12,1–5) – sowie von der Entstehung des Königtums (I Sam 8–12) und dem Scheitern des ersten Königs Saul (I Sam 13,7b-15a; 15), das zwischen dem Rutbuch und der Davidgeschichte als Vorspiel zum erfolgreichen Königtum Davids erscheint. Das Vorhandensein dieses Zwischenspiels zwischen der David-Genealogie Rt 4,18–22 und dem eigentlichen Beginn der Davidgeschichte in I Sam 16 ist literargeschichtlich zu erklären: Als das Buch Rut verfasst wurde, um David eine Geburtsgeschichte zuzuschreiben, lag das Erste Samuelbuch offenbar schon in seiner vorliegenden Form vor. Zwischen I Sam 1–15 und I Sam 16 konnte keine Geburtsgeschichte Davids mehr eingeschoben werden, daher wurde das Rutbuch als Vorgeburtsgeschichte dem Ersten Samuelbuch insgesamt vorangestellt.[146] Für die typologisch-messianische Bedeutungsebene des Rutbuches liegt darin sogar ein guter Sinn.[147]

Um die Genealogie als Einleitung der Geschichte Davids zu verstehen, lohnt es sich, dem Hinweis von I. Fischer auf Epochen überbrückende Toledot der Genesis zu folgen, die ebenfalls zehn Glieder umfassen: „So leitet etwa die Toledotliste Adams in Gen 5 von den Schöpfungserzählungen zur Flutgeschichte über. Ihr zehntes Glied ist Noah. Die Toledot Sems in Gen 11,10 ff. stellen die Verbindung der Flutgeschichte zu den Erzeltern her. Das zehnte Glied nach Sem ist Abraham".[148] Der Sem-Stammbaum Gen 11,10–26, der mit der ersten Erwähnung Abra(ha)ms und seiner beiden Brüder innerhalb der Genesis schließt, leitet die Abrahamgeschichte ein. Wird analog dazu die Genealogie Rt 4,18–22 als Einleitung der Davidgeschichte verstanden, ergeben sich interessante Parallelen.

---

146 Schon Eichhorn, Einleitung II, 518 geht davon aus, dass das Buch Rut „vielleicht (…) erst in spätern Zeiten als Beilage zu den Büchern Samuel's, oder zur Geschichte der regierenden Könige in Jerusalem abgefaßt" wurde. Es ging darum, die „edle Abkunft" der davidischen Dynastie „etwas ausführlicher zu beschreiben". Die besondere Form einer „Beilage" war nötig, weil auch nach Eichhorn „Zwek, Anlage und Ausführung der Bücher Samuel's (…) dem Geschichtschreiber nicht [*erlaubten*], sich über die Abstammung des Hauses David ausführlich zu verbreiten, wenn sie nicht durch eine Abschweifung ihre Einförmigkeit verliehren sollten".

147 Vgl. dazu unten S. 182; 214.

148 Fischer, Rut, 72.

Nach der Genealogie Gen 11,10–26 ist Abraham in zehnter Generation Nachkomme Sems wie David nach Rt 4,18–22 in zehnter Generation Nachkomme des Perez. Die doppelte Zehnerfolge ist aber vor allem interessant, wenn die Väter von Sem und Perez mitberücksichtigt werden: Sems Vater ist Noah, Perez' Vater Juda. Obwohl diese Väter in Gen 11,10–26; Rt 4,18–22 nicht erwähnt sind, ist im Kontext bekannt, dass David in elfter Generation Nachkomme Judas ist und Abraham in elfter Generation Nachkomme Noahs.[149] Die in den Genealogien nicht erwähnten Stammväter sind aber für Abraham wie für David von prägender Bedeutung.

Der Name „Noah" (נֹחַ) wurde von dessen Vater Lamech als Verheißung gedeutet: Noah soll den Menschen Trost bringen (נחם pi.) in ihrer Arbeit auf dem Erdboden (אֲדָמָה), den Gott verflucht hat (Gen 5,29; vgl. Gen 3,17–19). Der Trost, der von Noah ausgehen soll, realisiert sich in dem Segen, der über seinen elften Nachkommen Abraham allen Geschlechtern des Erdbodens (אֲדָמָה) eröffnet wird (Gen 12,3).[150]

Juda wurde von seinem Vater Jakob verheißen, dass aus ihm ein königlicher Stamm hervorgehen werde, vor dem sich die Brüder niederwerfen und von dem Zepter und Herrscherstab nicht weichen werden bis dahin, dass ihm auch der Gehorsam der Völker zufällt (Gen 49,8–12).[151] Wie die Erfüllung der Verheißung an Noah mit Noahs elftem Nachkommen Abraham eintritt, so tritt die Erfüllung des Judaspruchs mit Judas elftem Nachkommen David ein: David wird König, ihm wird eine ewige Dynastie verheißen (II Sam 7,12–16; Ps 89,29–38).

---

149 Vgl. Fischer, Rut, 258: „Sowohl die Zehnzahl bei Geschlechterlisten, die als Toledot gestaltet sind, als auch die Auslassung des Stammvaters" kommt nicht erst in Rt 4,18–22, sondern schon in der Genesis vor.

150 Vgl. dazu Levin, Jahwist, 96; 426–428, der diesen Zusammenhang als einen Aspekt der „Botschaft des Jahwisten" rekonstruiert. Unabhängig von der Frage, ob ein Jahwistisches Werk jemals existierte, ist der Zusammenhang auch im vorliegenden Komposittext der Genesis noch wahrzunehmen.

151 Die Schwierigkeiten des Juda-Spruchs in Gen 49,8–12 sind an dieser Stelle nicht zu besprechen. Das im Haupttext vorausgesetzte Verständnis des עַד־כִּי in V. 10b orientiert sich an Delitzsch, Genesis, 518, wonach es „den Wendepunkt" bezeichnet, „bis zu welchem Juda's Hoheit währt, um da nicht aufzuhören, sondern sich zur Herrschaft über Völker zu erweitern".

Diese Parallelen zwischen der Sem-Genealogie (תּוֹלְדוֹת־שֵׁם) (Gen 11,10–26) als Einleitung zur Abrahamgeschichte und der Perez-Genealogie (תּוֹלְדוֹת־פֶּרֶץ) (Rt 4,18–21) als Einleitung der Davidgeschichte dürften nicht zufällig sein. Damit bestätigen sie die Vermutung, dass der Stammbaum an das Ende des Rutbuches gesetzt wurde, um es mit den Samuelbüchern und der in ihnen erzählten Geschichte Davids zu verknüpfen. Eine weitere Bestätigung liegt darin, dass über das Zwischenspiel I Sam 1–15 hinweg eine Stichwortverknüpfung zwischen Rt 1,1 f. und I Sam 17,12 besteht, die das Buch Rut als Vorgeburtsgeschichte Davids und die David-Goliat-Geschichte als Schilderung von Davids erstem öffentlichen Auftreten miteinander verbindet. Diese Verbindung soll später besprochen werden.[152]

Dass das Buch Rut als Vorgeburtsgeschichte Davids den Samuelbüchern vorangestellt wurde, wird schließlich dadurch bestätigt, dass die Genealogie Rt 4,18–22 chronologisch zu der Generationenabfolge passt, die für das Erste Samuelbuch vorauszusetzen ist.

Die erste in Rt 4,18–22 aufgeführte Person, die auch in den Samuelbüchern vorkommt, ist Davids Vater Isai (Rt 4,22; I Sam 16,1 ff.), dessen Vater ist nach Rt 4,22 Obed, der Sohn von Boas und Rut. Bei der Lektüre von I Sam 1–17 kann der Eindruck gewonnen werden, dass Samuel eine Generation älter ist als Isai.[153] In einer Synopse mit Rt 4,18–22 ergibt sich damit, dass Samuel derselben Generation angehört wie Isais Vater Obed. Diese Zugehörigkeit zur selben Generation passt zu dem bereits erwähnten Umstand, dass, wenn das Rutbuch unmittelbar vor dem Ersten Samuelbuch steht, die Geburt Obeds (Rt 4,13–17) der Geburt Samuels (I Sam 1) unmittelbar vorausgeht. Zwischen beiden steht nur der kurze Stammbaum Rt 4,18–22.

---

152 Vgl. dazu unten S. 77–79; 180 f.

153 Samuel ist schon nach I Sam 8,1 ein alter Mann, der sich vom Amt des Richters zurückzieht; von Isai heißt es erst einige Kapitel später, dass er bereits ein fortgeschrittenes Alter erreicht habe (I Sam 17,12). Da an dieser Stelle aber vorausgesetzt ist, dass er seine Landwirtschaft noch selbst führt, scheint vor allem gemeint zu sein, dass er zu alt ist, um aktiv am Krieg gegen die Philister teilzunehmen. Trotz acht Söhnen, von denen der jüngste aber noch als Junge vorgestellt ist (17,17), scheint Isai noch kein wirklicher Greis zu sein wie man es für Samuel in I Sam 8 schon voraussetzen muss.

Die Verbindung zum Ersten Samuelbuch wird schließlich durch wörtliche Beziehungen zwischen dem Rutbuch und der Geburtsgeschichte Samuels bekräftigt.[154] Dazu gehört die Übereinstimmung zwischen Rt 4,15, wo die Frauen von Bethlehem feststellen, Rut sei für Naomi besser als sieben Söhne, und I Sam 1,8, wo Elkana fragt, ob er für Hanna nicht besser sei als zehn Söhne. Auch darauf ist später zurückzukommen.[155]

3.2.2. Rt und Jdc 17–21

Das Rutbuch ist aber nicht nur eng mit dem Ersten Samuelbuch verbunden, sondern auch mit dem Richterbuch. Deshalb konnte Rut schon im antiken Judentum als Teil des Richterbuches gelten[156], und im 19. Jh. wies C. A. Auberlen darauf hin, dass man das Rutbuch „nicht mit Unrecht als einen dritten Anhang zum Buche der Richter" bezeichnen kann[157]. Y. Zakovitch hebt die Trennung der beiden Bücher nicht auf, stellt aber fest, dass die Schlusskapitel des Richterbuches (Jdc 17–21) wie „eine Art Prolog des Buches Rut"[158] wirken.

Inwiefern die Schlusskapitel des Richterbuches tatsächlich das Verständnis des Buches Rut mitbestimmen, wird ausführlicher zu besprechen sein, wenn weitere Einsichten zum Verständnis des Rutbuches gewonnen sind.[159] An dieser Stelle sei aber schon darauf hingeweisen, dass es in den Geschichten über das Gottesbild des Micha und die Nordwanderung der Daniten (Jdc 17 f.) sowie über die Schandtat zu Gibea und ihre Folgen (Jdc 19–21) mehrfach heißt, dass in den damaligen Zeiten Chaos herrschte, weil Israel keinen König hatte (Jdc 17,6; 18,1; 19,1; 21,25). Demgegenüber macht sich im Buch Rut ein grundlegender Wandel bemerkbar, indem erzählt wird, wie die Familie Elimelechs zunächst in tiefstes Leid gerät, das durch das wagemutige Vorgehen von Naomi und Rut und durch die Fürsorge des Boas überwunden wird. Im Rutbuch

154 Vgl. dazu Zakovitch, Rut, 33 f.
155 Vgl. dazu unten S. 78 f.
156 Vgl. dazu oben S. 48 f.; 51 f.
157 Auberlen, ThStKr 33 (1860), 537.
158 Zakovitch, Ruth, 32.
159 Vgl. dazu unten S. 172–178.

geht es also um die Überwindung lebensfeindlicher, chaotischer Situationen – und am Ende des Buches kündigt der Ausblick auf die Geburt Davids die kommende Königszeit an.

Eine Verbindung zu den Schlusskapiteln des Richterbuches besteht aber nicht allein darin, dass sich ein Wandel der chaotischen Verhältnisse aus königsloser Zeit ankündigt, sondern auch darin, dass schon in Jdc 17–21 Menschen aus Bethlehem eine Rolle spielen: Der Levit, den Micha als Hüter seines Heiligtums einstellt, kommt ebenso aus Bethlehem (Jdc 17,7) wie die Nebenfrau des Leviten vom Gebirge Ephraim, die der Schandtat von Gibea zum Opfer fällt (Jdc 19,1). An den genannten Stellen wird Bethlehem wie in Rt 1,1 f. „Bethlehem (in) Juda" genannt; die Bezeichnung kommt sonst nur noch in I Sam 17,12 vor.

3.2.3. Ergebnis

Die Beobachtungen zu den Verbindungen zwischen Rut und den Samuelbüchern einerseits, Rut und dem Richterbuch andererseits sprechen deutlich genug dafür, dass „der Autor des Buches [*Rut*] (…) offenbar selbst [*versuchte*], sein Werk zwischen das Buch der Richter und die Bücher Samuel zu stellen"[160]. Bei Auslegungen, die diesen Ort nicht hinreichend beachten, ist damit zu rechnen, dass sie Aspekte übersehen, die dem Rut-Erzähler wichtig waren.

Die literar- und redaktionsgeschichtliche Frage, ob der Rut-Erzähler in den Bereich von Jdc 17–21 und das Erste Samuelbuch eingegriffen hat, um diese Verbindungen herzustellen, oder ob er in seiner Erzählung Elemente aufgriff bzw. an Elemente anschloss, die er in diesen Büchern vorfand, wird in der vorliegenden Arbeit nicht behandelt. Immerhin spricht der Umstand, dass das Erste Samuelbuch problemlos als unmittelbare Fortsetzung des Richterbuches gelesen werden kann[161], eher dafür, dass der Rut-Erzähler nicht in die beiden anderen Bücher eingegriffen hat. Dass zugleich die Zeitangabe in Rt 1,1 („und es geschah in den Tagen,

---

160 Zakovitch, Ruth, 32.

161 Dafür steht auch die Feststellung von Steinberg, Ketuvim, 127 zu der Büchergruppe von Jos bis II Reg: „Einerseits fügt sich das Buch Ruth nahtlos in den Zusammenhang ein, andererseits fehlt es auch nicht, wenn es weggelassen wird".

als die Richter richteten") nicht glatt an den Schlusssatz des Richterbuches, Jdc 21,25 („In jenen Tagen war kein König in Israel; jeder tat, was recht war in seinen Augen") anschließt[162], zeigt immerhin, dass der Rut-Erzähler nicht bemüht war, Nahtstellen zu den umliegenden Büchern zu vermeiden, obwohl es zum Richterbuch hin problemlos möglich gewesen wäre. Zum Ersten Samuelbuch entsteht eine Nahtstelle schon dadurch, dass die Trennung zwischen der Genealogie in Rt 4,18–22 und dem ersten Auftreten Davids in I Sam 16 unvermeidbar ist, da keine Geburtsgeschichte Davids mehr in den Kontext von I Sam 1–15 eingefügt werden konnte. So kann vorbehaltlich künftiger besserer Belehrung angenommen werden, dass der Rut-Erzähler das Erste Samuelbuch und die Schlusskapitel des Richterbuches im Wesentlichen in ihren vorliegenden Fassungen vorfand und mit seiner Erzählung an Elemente anschloss, die bereits in diesen Büchern vorlagen. Allerdings ergaben sich dabei z. T. erstaunliche Kohärenzen. So wird noch die Rede davon sein, dass sich ein konsequenter Zusammenhang ergibt, wenn man Jdc 17 f.; 19–21 und das Rutbuch unter der Frage nach dem von Gott gewollten wahren Königtum unmittelbar hintereinanderliest.[163] Dass das Rutbuch schon in der Antike als Teil des Richterbuches gelten konnte, ist von daher nachvollziehbar – allerdings wurde niemals vergessen, dass es sich um eine eigenständige Schrift handelt.

3.3. Das Buch Rut als Davidgeschichte

3.3.1. Der Bezug zu David

Obwohl die auf David hinauslaufende Genealogie Rt 4,18–22 vielfach als literarischer Zusatz gilt, wird sie in der vorliegeden Arbeit als ursprünglicher Teil des Buches betrachtet. Dabei liegt der wichtigste Grund für ihre Ursprünglichkeit darin, dass die Rut-Erzählung von Anfang an Elemente enthält, die mehr oder weniger deutlich an David erinnern. Der

[162] Vgl. dazu Steinberg, Ketuvim, 127 f. Steinberg lässt allerdings die Möglichkeit offen, dass die Zeitangabe in Rt 1,1 nachträglich eingefügt wurde.

[163] Vgl. dazu unten S. 172–178; 213 f.

ausdrückliche David-Bezug der Genealogie erscheint damit als Ziel, das die Erzählung von Anfang an ansteuert.

Zu den an David erinnernden Elementen ist mit E. Zenger der Schauplatz Bethlehem zu rechnen, wobei zu berücksichtigen bleibt, dass Bethlehem nicht nur in der geschichtlichen Erinnerung als Davids Geburtsort verankert war. In nachexilischer Zeit war mit dem Ort auch die Hoffnung auf die Geburt eines „neuen David" (Mi 5,1) verbunden.

Nach Zenger gehört auch „das im Buch Rut wichtige Theologumenon von dem *ḥaesaed* (Liebe, Güte, Treue)" zu den an David erinnernden Elementen. Es spielt „in der nachexilischen Davidtheologie eine bedeutende Rolle (vgl. z.B. Ps 89,2f.29f.50; Jes 55,3)".[164]

Trotz den auf David verweisenden Elementen hält Zenger die davidische Perspektive für sekundär. Er sieht in der Genealogie Rt 4,18–22 und in der unmittelbar zuvor erfolgenden ersten Erwähnung Davids (Rt 4,17) literarische Nachträge[165], die in die Erzählung eine „davidisch-messianische Neuinterpretation" hineinschreiben. Diese Neuinterpretation knüpft aber an Elemente des ursprünglichen Textbestandes an: an den Schauplatz Bethlehem und die Hervorhebung des חֶסֶד („Loyalität", „Gunst" auf Jahwe bezogen auch: „Barmherzigkeit") in 1,8; 2,20; 3,10. Nach Zenger boten diese ursprünglichen Elemente geradezu an, „die Geschichte auf David hin zu lesen".[166]

Diese Argumentation wirkt aber umständlich: Wenn die Rut-Erzählung Elemente enthält, die „geradezu anbieten", die Geschichte auf David zu beziehen – liegt es dann nicht näher, diese Elemente als Hinweise auf eine der Erzählung von vornherein bewusst eingeschriebene David-Tendenz zu verstehen? Und liegt es dann nicht auch näher, den ausdrücklichen David-Bezug in 4,17 und in der David-Genealogie von 4,18–22 zum ursprünglichen Bestand des Buches zu rechnen? So hält es auch A. Beyer nicht für ratsam, einerseits im ursprünglichen Text „Theologumena" zu finden, die auf David verweisen können, andererseits aber anzunehmen, dass diese Vorstellungen erst „Trägern einer ‚nachexilischen Davidstheologie' als Ansatzpunkte für die redaktionelle Erweiterung dienten, weil sie deren eigenen Theologumena entsprechen". Die

---

164 Zenger, ZBK.AT 8, 13.
165 Vgl. Zenger, ZBK.AT 8, 10–14.
166 Zenger, ZBK.AT 8, 13.

„zwanglosere Lesart" sei es, „diese Ansatzpunkte von vornherein als Hinweise auf David" zu verstehen.[167] Indem Beyer die von Zenger genannten und weitere Bezüge zu David bespricht und nach einem von ihr aufgestellten Kriterienkatalog gewichtet[168], gelangt sie zu dem Schluss: „Teils subtil, aber immer wieder, spielt das Rutbuch lange, bevor der Name David fällt, auf ihn an. Die Genealogie und 4,17 als explizite Bezugnahmen auf David benennen zum Schluss der Erzählung nur noch klar, was sich längst ahnen ließ"[169].

Darin ist Beyer grundsätzlich zuzustimmen. Wer aber nach dieser Feststellung erwartet, dass der Davidbezug nach Beyer für das Verständnis des Buches zentral ist, wird erstaunt zur Kenntnis nehmen, dass sie wenig später feststellt, „Davids Rolle" sei „trotz der Vielfalt der Bezüge schlussendlich die einer Randfigur". Das Buch biete „keinen Anhaltspunkt" für politisch-legitimatorische Tendenzen zugunsten der David-Dynastie noch lasse es ein messianisches Interesse erkennen. Die eigentliche Intention liege darin, zu zeigen, dass „hinter weisem und gutem menschlichem Handeln (…) Gottes חֶסֶד zum Zuge" kommt, „der zur Wende des Geschicks der beiden Frauen führt und aus der scheinbar hoffnungslosen Lage der beiden Frauen entsteht die Familie des Hoffnungsträgers David"[170]. Beyer ordnet das Buch Rut der Weisheitsliteratur zu[171]; als weisheitliche Schrift biete es eine „narrative Ethik", deren „Handlungsideal" „ein Handeln gemäß חֶסֶד" sei.[172] David komme als eine Art Symbol hinzu, als „Hoffnungsträger" für die Besserung der Verhältnisse, die aus einem „Handeln gemäß חֶסֶד" erwachsen.

Nun ist nicht zu bezweifeln, dass sich anhand der Rut-Erzählung das Ideal eines חֶסֶד-gemäßen Handelns illustrieren lässt. Allerdings dürfte darin nicht das Kernanliegen der Erzählung bestehen. Dagegen spricht, dass der auch von Beyer anerkannte Bezug zu David auffällig randständig bleibt, wenn das Buch als „narrative Ethik" gelesen wird. Dass in den ausdrücklichen Erwähnungen Davids am Schluss „nur noch klar" wird,

---

167 Beyer, Hoffnung, 174.
168 Zu diesem Katalog vgl. Beyer, Hoffnung, 21–24.
169 Beyer, Hoffnung, 181 f.
170 Beyer, Hoffnung, 182.
171 Vgl. dazu Beyer, Hoffnung, 41 f.; 64–67; v. a. 218–224.
172 Beyer, Hoffnung, 224.

„was sich längst ahnen ließ", und dass damit der vielfältige David-Bezug zum Ziel kommt, verleiht dem Buch ein Achtergewicht, das angemessen zu würdigen ist. Schon H. Ewald war an dieser Stelle weiter, wenn er feststellt, dass die Rut-Erzählung „ihrer anlage (4,17–22) nach wesentlich in den kreis Davidischer geschichten" gehört, „obgleich sie nur eine einzelne begebenheit aus dem stilleben von Davids vorfahren enthält"[173]. Der vielfältige, achtergewichtige Bezug spricht also dafür, in David die eigentliche Hauptperson des Buches zu sehen. Dazu passt, dass schon die ersten Verse andeuten, dass nun eine Davidgeschichte erzählt werden soll.

In Rt 1,1 f. wird der Davidbezug durch Übereinstimmungen mit I Sam 17,12 angedeutet. Entscheidend dafür sind die Bezeichnung Bethlehems als „Bethlehem (in) Juda" (1,1.2) sowie die Bezeichnung Elimelechs und seiner Familie als „Ephratiter aus Bethlehem (in) Juda". Hierzu stellt auch Beyer fest: „Als Bethlehem-Juda wird die Stadt (...) nur an diesen beiden Stellen [*Rt 1,1f.; I Sam 17,12*] und in Jdc 17,7–9; 19,1 f.18 näher bestimmt. Ähnlich selten und auf denselben literarischen Bereich beschränkt ist die Bezeichnung ‚Ephratiter'; sie findet sich ebenfalls bei David (I Sam 17,12; sonst noch Jdc 12,5; I Sam 1,1; I Reg 11,26). Gemeinsam begegnen ‚Bethlehem-Juda' und ‚Ephratiter' nur in Ruth 1,1 f. und I Sam 17,12".[174]

Die Übereinstimmungen sind sogar noch deutlicher, wenn man beachtet, dass die Bezeichnung „Ephratiter" tatsächlich nur in Rt 1,2 und I Sam 17,12 auf Judäer aus Bethlehem bezogen wird. In den Belegen Jdc 12,5; I Sam 1,1; I Reg 11,26 ist die Vokabel als Variante zu „Ephraimiter" zu erklären.[175] Damit bildet die Herkunftsbezeichnung „Ephratiter aus Bethlehem in Juda" (אֶפְרָתִים מִבֵּית לֶחֶם יְהוּדָה), die sich in Rt 1,2 auf die Familie Elimelechs und in I Sam 17,12 auf Isai bezieht, eine charakteristische Übereinstimmung zwischen beiden Stellen, die auch deshalb beachtlich ist, weil I Sam 17,12 innerhalb der David-Goliat-Geschichte eine auffällige Stellung innehat: David wird in diesem und den beiden folgen-

---

173 Ewald, Einleitung, 223.

174 Beyer, Hoffnung, 174; zum Bezug von Rt 1,1 und I Sam 17,12 vgl. auch de Villiers, ZAR 24 (2018), 311.

175 Vgl. dazu Koenen, Art. „Efrata" (1.3.); über einen möglichen Zusammenhang von „Ephraimitern" und „Ephratitern" aus Bethlehem vgl. auch a. a. O., (4.2.).

den Versen wie eine neue, bisher unbekannte Figur eingeführt, als einer von acht Söhnen „jenes Ephratiters aus Bethlehem in Juda, dessen Name Isai war". Im Kontext des Ersten Samuelbuches fällt diese Einführung auf, weil David schon in I Sam 16 als einer von acht Söhnen Isais eingeführt worden war. Die erneute Einführung in I Sam 17,12 ist also erklärungsbedürftig. Verzichtet man auf literarkritische Optionen[176] wie sie den antiken Lesern der David-Geschichten, zu denen auch der Rut-Erzähler gehört, ohnehin nicht zu Gebote standen, ist die neuerliche Einführung Davids als Textsignal dafür zu verstehen, dass es in der David-Goliat-Geschichte um eine Charakterisierung Davids geht: Da Geschichten oder Episoden, die Figuren neu einführen, diese Figuren charakterisieren müssen, wird der Leser dadurch, dass David in I Sam 17,12 nach Art einer neuen Figur eingeführt wird, angehalten, auf die Konturen zu achten, die David in dem, was nun von ihm berichtet wird, gewinnt. Da I Sam 17 die Schilderung von Davids erstem öffentlichen Auftreten enthält, ist dies durchaus passend. Auf Grund von Übereinstimmungen mit der Salbungsgeschichte in I Sam 16,1–13 hebt I Sam 17,12f. zugleich hervor, dass nunmehr der Junge die öffentliche Bühne betritt, der bereits im Geheimen gesalbt wurde.[177] Er wird nun öffentlich als jemand bekannt, der sich von dem noch regierenden, nach I Sam 13,7b-15a; 15 aber bereits verworfenen Saul durch tiefes und wagemutiges Gottvertrauen unterscheidet.[178] Sein im Gottvertrauen gegründeter Wagemut lässt ihn gegen Goliat antreten und den Sieg erringen, woran alle anderen Israeliten einschließlich Sauls gescheitert waren. So zeigt I Sam 17, dass David der Mann nach Gottes Herzen ist (vgl. I Sam 13,14; 16,7).

Dass in Rt 1,1f. tatsächlich eine Bezugnahme auf I Sam 17,12 anzunehmen ist, wird dadurch bestätigt, dass von hier aus weitere Davidbezüge eröffnet werden, die auch an anderen Stellen des Buches einen Widerhall finden. Davids Vater Isai wird wie in I Sam 17,12 so auch in Rt 4,22 erwähnt. Die acht Söhne Isais, unter denen David als der jüngste

---

176 Bei diachroner Betrachtung ist die Einführung Davids als bisher unbekannte Figur in I Sam 17,12 ein Hinweis darauf, dass I Sam 17* eine ursprünglich selbstständige Erzählung war (vgl. dazu Gerhards, Homer, 308f.).

177 Die Übereinstimmungen liegen darin, dass David der jüngste von acht Söhnen Isais ist (I Sam 17,12, vgl. 16,10f.), von denen die ersten drei namentlich genannt sind (I Sam 17,13, vgl. 16,6.8f.).

178 Vgl. dazu Gerhards, Homer, 305–320.

besonders hervorgehoben ist (I Sam 17,12–14), kommen im Buch Rut nicht vor – allerdings erinnert Rt 4,15, wo die Frauen Bethlehems zu Naomi sagen, Rut sei für sie besser als sieben Söhne daran, dass David seinen sieben älteren Brüdern vorgezogen wird (I Sam 16,10–12). Da Rt 4,15 zugleich an I Sam 1,8 erinnert, wo Elkana Hanna fragt, ob er ihr nicht mehr wert sei als zehn Söhne, liegt zwar die Vermutung nahe, dass Rt 4,15 von dieser Stelle beeinflusst ist; dabei wäre aber die Zahl von zehn durch die von sieben Söhnen ersetzt worden, um die Parallele zwischen Rut und David herzustellen: „Doch David ist nach dem Urteil Jahwes besser als die sieben Söhne Isais und Ruth nach dem Urteil der Frauen besser als sieben Söhne. Wie der jüngste Sohn, David, wider Erwarten zum König wird, wird Ruth als Urahnin Davids zu einer wichtigen Figur in Israel“[179].

Die Bezeichnung der Elimelech-Familie als Ephratiter aus Bethlehem in Juda in Rt 1,2 deutet durch den Bezug zu I Sam 17,12 an, dass es in der nun beginnenden Geschichte um David geht, obwohl die Zeitangabe in Rt 1,1 in die Richterzeit weist, so dass David als Person noch gar nicht vorkommen kann. Dass und wie es dennoch um David gehen kann, zeigt der Ausblick auf seine einige Generationen später stattfindende Geburt am Schluss (4,17.22). Die Bezeichnung als „Vorgeburtsgeschichte Davids“ ist von daher berechtigt. David kann also als eigentliche, wenn auch selbst noch nicht präsente Hauptperson gelten. Das Buch lässt in der Geschichte von Davids Urgroßeltern Rut und Boas etwas von dem sichtbar werden, das für den künftigen König David charakteristisch ist.

3.3.2. Die Vorgeburtsgeschichte Davids

Geburtsgeschichten werden im Alten Testament Persönlichkeiten zugeschrieben, die an Wendepunkten der Geschichte Gottes mit Israel stehen.

Als erste in dieser Reihe kann die Geburt Isaaks (Gen 21,1–7) gelten mit ihrem langen Vorlauf seit der Verheißung großer Nachkommenschaft an Abraham (Gen 12,2) trotz Unfruchtbarkeit seiner Frau Sara (Gen 11,31). Bei der Geburt Isaaks geht es zugleich um die Entstehung des Volkes Israel überhaupt.

---

[179] Beyer, Hoffnung, 181.

Die Geburtsgeschichte des Mose (Ex 1,8–2,10) handelt von dem Mann, der Israel aus Ägypten führen und ihm die Gebote Gottes verkündigen wird. Durch Exodus und Gesetzesverkündigung bereitet Mose die Existenz des Volkes Israel im von Gott verheißenen Land vor.

Die Geburtsgeschichte Simsons (Jdc 13) handelt von dem, der beginnen wird, Israel aus der Hand der Philister zu retten (13,5), also aus der Macht der prototypischen Feinde der späten Richter- und frühen Königszeit. Simson wird noch im Sterben mehr Feinde töten als zu Lebzeiten (Jdc 16,30) und steht damit insofern an einem Wendepunkt, als er die Existenz Israels in gesicherten Grenzen vorbereitet, die nach der Einführung des Königtums mit Davids Philistersieg (II Sam 5,17–25) verwirklicht wird – nachdem Saul es, trotz einigen Siegen (I Sam 14,47), nicht vermocht hatte, die Philisterbedrohung auf Dauer zu beseitigen (I Sam 17; 28; 31).

Eine Geburtsgeschichte wird auch Samuel zugeschrieben (I Sam 1), also dem Gottesmann, der bei der Einführung des Königtums von zentraler Bedeutung ist (I Sam 8–12).

Dass angesichts dieser Reihe von Geburtsgeschichten das Bedürfnis entstand, auch dem ersten erfolgreichen König Israels, dem Träger der Verheißung einer ewigen Dynastie (II Sam 7,12–16; Ps 89,29–38), eine Geburtsgeschichte zuzuschreiben, ist zu erwarten.[180] Da diese aber nicht mehr in das Erste Samuelbuch eingefügt werden konnte, musste sie in Form einer Vorgeburtsgeschichte erzählt werden.

Indem die biblischen Geburtserzählungen die Geburt eines wichtigen Mannes mit einem Eingreifen Gottes verbinden, wird hervorgehoben, dass die Geschichte Israels nicht von menschlichen Absichten und Möglichkeiten gelenkt wird, sondern von Gott.

Aus diesem Grund kann das Volk Israel als Träger des Abraham ge-

---

180 Schon vom Ersten Samuelbuch her ergibt sich ein Bedürfnis nach einer Geburtsgeschichte, zumindest aber nach Angaben zur Herkunft Davids. Das Buch enthält sowohl für Samuel (I Sam 1) als auch für Saul (I Sam 9,1 f.) Mitteilungen zur Abstammung, während Davids Vater Isai in I Sam 16,1 „sehr abgerissen und unvorbereitet in die erzählung tritt" (Ewald, Einleitung, 226). Allerdings spricht nichts für Ewalds Vermutung, dass der Rut-Erzähler entsprechende Angaben gestrichen hat, als er sein Buch dem Ersten Samuelbuch voranstellte. Vielmehr dürfte er das Fehlen von Herkunftsangaben zu David als Desiderat empfunden haben, das es zu beheben galt.

währten Bundes Gottes nicht von Ismael, dem Sohn, den Abraham aus eigener Initiative mit Hagar gezeugt hat, abstammen. Das Gottesvolk muss von Isaak abstammen, dem Sohn, der gegen alle menschliche Erwartung von Sara geboren wird (Gen 17,18f.), und dessen Name יִצְחָק („er lacht") hervorhebt, dass das Lachen über die unglaubliche Verheißung (Gen 17,17; 18,12), von dem Gott, dem nichts unmöglich ist (Gen 18,14), in ein Lachen der Freude verwandelt wurde (Gen 21,6).

Um auf Gott als Lenker der Geschichte hinzuweisen, wird Mose durch die Ableitung seines Namens von der Wurzel משׁה (Ex 2,10) als der Retter bezeichnet, der zuvor selbst gerettet werden musste. Der Name spricht also dafür, dass er kein Held aus eigenem Vermögen ist. Umgekehrt schildert die Erzählung, dass sich der Widerpart des Mose, der Pharao, trotz allen Möglichkeiten, die ihn weit über alle anderen Menschen emporheben, nicht durchsetzen kann: Er wird sogar von der eigenen Tochter hintergangen.[181] Anders als die Geburt Isaaks wird die des Mose nicht auf eine göttliche Verheißung zurückgeführt, auch wird die Rettung des Mosekindes nicht ausdrücklich als Werk Gottes charakterisiert. Für den Leser ist dennoch nicht zweifelhaft, dass Gott das Geschehen im Hintergrund lenkt. So ist es unverkennbar Gottes Fügung, dass gerade die Tochter des Pharao das Kind findet und rettet, wohl wissend, dass Mose ein hebräisches Kind ist (Ex 2,6), das nach dem Willen ihres eigenen Vaters sterben müsste (Ex 1,22). Am Mitleid der Tochter (Ex 2,6) lässt Gott die Pläne des tyrannischen Großkönigs scheitern.

Wie Isaak werden auch Simson und Samuel von einer zunächst unfruchtbaren Frau geboren. Ihre Geburt geht auf ein direktes Eingreifen Gottes zurück: bei Simson wird sie durch einen Gottesboten verheißen (Jdc 13,3–5), bei Samuel auf Grund einer Bitte der Mutter gewährt (I Sam 1,17). Beide Männer sind daher Gott in besonderer Weise geweiht.

Als Vorgeburtsgeschichte Davids fügt sich das Rutbuch in diese Reihe ein, wobei eine besondere Nähe zur Geburtsgeschichte des Mose festzustellen ist. Wie in der Mosegeschichte lenkt in der Rut-Erzählung Gott das Geschehen im Hintergrund. Zwar wird ausdrücklich festgestellt, dass er die Hungersnot in Bethlehem beendet (Rt 1,6b) und Rut eine Schwangerschaft geschenkt hat (4,13b); es überwiegt aber die hintergründige

181 Vgl. dazu unten Anm. 183.

Rede von Gott. So wird es als „Zufall“ (מִקְרֶה) eingeführt, dass Rut mit der Absicht des Ährensammelns auf das Feld des Boas gekommen ist (2,3). Allerdings ist dem Leser nicht zweifelhaft, dass dies göttliche Fügung war; auch Naomi versteht es so (2,20). Zugleich wird damit ein menschlicher Akteur, Boas, zum Mittler göttlicher Fürsorge, was bei der Auslegung zu beachten ist.

Mit der Geburtsgeschichte des Mose stimmt das Buch Ruth auch in der zentralen Bedeutung von Frauen für die berichteten Ereignisse überein.[182] Dabei zeichnen sich Rut und Naomi ebenso durch Wagemut aus wie die Mutter des Mose und die Tochter des Pharao.

Auf Grund der besonderen Übereinstimmungen mit der Mosegeschichte bei gemeinsamem Abweichen von den Geburtsgeschichten Isaaks, Simsons und Samuels – anders als in diesen Geschichten geht es weder in der Geburtsgeschichte des Mose noch in der Rut-Erzählung darum, dass eine Frau trotz Unfruchtbarkeit Mutter wird – ist davon auszugehen, dass der Rut-Erzähler die Nähe zur Geburtsgeschichte des Mose bewusst gestaltet hat, um David und Mose zueinander in Beziehung zu setzen. David soll Mose nicht nachstehen. Für den Begründer einer Dynastie, die mehrere Jahrhunderte lang in Jerusalem regierte und an die sich über ihr politisches Ende hinaus messianische Hoffnungen knüpften, ist dies durchaus angemessen. Wie aber die Geburtsgeschichte des Mose ihre Hauptperson nicht nur als individuelle Persönlichkeit charakterisiert[183], so geht es auch im Rutbuch nicht nur um David als ein-

---

[182] Vgl. dazu Zenger (bearb. Frevel) in: Ders. (u. a.), Einleitung, 286: „Wie Israel in Ägypten sein Überleben dem Einsatz und der Tat mutiger Frauen verdankt (Ex 1–2), so entsteht nach dem Buch Rut das Königtum aus dem entschlossenen Handeln zweier Witwen“.

[183] Die Geburts- oder Aussetzungsgeschichte des Mose in Ex 1,8–2,10* (zu Abgrenzung und Literarkritik vgl. Gerhards, Aussetzungsgeschichte, 26–50) bringt den Namen mit der Wurzel משה („herausziehen“, „retten“) zusammen (Ex 2,10b). Mose wird so als „Retter“ charakterisiert, da מֹשֶׁה als aktives Partizip *qal* zu verstehen ist. Allerdings ist er ein Retter, der zuerst selber gerettet werden muss, indem er von der Tochter des Pharao aus dem Wasser gezogen (משה) wird (zur Bedeutung der Namendeutung in Ex 2,10 vgl. a. a. O., 136–148). Dass Mose, der später in Gottes Auftrag Israel aus Ägypten rettet, zunächst selbst gerettet wird, unterstreicht seine Abhängigkeit von Gott, dessen Wirken in der Rettung des Kindes zu erahnen ist. Tendenzen, Mose ein Heldentum aus eigener Leistung zuzuschreiben, wird damit entgegengetreten. Gerade darin ist Mose aber auch

zelnen künftigen König, sondern – und das wohl vor allem – um das davidische Königtum einschließlich der messianischen Hoffnung, die sich in nachexilischer Zeit aus der Erinnerung an die Daviddynastie und der Verheißung ihrer ewigen Dauer ergab.

3.3.3. Das Königtum der künftigen Heilszeit

3.3.3.1. Geschichtliche und typologisch-messianische Bedeutungsebene

Wird das Buch Rut als Fortsetzung des Richterbuches – insbesondere des Schlusssatzes „in jenen Tagen war kein König in Israel; jeder tat, was recht war in seinen Augen“ (Jdc 21,25) – gelesen kündigt es mit dem Ausblick auf die Geburt Davids einen Wandel vom Chaos zum Frieden an: Der ausdrückliche David-Bezug, mit dem das Buch in Rt 4,17.18–22 schließt, blickt auf David als Repräsentanten eines Recht und Frieden stiftenden Königtums voraus und steht damit in scharfem Kontrast zum Abschluss des Richterbuches.[184]

Dieser gegensätzliche Bezug zum Richterbuch wird vertieft, wenn man berücksichtigt, dass in den Erzählungen Jdc 17f. und Jdc 19–21 Anspielungen auf das Nordreichkönigtum und auf Saul zu entdecken sind, die eine Negativfolie erzeugen, von der sich das davidische Königtum als die dritte, dann erfolgreiche Form des Königtums, die Israel kannte, abhebt. Als Fortsetzung des Richterbuches gelesen kündigt das Rutbuch dann nicht nur das Ende eines königslosen Chaos an, sondern stellt auch den gescheiterten Formen des Königtums, dem Nordreichskönigtum und dem Königtum Sauls, das davidische als das wahre, gottgewollte Königtum gegenüber.

Die davidische Königtumstheologie, die im Buch Rut auszumachen ist, beschränkt sich aber nicht auf die geschichtliche Bedeutungsebene.

Repräsentant Israels: An seinem Geschick zeigt sich exemplarisch, dass Israel als schwaches Volk in einer von Großmächten bestimmten Welt nicht aus eigener Leistung, sondern durch die Bewahrung Gottes überlebt. Die Großmächte sind in der Geburtsgeschichte des Mose durch den Pharao, die Gegenfigur zu Mose, repräsentiert (vgl. dazu Gerhards, a. a. O., 121–129).

184 Diesen „sharp contrast“ notiert auch Jobling, Ruth, 131.

Vielmehr sprechen Beziehungen zu messianischen Texten dafür, dass die Erzählung auch die mit der Davidsdynastie verbundene messianische Hoffnung im Blick hat. Das Buch enthält daher eine typologisch-messianische Bedeutungsebene.

3.3.3.2. Beziehungen zu messianischen Texten

Zenger weist darauf hin, dass mit Bethlehem nicht nur Erinnerungen an David als bedeutende Persönlichkeit der Vergangenheit verbunden waren, sondern nach Mi 5,1 „in nachexilischer Zeit" auch „die Hoffnung auf die Geburt eines ‚neuen' David".[185]

Die Ankündigung der Geburt eines neuen David in Mi 5,1–4a gehört wie etwa Jes 9,1–6; 11,1–10; Jer 23,5 f.; 33,14–18; Sach 9,9 f. zu den Verheißungen eines künftigen Heilskönigs, der interpretationssprachlich als „Messias" bezeichnet wird, obwohl dieser Begriff in den Verheißungen selbst üblicherweise nicht vorkommt. In Ps 2,2 findet sich mit מָשִׁיחַ die hebräische Grundform des griechischen Μεσσίας (Joh 1,41; 4,25). Auch Ps 2 wird, wie die Pss 45; 72; 110, als Prophezeiung auf den Messias verstanden. Die messianischen Psalmen enthalten Elemente der vorexilischen Jerusalemer Königstheologie; diese wiederum bildet den „Wurzelboden" der messianischen Hoffnung[186], da ihre Aussagen über die Recht und Frieden schaffende Regentschaft des Königs als Repräsentant Gottes „seit dem staatlichen Ende (...) zu Hoffnungstexten" wurden, „die auf den kommenden König", also den Messias, „verweisen"[187].

Eine ausführliche Besprechung dieser und weiterer Texte, die in diesem Zusammenhang zu nennen wären wie etwa die Weissagung der Jungfrauengeburt des Immanu-El (Jes 7,14), und ein Vergleich der kon-

---

185 Zenger, ZBK.AT 8, 13.

186 Vgl. Fabry in: Ders. / Scholtissek, Messias, 26: „Die Königsideologie als Wurzelboden für eine messianische Erwartung" (Überschrift). Der Begriff „Ideologie" wird auf Grund der mit ihm verbundenen negativen Konnotationen im Haupttext vermieden. Allerdings müsste auch der Begriff „Theologie" in Anführungszeichen stehen, da der Begriff streng genommen ein rationales Verfahren bezeichnet, um Antworten auf aktuelle religiöse Fragen zu finden.

187 Jeremias, Theologie, 417; zu den Königspsalmen, ihrem vorexilischen Hintergrund und ihrer Wandlung zu messianischen Texten vgl. a. a. O., 35 f.

kreten Gehalte einzelner Texte, der ein differenziertes Bild der messianischen Hoffnungen erwarten ließe, können und müssen an dieser Stelle nicht durchgeführt werden.[188] Es können aber folgende gemeinsame Grundzüge der messianischen Verheißungen festgehalten werden: „die Nähe der endzeitlichen Heilsfigur zu Jhwh und seiner Herrschaft, die (Geist-)Begabung und Beauftragung durch Jhwh, das Bringen von Frieden, Recht und Gerechtigkeit für das vereinigte Israel und die Herkunft aus der davidischen Dynastie“[189] bzw., was den letzten Aspekt angeht: die mit David gemeinsame Herkunft vom Stamm Isais (Jes 11,1) oder aus Bethlehem (Mi 5,1).

Die Prophezeiung Mi 5,1–4a setzt im Kontext des Michabuches die Bedrohung Jerusalems durch fremde Mächte voraus, die den „Richter Israels“ ehrlos behandeln (Mi 4,14). Der Demütigung Israels und seiner politischen Repräsentanten wird folgende Verheißung entgegengesetzt:

> 1) Du aber, Bethlehem Ephrata, zu klein, um zu den Tausendschaften Judas zu
> gehören,
> aus dir wird er mir hervorgehen, um Herrscher in Israel zu sein,
> und seine Ursprünge sind von Urzeit, von Tagen grauer Vorzeit her[190].
> 2) Darum gibt er [= *Jahwe*] sie [= *Israel*] preis bis zu der Zeit,
> in der eine Gebärende geboren hat,
> der Rest aber seiner Brüder wird zu den Israeliten zurückkehren.
> 3) Er aber [= *der Herrscher aus Bethlehem*] wird hintreten und hüten
> in der Kraft Jahwes,
> in der Hoheit des Namens Jahwes, seines Gottes,
> und sie werden (sicher) wohnen, denn nun wird er groß sein
> bis an die Enden der Erde.
> 4) Und dieser wird Friede (שָׁלוֹם) sein. (Mi 5,1–4a)

---

188 Zur Besprechung der „wichtigsten, herkömmlich als messianisch bezeichneten Weissagungen“ vgl. Kaiser, Gott, 181 ff.; auch Fabry in: Ders. / Scholtissek, Messias, 26–35; Witte, Jesus Christus, 52–62; Waschke, Art. Messias; Jeremias, Theologie, 417–426.

189 Witte, Jesus Christus, 56.

190 מִימֵי עוֹלָם bedeutet eigentlich „von den Tagen der unvorstellbar langen Zeit her“. Dabei kann sich עוֹלָם auf Gegenwart oder Zukunft beziehen. Die übliche Übersetzung „Ewigkeit“ kann zu leicht im philosophischen Sinn missverstanden werden, vgl. dazu KAHAL, 395 s. v. עוֹלָם. Um dies zu vermeiden, folgt die Übersetzung dem Vorschlag in: ebd. Nr. 3.

Nach dieser Verheißung wird der Messias aus Bethlehem hervorgehen (יצא)[191], aber seine Ursprünge (מוֹצָאוֹת < יצא, wörtlich „Hervorgänge“ / „Ausgänge“) sind nicht erst zukünftig, sondern „von Urzeit (מִקֶּדֶם), von Tagen grauer Vorzeit (מִימֵי עוֹלָם) her“ (5,1), was wohl „weniger als Präexistenz-Aussage, vielmehr als Hinweis auf Gottes ewigen Weltplan verstanden werden muß“[192]. Diesem göttlichen Plan entspricht es, dass die Zeit seines Auftretens vorherbestimmt ist: Israel bleibt feindlichen Mächten preisgegeben, „bis zu der Zeit, in der eine Gebärende geboren hat“ (5,2a). Das Ende der Unterdrückungszeit ist aber bei Gott schon beschlossen: Mit der Geburt des Messias wird eine neue Heilszeit beginnen. Der „Rest seiner Brüder“, die Diaspora, wird zu den anderen Israeliten zurückkehren (5,2b); der Messias wird in der Kraft und im Namen Jahwes herrschen, seine Herrschaft wird „bis an die Enden der Erde“ reichen, so dass nicht nur Israel, sondern alle Menschen sicher wohnen (5,3 f.). Es gibt in der Welt keine chaotischen Räume mehr, die nicht der Herrschaft des Friedenskönigs unterstehen, aus denen deshalb ein feindlicher Angriff hervorgehen könnte. Bedenkt man, dass שָׁלוֹם „der umfassendste Begriff“ ist, „den das Alte Testament für das Heil der Menschen kennt“, dass es also nicht nur um Frieden im politischen Sinn geht, ist die messianische Zeit durch und durch eine Heilszeit: So wird der Messias im abschließenden Satz, V. 4a, „als Vermittler dieses Heils bezeichnet oder als dessen Verkörperung“[193].

Dem Leser des Rutbuches, dem diese Prophezeiung bekannt war, war gleich bei der Nennung des Namens „Bethlehem“ in Rt 1,1 bewusst, dass von der Stadt die Rede ist, aus der der Messias kommen wird, der im Namen Jahwes herrschen, der Israel von fremder Vorherrschaft, Exil und Diaspora befreien, und der שָׁלוֹם („Heil“) für die ganze Welt bedeuten wird.

Dass der Rut-Erzähler tatsächlich Bethlehem als Heimatort des Messias im Blick hat, bestätigt ein speziellerer Bezug zu Mi 5,1 gegen Ende des Buches. Als Boas der Rechtsgemeinde seine Eheschließung mit Rut bekanntgibt, wünscht ihm die versammelte Menge im Tor nicht nur, seine Frau möge wie Rahel und Lea sein, die das Haus Israel gebaut haben;

---

191 In dem „er wird *mir* hervorgehen“ bezieht sich das לִי auf Gott.

192 Fabry in: Ders. / Scholtissek, Messias, 31.

193 Jeremias, ATD 24/3, 186 f.

sie fordert ihn auch auf, „Kraft in Ephrata zu üben“ (עֲשֵׂה־חַיִל בְּאֶפְרָתָה), damit sein Name in Bethlehem bekannt („gerufen“) werde (4,11)[194]. Wegen der Vieldeutigkeit der Vokabel חַיִל (1. „Fähigkeit, Kraft“; 2. „Vermögen, Habe“; 3. „Streitmacht, Heer“; 4. „[fremde] Oberschicht“[195]) kann die Aufforderung עֲשֵׂה־חַיִל für sich genommen Unterschiedliches bedeuten.[196] Der Zusammenhang legt aber die Übersetzung „Kraft entfalten“ nahe[197], was wiederum dem Kontext entsprechend als „unverblümte Aufforderung (…), Kinder zu zeugen“[198] verstanden werden kann.

Dieses Verständnis ergibt sich aus den beiden Wünschen, von denen die Aufforderung gerahmt ist: Voran geht der Wunsch, Jahwe möge die Frau des Boas wie Rahel und Lea werden lassen, die gemeinsam das Haus Israel gebaut haben; es folgt der Wunsch, das Haus des Boas möge wie das des Perez werden, den Tamar dem Juda geboren hat, und zwar soll das geschehen durch den Nachkommen, den Jahwe ihm von „dieser jungen Frau“ geben wird. Beide Wünsche zielen also auf Nachkommenschaft. Im Übrigen stehen „Ephrata“ und „Bethlehem“ in der Aufforderung an Boas parallel, so dass „Ephrata“ als Beiname zu verstehen ist. Dieser kann aber mit der Wurzel פרה („fruchtbar sein“, vgl. פְּרִי „Frucht“)

---

194 Es empfiehlt sich, am Ende von 4,11 statt וּקְרָא־שֵׁם בְּבֵית לָחֶם in Analogie zu 4,14b וְיִקָּרֵא שִׁמְךָ בְּבֵית לָחֶם zu lesen, vgl. dazu Rudolph, KAT XVII / 1–3, 60 Textanm. 11e). Dazu sind zwei leicht erklärbare Ausfälle im Konsonantentext zu unterstellen: Das Präfix י kann im Lauf der Textüberlieferung unleserlich geworden und schließlich ganz übersehen worden sein, der Wegfall des Suffixes ךָ- an שֵׁם ist unschwer mit dem Ausfall eines כ vor ב zu erklären (so auch Würthwein, HAT I/18, 20 Textanm. zu V. 11). Auch wenn diese Konjekturen nicht akzeptiert werden, kann am Ende von 4,11 kaum etwas anderes gemeint sein als dass der Name des Boas in Bethlehem berühmt werden soll. Dafür spricht die Fortsetzung in 4,12, in der das Haus des Boas dem des Perez gleich sein soll, den Tamar dem Juda gebar: Boas wird damit mit einer berühmten Persönlichkeit der Vergangenheit auf eine Stufe gestellt. Anders Fischer, Rut, 228; 248: Nach ihr ist in 4,11 an den berühmten Namen Davids zu denken.

195 So die in: KAHAL, 163 s. v. חַיִל angegebenen Grundbedeutungen.

196 So übersetzt Rudolph, KAT XVII / 1–3, 59: „damit du Macht gewinnst in Ephrata“ (ähnlich Würthwein, KAT I/18, 20); Zenger, ZBK.AT 8, 84 übersetzt „Schaffe Reichtum in Ephrata“; Fischer, Ruth, 228: „Sei fähig in Efrata“.

197 So mit KAHAL, 163 s. v. 1 חַיִל.

198 Köhlmoos, ATD 9/3, 78.

in Verbindung gebracht[199] und damit im Sinn von „die Fruchtbare“ verstanden werden. Damit weist auch dieser Beiname in die Richtung von Zeugung und Geburt von Nachkommen.[200]

Wichtig ist nun, dass „Ephrata“ im hebräischen Alten Testament nur noch ein weiteres Mal als aktueller Beiname Bethlehems neben dem eigentlichen Namen der Stadt vorkommt – und zwar gleich zu Beginn der messianischen Verheißung Mi 5,1–4a. Davon zu unterscheiden sind Stellen, an denen der Name als altertümliche, nicht mehr gebräuchliche Bezeichnung Bethlehems verwendet ist.[201] Ein interessanter Beleg ist dagegen Ps 132,6, wo in einer David zugeschriebenen Rede „Ephrata“ parallel zu שְׂדֵי־יָעַר („Gefilde Jaars“) steht. „Ephrata“ scheint an dieser Stelle poetische Bezeichnung für Bethlehem zu sein[202], und das in einem Text, für den wie für Mi 5,1–4a die Thematik des davidischen Königtums zentral ist. Als aktueller Beiname oder poetische Bezeichnung Bethlehems weist „Ephrata“ also in den Bereich der David-Thematik und erinnert so den Leser von Rt 4,11 daran, dass aus Bethlehem Ephrata der Messias hervorgehen soll. Die Aufforderung, Boas solle „Kraft in Ephrata üben“, wird vor diesem Hintergrund als Hinweis darauf verständlich, dass er Nachkommen zeugen wird, zu denen auch der Messias gehört. Unterstützt wird dieses Verständnis dadurch, dass der Messias nicht nur

---

199 Hierbei könnte es sich allerdings auch um eine Etymologisation („Volksetymologie“) handeln, d. h. den Versuch, aus einem Namen eine bekannte Wurzel und damit einen geläufigen Sinn herauszuhören. Koenen, Art. „Efrata“ (1.2.) nennt als Alternative eine Ableitung von אֵפֶר („Staub“ im Sinne von „Gebiet“). Allerdings ist auch diese Deutung des Namens nicht abzusichern.

200 Vgl. Köhlmoos, ATD 9/3, 78.

201 Vgl. Gen 35,19; 48,7 sowie die sicher ursprüngliche Septuagintafassung von Jos 15,59. Für die Identifizierung von „Ephrata“ durch den Zusatz „das ist Bethlehem“ vgl. die parallelen Identifikationen von Lus mit Bethel (Gen 35,6; Jos 18,13; vgl. Jdc 1,23) sowie von Kirjat Arba mit Hebron (Gen 23,2; vgl. Jdc 1,10). Wie I Sam 10,2 zeigt, ist das Ephrata, in dessen Nähe Rahel bestattet wurde (Gen 35,19; 48,7), ursprünglich ein Ort nördlich von Jerusalem. Die Identifikation mit Bethlehem sowie die Verlegung des Rahel-Grabes in die Gegend südlich von Jerusalem entspricht späterer judäischer Tradition, vgl. dazu Koenen, Art. „Efrata“ (2.; 4.1).

202 Vgl. Koenen, Art. „Efrata“ (3.1): „Da David ab V. 3 als Sprecher des Psalmverse erscheint, dürfte Efrata hier als sein Heimatort genannt sein und damit für Bethlehem stehen“.

nach Mi 5,1 aus derselben Stadt wie Boas kommen soll, sondern dass er nach anderen messianischen Verheißungen von David (Jes 9,1–6; Jer 23,5 f.) bzw. von Davids Vater Isai (Jes 11,1) abstammen soll – sowohl Isai als auch David sind aber in Rt 4,22 als Nachkommen des Boas genannt, der auch dadurch im genealogischen Kontext des Messias verortet wird. Der Wunsch der Volksmenge in 4,11, zu dem ja auch gehört, dass Boas' Name in Bethlehem „gerufen werde“[203], enthält somit auch eine Anspielung des Buches auf sich selbst: Indem das Rutbuch die Geschichte des Boas erzählt, trägt es im Sinn von Rt 4,11 zur Berühmtheit seines Namens bei.

Die messianische Perspektive wird dadurch bekräftigt, dass das Kind, das in 4,13 geboren wird, in 4,14 גֹּאֵל („Löser“) genannt wird, dessen Name in Israel „gerufen“, also berühmt sein soll. Der Begriff גֹּאֵל wird vorher auf Boas (2,20; 3,9.12) und den anderen Löser (3,12; 4,1.3.6.8) bezogen. Dieser andere ist allerdings nur eine Gegenfigur zu Boas, da er auf Grund seiner Weigerung, Rut zu heiraten, tatsächlich als Löser ausfällt. Boas dagegen handelt wirklich als Löser, aber das Kind kommt schon als גֹּאֵל zur Welt. Danach sieht es so aus, als sei die Funktion des „Lösers“ oder „Erlösers“ gleichsam in der Familie des Boas erblich, was wiederum der Einordnung des Boas in die Genealogie des Messias entspricht. Die Löser-Funktion, die das Kind von Geburt an innehat, besteht konkret darin, dass es nach den schweren Erfahrungen von Verlust und Tod – Naomis Mann und ihre beiden Söhne sind ja früh gestorben (1,3.5) – für Naomi derjenige sein wird, der „Leben wiederbringt“ (וְהָיָה לָךְ לְמֵשִׁיב נֶפֶשׁ) (4,15), der also ihrer Familie neue Zukunft eröffnet. Dabei bringt שׁוּב נֶפֶשׁ hiph. Trost im umfassenden Sinn zum Ausdruck[204], also nicht nur seelischen, sondern auch materiellen, denn nach 4,15 wird der junge Löser Naomi auch im Alter versorgen. Wie wir noch sehen werden, beschränkt sich auch der Begriff des Lösers im Rutbuch nicht auf die juristisch-ethische Komponente, sondern rührt an das theologische Verständnis im Sinne des (göttlichen) Erlösers.[205]

Das Kind, Obed, gehört somit zu der Familie von Lösern: Er ist Teil der David-Genealogie (Rt 4,21 f.), also wie Boas der Genealogie des Mes-

---

203 Zur dabei vorausgesetzten Lesung vgl. oben Anm. 194.

204 In Thr 1,16 beschreibt der Ausdruck die Aufgabe eines „Trösters“ (מְנַחֵם).

205 Vgl. dazu unten S. 147 f.

sias eingeordnet. Andererseits gilt Obed als Glied der Elimelech-Familie, der er „Leben wiederbringt", was als Urbild dessen zu verstehen ist, was ganz Israel vom Messias erwartet. Ganz Israel, das auf Wiederherstellung nach Gericht und Exil hofft, wird aber durch die Figur der Naomi repräsentiert, deren Lebensbringer das Kind nach 4,15 sein soll.[206]

Aber nicht nur dass das Kind aus einer Familie von Lösern (Erlösern) stammt, gehört zur messianischen Perspektive des Rutbuches. Die Perspektive wird überhaupt dadurch unterstützt, dass seine Geburt erzählt ist. Wie C. Frevel feststellt, besteht „eine Ausdrucksform des Wartens auf einen gottgeschenkten Retter" darin, die Geburt eines Kindes in Aussicht zu stellen. Frevel verweist dazu auf Jes 9,1–6; 11,1.[207] Aber auch nach Mi 5,2a tritt die Wende zur Heilszeit, in der Israel nicht mehr unter feindlichen Völkern leiden wird, mit der Geburt des Messias ein. Vor diesem Hintergrund steht die Geburt des Kindes (Rt 4,13) nach Frevel dafür, „wie nahe gerade das heilvolle Ende des Rutbuches auf der individuellen Ebene (Noomi-Rut) zu den Vorstellungsmustern der Heilszeit ist". Es fällt dann aber auf, dass das Buch nach Frevel „selbst *nicht* messianisch" sein soll: Es sei erst durch die Genealogie (Rt 4,18–22), die Frevel für einen literarischen Nachtrag hält, zu einem messianischen Text geworden.[208] Die Ergänzung der Genealogie sei aber durch die messianische Topik angeregt, die schon vorher im Buch angelegt war.

Damit ist aber an Frevel wie schon an Zenger die Frage zu richten: Wenn man zugesteht, dass schon die ursprüngliche Rut-Erzählung den „Vorstellungsmustern der Heilszeit" so nahekommt, dass eine messianische Lesart möglich und eine messianischen Bearbeitung angeregt wird – liegt dann nicht die einfachere Annahme darin, diese Lesart für ursprünglich intendiert zu halten und infolgedessen auch den Stammbaum am Schluss des Buches zum Grundbestand zu rechnen?

Gegen die Annahme, dass das Rutbuch von vornherein eine messianische Intention verfolgt, könnten allerdings zwei Einwände erhoben werden:

Erstens kommt die Geburt des Kindes in 4,13 in einer Erzählung vor, die in der fernen Vergangenheit spielt, als noch die Richter richteten

---

206 Vgl. dazu unten S. 126–133.

207 Frevel, NSK.AT 6, 162

208 Frevel, NSK.AT 6, 163 (Hervorhebung im Original).

(Rt 1,1); die Geburt des Messias wird dagegen für die Zukunft erwartet. Darin liegt ein wesentlicher Unterschied zwischen der Rut-Erzählung und den prophetischen Zukunftsankündigungen Jes 9,1–6; 11,1 ff.; Mi 5,1–4a, die herangezogen wurden, um die Geburt des Kindes als Bestandteil eines „Vorstellungsmusters der Heilszeit“ zu erklären.

Zweitens spielt die Rut-Erzählung im Rahmen einer einzelnen Familie. Die weltweite Perspektive der messianischen Verheißungen ist nicht oder – etwa in der moabitischen Herkunft Ruts – nur sehr bedingt im Blick.

Beide Einwände haben aber weniger Gewicht als es zunächst scheint.

3.3.3.3. Typologisches Denken

Gegenüber dem ersten Einwand – das Buch Rut spielt in der Vergangenheit, während der Messias für die Zukunft erwartet wird – ist auf die Bedeutung des typologischen Denkens für viele biblische Texte zu verweisen. Dabei handelt es sich um ein Denken, das grundsätzlich davon ausgeht, dass in der Zukunft wiederkehrt, was in der Vergangenheit so oder so ähnlich bereits geschehen war. Damit werden Ereignisse, aber auch Personen und Institutionen späterer Epochen im Licht von Vor- bzw. Urbildern der Vergangenheit verständlich. Beispiele typologischen Denkens innerhalb des Alten Testaments sind die Rückgriffe auf den Exodus in Jos 3 und Jes 43.

Der Rückgriff auf Exodus und Schilfmeerwunder (Ex 14 f.) in Jos 3 charakterisiert den Durchzug durch den Jordan als Gegenstück des Exodus aus Ägypten; Jes 43,16–21 kündigt den Auszug der Exilierten aus Babel als neuen Exodus an, der den alten übertreffen wird. Dass die Rettungstat am Schilfmeer dabei nicht als individuelles Ereignis der Vergangenheit verstanden ist, kommt darin zur Geltung, dass aus ihr eine Wesensbestimmung Gottes gewonnen wird, die die Hoffnung auf den neuen Exodus begründet: Jahwe ist der, der ins Meer einen Weg gibt und in starke Wasser einen Pfad (43,16). Was Gott am Schilfmeer getan hat, charakterisiert ihn bleibend: Er wird als Herr der Geschichte wieder tun, was er schon einmal getan hat.

Das typologische Denken ist auch dem Buch Rut nicht fremd, wie sich an drei für das Verständnis der Erzählung wichtigen Stellen zeigt. In

4,12 wird Rut typologisch mit Tamar verbunden, weil sie wie diese auf unkonventionelle Weise dafür sorgt, dass ihrem verstorbenen Mann ein Nachkomme geboren wird.[209] Dass Elimelech mit seiner Familie auf Grund einer Hungersnot auswandert (1,1), rückt das Schicksal seiner Familie in das Licht entsprechender Ereignisse der Erzväterzeit und verleiht ihm so israel-typischen Charakter. Das wiederum ist eine wesentliche Grundlage dafür, dass die Figur der Naomi als Repräsentantin Israels verständlich wird. Das Verlassen des verheißenen Landes durch Elimelech wird über den Bezug zu den Erzvätergeschichten als eigenmächtige Handlung charakterisiert, die von Gott bestraft wird.[210] Eine weitere Typologie wird hergestellt, indem der Anschluss Ruts an Naomi und ihr Verlassen der moabitischen Heimat in 2,11 in das Licht des Aufbruchs Abrahams gerückt wird. Damit wird die gebürtige Moabiterin zur wahren Israelitin.[211]

Typologisches Denken kommt aber nicht nur da zur Geltung, wo spätere Ereignisse oder Personen als Wiederholung älterer Geschehnisse und Figuren dargestellt sind wie in den Beispielen aus Jos 3; Jes 43 und dem soeben genannten Beispielen aus dem Buch Rut. Umgekehrt kann typologisches Denken seinen Ausdruck auch darin finden, dass Geschichten, die in ferner Vergangenheit stattgefunden haben sollen, als Urbilder späterer Ereignisse gestaltet werden. Damit wird späteren Ereignissen nachträglich ein Typos vorangestellt. Die Geschichte von Michas Gottesbild und der Kultstiftung der Daniten in Jdc 17f. ist ein nachträglich geschaffenes typologisches Urbild der Kultstiftung Jerobeams I. (I Reg 12,26–33). Die von den Königebüchern verworfene Kultstiftung, die „Sünde Jerobeams" (I Reg 16,31 u.ö.; schon I Reg 15,26.34; 16,19.26), wird so in das Licht einer älteren Kultstiftung gerückt, die mit einem illegitimen Gottesbild vollzogen wurde, das außerdem seinem ursprünglichen Besitzer geraubt worden war.

Wie die Erzählung von Jdc 17f. enthält auch das Rutbuch sekundär geschaffene und in die Vergangenheit zurückprojizierte typologische Elemente. Allerdings geht es nicht um das Urbild einer illegitimen Kultstif-

209 Vgl. dazu unten S. 109–111; 117f.; 189.

210 Vgl. dazu unten S. 128–130.

211 Vgl. dazu unten S. 101–104.

tung, sondern um Urbilder messianischer Hoffnungen, wie sie in prophetischen Texten verkündigt werden.

Auch die messianischen Verheißungen kennen typologisches Denken. Der Grundgedanke, dass in der Zukunft Vergangenes in gleicher oder ähnlicher Weise wiederkehrt, kommt in Mi 5,1–4a zur Geltung, wenn es dort heißt, die Ursprünge des – für die Zukunft erwarteten – Messias lägen in Urzeit und grauer Vorzeit (5,1b). Diese Aussage kann so verstanden werden, dass das Hervorgehen des Messias aus Bethlehem (5,1a) einen Neubeginn bedeutet, der hinter die Jerusalemer Geschichte der Davididen und damit hinter alle Schuld zurückgreift, die die Dynastie während ihrer Regierungszeit auf sich geladen hat, was schließlich in der Katastrophe mündete.[212] Statt diese Schuldgeschichte fortzuschreiben oder die Geschichte des davidischen Königtums mit dem Untergang Jerusalems für beendet zu erklären, „tilgt Gott im Gericht die Schuldgeschichte Israels und beginnt sein Handeln wieder bei Isai und David" – oder vielleicht besser: Gott beginnt sein Handeln wieder von dem Ort her, aus dem Isai und David stammten, von Bethlehem her, „wo sein Heilswille offen erkennbar war, bevor menschliche Schuld ihn verdunkelte"[213]. Beim messianischen Neubeginn wird also der Plan umgesetzt, den Gott ursprünglich mit David hatte.

Indem Mi 5,1–4a aber auf diese Weise die Ursprünge des Messias auf Urzeit und graue Vorzeit zurückführt, wird ein Zeithorizont aufgespannt, vor dem damit zu rechnen ist, dass in Bethlehem schon in der Vorzeit etwas von dem sichtbar war, was den Heilswillen Gottes ausmacht, der dann im Königtum wirksam werden sollte. Eine Geschichte wie das Rutbuch, die in „grauer Vorzeit" – in den fernen Tagen, „als die Richter richteten" (1,1a) – in Bethlehem spielt und die von Vorfahren Davids handelt, kann vor diesem Horizont etwas von dem zeigen, was durch den Messias verwirklicht werden soll, wenn der ursprüngliche Plan Gottes umgesetzt wird. Das Buch Rut ist damit eine „messianische Erzählung" in dem Sinn, dass es typologisch etwas vorwegnimmt, was die prophetischen Verheißungen für die messianische Zukunft erwarten lassen.

---

212 Vgl. dazu Jeremias, ATD 24/3, 184 f.; ders., Theologie, 423 f.

213 Jeremias, ATD 24/3, 185.

3.3.3.4. Individuelle Schicksale mit kollektiver Bedeutung

Der Umstand, dass die Rut-Erzählung in der Vergangenheit spielt, bildet also kein Hindernis für ihr messianisches Verständnis. Dasselbe gilt für den Umstand, dass sie von Erfahrungen einer einzelnen Familie handelt.

Auch wenn er das Buch selbst für nicht messianisch hält, weist Frevel darauf hin, dass die Geschichte aus dem Leben einer einzelnen Familie „über sich hinausweist“ und „*auch* als Hoffnungsgeschichte für *ganz* Israel gelesen werden will“[214]. Für Frevel ergibt sich das unter anderem daraus, dass das Buch Rut „durch die betonte Thematik der Rückkehr und Aufhebung der Kinderlosigkeit (...) auch eine Hoffnungsgeschichte für die Kollektiv-Witwe Israel ist“[215].

Diese gesamtisraelitische Perspektive, auf die das Schicksal Naomis hin offen ist, muss unbedingt ernst genommen werden. Dass die Rut-Erzählung auf der Ebene einer Einzelfamilie und nicht auf der des Volkes spielt, ist mit ihrem Charakter als Vorgeburtsgeschichte gegeben: Geburtsgeschichten handeln von Individuen und müssen daher im Rahmen einer individuellen Familie angesiedelt sein. Das schließt aber nicht aus, dass einzelne Figuren mehr repräsentieren als ein konkretes Individuum. Dass Mose, der spätere Retter Israels, als Kind zunächst auf wundersame Weise selbst gerettet wird, steht auch für Israel als ganzes, für das schwache Volk, das in einer von feindlichen Großmächten beherrschten Welt nicht aus eigener Kraft, sondern aus der Bewahrung durch Gott überlebt.[216] In vergleichbarer Weise steht die der Kinder beraubte Witwe Naomi, die arm und verbittert aus Moab zurückkehrt, nach Frevel auch für die „Kollektiv-Witwe Israel“, also für das Israel nach Gericht und Exil, das in Jes 54,4 als Witwe angesprochen ist. Nur wenn Naomi auch für dieses Kollektiv steht, wenn sie also ein Typos dieses Israel ist, kann die Geschichte ihres neuen Lebensglücks eine Hoffnungsgeschichte für ganz Israel sein.

Vor Frevel hatte schon A. Jepsen darauf hingewiesen, dass in der Figur der Naomi ein „Menschenschicksal“ dargestellt ist, „das durch

---

214 Frevel, NSK.AT 6, 160 (Hervorhebungen im Original).

215 Frevel, NSK.AT 6, 39; Zustimmung bei Korbel, Theodicy, 347 m. Anm. 30, de Villiers, ZAR 24 (2018), 312; 316 f.

216 Vgl. dazu oben Anm. 183.

tiefste Not hindurchgeführt wird und wider alle Wahrscheinlichkeit doch eine ‚Erlösung' findet". Naomis Not zu Beginn des Buches erinnert Jepsen an die der exilierten Judäer: „Sollte die Stimmung der kinderlosen Naemi nicht weithin der der Exilierten entsprechen, zumal in den letzten Jahren der Verbannung? Hatte es noch einen Sinn, an Gott zu glauben und auf ihn zu hoffen, wo er doch so hart geschlagen hatte? Und wenn nun berichtet wird, wie aller Verzweiflung und allem Zweifel zum Trotz der Naemi doch eine neue Nachkommenschaft beschert wird, so war das gerade für die Verbannten in ihrer Verzweiflung ein Wort, das sie aufrichten und mit neuem Mut erfüllen konnte"[217].

Auf Grund dieser Erwägungen datiert Jepsen das Buch Rut in die späte Exilszeit, in der es als Trostbuch entstanden sei. Diese Deutung untermauert er mit dem Hinweis auf die Bildersprache Deuterojesajas, der „das notleidende Israel gern mit Ausdrücken" bezeichnet, „die dem Leben des Weibes entnommen sind; so nennt er es: die Kinderlose, [*Jes*] 49,21, vgl. auch 49,20. Oder: die Unfruchtbare, 49,21; 54,1; und „die nicht geboren hat"; (…). Ferner: die Verlassene, 54,6; 54,1; vgl. auch 49,21. Endlich 50,1: ‚eure Mutter ist entlassen', mit der ausdrücklichen Heranziehung des ‚Scheidungsbriefes', und: die Witwenschaft, 54,4. (…) Israel hat als die kinderlose, unfruchtbare Witwe, als das verlassene Weib von der Zukunft nichts mehr zu erwarten, so wenig wie die ihrer Kinder beraubte Witwe Naemi. Aber nun wird Deuterojesaja nicht müde, das große Wunder darzustellen, daß eben diesem aller Hoffnung und aller Nachkommenschaft beraubten Volke doch noch eine große Zukunft beschert sein soll. So wohl schon 44,3 f.; ferner 49,18 ff., und vor allem 54,1–3"[218]. Mit Jes 54,1–3 nennt Jepsen eine Stelle, auf die sich auch Frevel dafür beruft, dass Naomi als „Kollektiv-Witwe" verstanden werden kann.

Jepsen hat eine wichtige Spur aufgedeckt, die im fünften Kapitel der vorliegenden Arbeit weiterzuverfolgen ist. Dabei wird sich zeigen, dass das messianische Sinnpotential dem Buch Rut tiefer eingeschrieben ist als Frevel offenbar meint. Anders als Jepsen glaubt, ist das Buch aber nicht in die späte Exilszeit zu datieren. Es gibt keinen Grund, von der Datierung in spätpersische oder frühhellenistische Zeit abzugehen. Israel

---

[217] Jepsen, ThStKr 108 (1937/38), 424.

[218] Jepsen, ThStKr 108 (1937/38), 425 f.

blieb ja über das Ende des eigentlichen Exils hinaus unter der Vorherrschaft fremder Großmächte und litt darunter bis dahin, dass es in der Seleukidenzeit noch einmal unmittelbare Existenzbedrohung erfuhr. Auch bestand eine große Diaspora. Vor diesem Hintergrund konnte die in der Figur der Naomi dargestellte Verzweiflung über das eigentliche Exil hinaus als Befindlichkeit ganz Israels verstanden werden – und auch die Erlösung, die Naomi schließlich erfährt, blieb ein aktuelles Hoffnungsbild für Israel als ganzes.

4. Auffälligkeiten der Erzählung und ihr Beitrag zum Verständnis

Bei der Besprechung des literarischen Charakters wurde darauf hingewiesen, dass Auffälligkeiten und Spannungen im Erzählablauf des Rutbuches wohl verhindern sollen, dass der Leser sich in ein spannendes Geschehen verliert; vielmehr sollen die auffälligen Elemente Nachdenken über das Erzählte anregen. Sie machen also den theologisch-lehrhaften Charakter der Erzählung mit aus. Damit bilden Auffälligkeiten und Spannungen im Erzählablauf einen geeigneten Ansatzpunkt für die Interpretation, weil aus ihnen grundlegende Einsichten für das Verständnis der zentralen Figuren zu gewinnen sein müssten.

4.1. Rut schließt sich Naomi an

Nach dem Aufbruch zur Rückkehr in die Heimat fordert Naomi ihre Schwiegertöchter Rut und Orpa auf, sie zu verlassen, um in ihr Elternhaus (1,8: „Haus der Mutter") zurückzukehren. Damit entlässt sie die beiden aus der familiären Solidarität, in die sie durch die Heirat mit Naomis Söhnen eingetreten sind (1,4). Naomi weist daraufhin, dass sie zu alt ist, um noch einmal Söhne zur Welt zu bringen; ohnehin könnten die Schwiegertöchter nicht warten bis diese das heiratsfähige Alter erreicht hätten (1,11–13). Diese Aussage spielt wahrscheinlich schon auf das Institut der Leviratsehe an, das den Schwager einer jungen Witwe verpflichtet, mit seiner Schwägerin ein Kind zu zeugen, welches dann als Sohn seines verstorbenen Bruders gilt. Ziel ist, dass der Name des Bruders nicht aus Israel ausgelöscht werde (Dtn 25,5–10). Naomis verstorbene Söhne werden aber keine Brüder mehr haben, die diese Leviratspflicht erfüllen könnten. Daher empfiehlt es sich für Rut und Orpa, in ihre angestammten Familien zurückzukehren: In der Heimat Moab besteht die Aussicht, dass neue Ehemänner für sie gefunden werden, was Naomis Wunsch ist (1,9).

Während Orpa nach anfänglichem Zögern dem Rat der Schwiegermutter folgt, bleibt Rut bei ihr (1,14) und bekundet in feierlichen Worten, dass sie Naomi nicht verlassen werde. Sie schwört der Schwiegermutter sogar Treue bis in den Tod (1,16f.). Wenn Rut gleich zu Beginn dieser, der wohl bekanntesten Stelle des Buches fordert „dringe nicht in mich, dich zu verlassen, mich davon abzubringen, dir zu folgen“ (1,16a), klingt das fast, als hätte Naomi ihr etwas Verwerfliches vorgeschlagen. Die Argumente, mit denen die Schwiegermutter sie in die alte Heimat entlassen wollte, waren allerdings durchweg vernünftig. Dass sich Rut anders als Orpa nicht überzeugen lässt, stellt die erste große Auffälligkeit des Handlungsablaufes dar, die auf ihre erzählerische Funktion hin zu befragen ist. Dabei sind zunächst interpretatorische Abwege aus neuzeitlicher Perspektive abzuweisen.

Ruts feierliche Worte – „wo du hingehst, gehe ich hin, und wo du bleibst, bleibe ich“ – sind als Lesung bei kirchlichen Trauungen bzw. als Trauspruch bekannt.[219] In dieselbe Richtung weist, dass die Erzählung das Handeln Ruts mit Anspielungen auf den sog. „Hochzeitsjubel“ in Gen 2,24a.bα („deshalb wird ein Mann seinen Vater und seine Mutter verlassen [עזב], und er wird sich seiner Frau anschließen [דבק ב]“) kommentiert, wobei beide Glieder des Satzes getrennt aufgenommen sind: Dass sich Rut Naomi anschließt (דבק ב), ist am Ende von Rt 1,14 gesagt; das Verlassen von Vater und Mutter wird in 2,11 von Boas gelobt. Trotz diesen Anklängen hat das Verhältnis zwischen Rut und Naomi mit der ehelichen Lebensgemeinschaft nur insofern zu tun als Rut Naomi eine dauerhafte verlässliche Beziehung zusagt. Wie der Fortgang der Geschichte zeigt, soll diese aber die Ehe nicht ersetzen: Naomi, die schon in 1,9 den Schwiegertöchtern gewünscht hatte, Jahwe möge ihnen in ihrer moabitischen Heimat „Ruhe“ im Haus eines Mannes geben, fasst in 3,1ff. einen Plan, um Rut diese Ruhe nun in Bethlehem zu verschaffen, worauf Rut sich einlässt (3,5). Der ganze Fortgang der Erzählung spricht also dagegen, aus 1,16f. zu schließen, dass Rut nicht mehr davon über-

---

219 Der Spruch ist ein guter Trauspruch, wenn zu emotionale, romantische Vorstellungen vermieden werden. Es ist daran zu erinnern, dass hier eine Witwe zu ihrer ebenfalls verwitweten Schwiegermutter spricht. Romantisch ist daran gar nichts. Es geht also um Beistand in schlechten Tagen. Bei der Trauung muss deutlich werden, dass die Ehe solche Tage zu überstehen hat. Vgl. dazu auch Deeg / Schüle, Perikopentexte, 159.

zeugt wäre, „daß eine Frau ihr Lebensglück bei einem Ehemann findet", und sie daher „ihr Lebensglück unwiderruflich an die alternde Frau" bände, um damit ein „alternatives Lebenskonzept" zu verwirklichen.[220] Eine derartige Interpretation folgt einer westlichen Perspektive des späten 20. und 21. Jh.s und erkennt Vorstellungen von „Lebensglück" und der Möglichkeit, zwischen „Lebenskonzepten" zu wählen, einen Stellenwert zu, der in der Gesellschaft, in der das Rutbuch entstanden ist, völlig undenkbar waren. Dass man dieser unsinnigen Interpretation überhaupt widersprechen muss, ergibt sich allein daraus, dass sie erstaunlicherweise in wissenschaftlicher exegetischer Literatur vertreten wird.

Fragt man ohne vorschnelle Aktualisierungsabsicht, warum Rut nicht das Vernünftige tut und in die moabitische Heimat zurückkehrt, um dort im Haus der Mutter versorgt zu sein und womöglich einen neuen Ehemann zu finden, dann liefern Rt 2,11 und 3,10 Antworten, beide in einer Rede des Boas: In 2,11 begründet Boas seine Fürsorge gegenüber Rut damit, dass ihm berichtet wurde, was sie nach dem Tod ihres Mannes für die Schwiegermutter getan hat; in 3,10 meint er mit dem „ersten Erweis von חֶסֶד (‚Gemeinschaftspflicht' / ‚Loyalität'[221])" (חֶסֶד הָרִאשׁוֹן) wohl Ruts Anschluss an Naomi. Dieser werde durch den „letzten" oder „späteren" Loyalitätserweis überboten: durch den Gang auf die nächtliche Tenne, den Rut auf Naomis Aufforderung hin unternimmt, um Boas um die Ehe zu bitten.[222]

Beide Loyalitätserweise gelten der Familie des Elimelech, in die Rut eingeheiratet hatte: Indem sie Naomi nach Bethlehem folgt, kann sie durch Ährensammeln auch die Schwiegermutter am Leben erhalten (Rt 2); indem sie Boas um die Ehe bittet, wird doch noch jemand gefun-

---

220 Fischer, Rut, 148; auch a. a. O., 146: Wenn man Rt 1,16f. „für eine Aktualisierung strikt ernst nähme, dann könnte man diesen Spruch nur bei Trauungen von gleichgeschlechtlichen Paaren verwenden", mit Verweis auf J. Ch. Exum, die die Möglichkeit erwogen habe, „die Beziehung zwischen Schwiegermutter und Schwiegertocher lesbisch zu deuten". Wer um ernsthafte Exegese bemüht ist, wird es nicht für lohnenswert halten, dem Verweis auf Exum und ihre Erwägungen nachzugehen. Kritik auch bei Köhlmoos, Kanon, 277 Anm. 54.

221 So die Bedeutung von חֶסֶד im Blick auf Verwandtschaftsverhältnisse nach: KAHAL, 176 (s. v. 1 חֶסֶד).

222 Vgl. dazu S. 118.

den, der der Sache nach die Leviratsehe vollzieht, obwohl er kein Schwager und damit im Sinn von Dtn 25,5–10 dazu nicht verpflichtet ist.

Dass sich Rut an Naomi „hängt" (1,14 דבק ב), bedeutet im Licht dieser Aussagen des Boas, dass sie sich nicht aus der Solidarität der Familie Elimelechs entlassen lässt. Wie sie schon in Moab Loyalität zu dieser Familie geübt hatte (1,8 ;עשׂה חֶסֶד), so hält sie es noch immer: Sie bleibt den Verstorbenen treu und auch Naomi als der letzten Überlebenden der Familie. Die zweigeteilte Anspielung auf Gen 2,24 in Rt 1,14; 2,11 bezieht sich auf diesen familiären Rahmen, nicht auf die Zweierbeziehung von Rut und Naomi.[223] Dementsprechend zielt der spätere Loyalitätserweis, Boas um die Ehe zu bitten, nicht nur darauf, dass Rut persönlich im Haus eines neuen Mannes abgesichert ist. Darum geht es zwar auch (3,1); aber zugleich geht es darum, dass das Kind dieser Ehe als Nachkomme der Familie ihres verstorbenen Mannes gilt (4,5.10.13–17).

Ruts Anschluss an Naomi wird in 1,16 f. aber auch in einen weiteren Rahmen als den der Familie gestellt. In der Mitte der feierlichen Erklärung steht der bekenntnisartige Satz: „Dein Volk ist mein Volk, und dein Gott ist mein Gott" (1,16bβ). Spätestens hier, wo die Entscheidung ansteht, ob Rut in ihr Elternhaus zurückkehrt oder ob sie mit Naomi nach Juda zieht, geht es also auch darum, ob sie sich dem Volk Israel und damit dem Gott dieses Volkes anschließt. Den Ernst dieser Entscheidung zeigt der Schwur am Ende der Rede, in dem Rut Jahwe als Garanten dafür anruft, dass erst der Tod zwischen ihr und Naomi trennen soll (1,17b). Die Erzählung lokalisiert das Gespräch nur ganz allgemein auf dem Weg von Moab nach Juda (1,7); allerdings ist es sinnvoll, es sich mit Gunkel „auf der Grenze von Juda und Moab" vorzustellen[224], was eine räumlich-szenische Umsetzung von Ruts Entscheidung darstellt: Mit ihrem Anschluss an Naomi, ihr Volk und ihren Gott überschreitet Rut eine Scheidelinie, ohne sich einen Rückweg offenzuhalten.[225]

Das Gewicht ihres Bekenntnisses „dein Volk ist mein Volk und dein

[223] So auch Beyer, Hoffnung, 197–199 mit weiteren Argumenten.

[224] Gunkel, Ruth, 67.

[225] Aus demselben Grund lokalisiert Köhlmoos, ATD 9/3, 11 die Szene Rt 1,7–19a im „Niemandsland zwischen Moab und Juda" und kommentiert: „In räumlicher Hinsicht wird damit die Entscheidungssituation der Bücher Num und Dtn wiederholt: Wer zum Volk JHWHs gehört, entscheidet sich auf dieser Grenze".

Gott ist mein Gott" (1,16bβ) wird hervorgehoben, indem sich Rut damit von ihrer Schwägerin Orpa unterscheidet, von der es unmittelbar zuvor geheißen hatte, sie sei „zu ihrem Volk und zu ihren Göttern" zurückgekehrt (1,15). Die Bedeutung der Entscheidung für Volk und Gott Israels wird auch in 2,11 f. unterstrichen, wo Boas seine Fürsorge für Rut nicht nur damit begründet, was sie für ihre Schwiegermutter getan hat, sondern auch damit, dass sie Vater, Mutter und Geburtsland verlassen und zu einem unbekannten Volk gezogen sei. Er verbindet damit den Wunsch, Ruts Tun möge durch Jahwe gesegnet sein, „zu dem du gekommen bist, um Zuflucht unter seinen Flügeln zu suchen".

Diese Rede des Boas ist hintergründiger als es auf den ersten Blick scheinen könnte. Das Verlassen von Vater und Mutter (2,11) spielt auf Gen 2,24 an; zugleich erinnert der Begriff אֶרֶץ מוֹלֶדֶת („Land der Geburt" oder „Land der Verwandtschaft") in Verbindung mit dem Umstand, dass Rut ihr Geburtsland verlassen hat, um ins Unbekannte aufzubrechen („zu einem Volk, das du vorher nicht kanntest"), an Abraham, der unter Aufgabe aller bisherigen Bindungen unter Gottes Wort und Verheißung in ein fremdes Land aufgebrochen war (Gen 11,27–12,4).[226]

Im Kontext der Abrahamgeschichte ist das Stichwort אֶרֶץ מוֹלֶדֶת (Rt 2,11) mit Abrahams früh verstorbenem Bruder Haran verbunden (Gen 11,28); zudem findet sich im Rahmen der göttlichen Berufung Abrahams (12,1–3) der Befehl, Abraham möge sich von seiner „Verwandtschaft" (מוֹלֶדֶת) trennen (12,1). Allerdings stimmen Rut- und Abraham-Erzählung nicht nur darin überein, dass sowohl in Rt 2,11 als auch in Gen 11,28; 12,1 das Stichwort מוֹלֶדֶת (אֶרֶץ) verwendet ist. Zu dieser äußerlichen Übereinstimmung kommt, dass Rut wie Abraham Familien angehören, die im אֶרֶץ מוֹלֶדֶת Erfahrungen von Tod und schwindenden Lebensperspektiven machen mussten. Die Männer der Familie, in die Rut eingeheiratet hat, sind in Ruts Heimat Moab gestorben (Rt 1,3.5); weiterer Nachwuchs ist nicht zu erwarten (1,8 f.11–13). Die Familie von Abrahams Vater Terach wurde in ihrer Heimat Ur in Chaldäa vom Tod

---

226 Zur Anspielung auf den Aufbruch Abrahams in Rt 2,11 vgl. auch Zenger, ZBK. AT 8, 56 f.; Fischer, Ruth, 176; Lacocque, CAT XVII, 58; Köhlmoos, ATD 9/3, 42; Korpel, Theodicy, 341 m. Anm. 16. Im Haupttext soll noch deutlich werden, dass das Ziel der Anspielung nicht allein Gen 12,1–4 ist, sondern die Berufungs- und Aufbruchsszene einschließlich ihrer Vorgeschichte, also: Gen 11,27–12,4.

des jüngsten Sohnes Haran getroffen, der mit Lot nur einen einzigen Nachkommen hinterließ (Gen 11,27f.); zugleich sind von Abraham selbst keine Nachkommen zu erwarten: Seine Frau ist unfruchtbar (11,30). Zwar ist die Situation der Terach-Familie nicht so dramatisch wie die der Elimelech-Familie – der Enkel Lot ist da, und die Frau von Terachs zweitem Sohn Nahor ist nicht unfruchtbar –, aber auch über der Familie, aus der Abraham stammt, schwebt die Gefahr des Aussterbens.

Die Übereinstimmungen gehen aber noch weiter: Für Abraham wie für Rut bedeutet der Aufbruch aus dem Land, das jeweils אֶרֶץ מוֹלֶדֶת genannt wird (Gen 11,28; Rt 2,11), einen Weg ins Unbekannte auf sich zu nehmen. Abraham bricht in ein Land auf, das er nicht kennt. Dabei ist ohne Belang, ob er bei seiner Berufung (Gen 12,1–3) wusste, dass ihn der Weg nach Kanaan führen soll. Selbst wenn dies auf Grund von Gen 11,31; 12,5 unterstellt wird, war Kanaan für Abraham unbekanntes Gebiet; zudem wird, wenn er in 12,1 ohne Nennung eines konkreten Ziels aufgefordert wird, in das Land zu ziehen, das Gott ihm zeigen wird, hervorgehoben, dass der Aufbruch ins Unbekannte erfolgen soll.[227] Einen Aufbruch ins Unbekannte vollzieht aber auch Rut, was Boas in 2,11 ausdrücklich rühmt. Dass Abraham in ein nicht genanntes *Land* aufbrechen soll (Gen 12,1), während Rut zu einem ihr unbekannten *Volk* aufgebrochen ist (Rt 2,12), beeinträchtigt die Parallele nicht – vielmehr kann darin sogar ein Moment der Steigerung erkannt werden: Abraham bricht in ein unbekanntes Land auf; Rut zieht zu einem Volk, das, wie der schrift-

---

[227] Nach Gen 12,1 soll Abraham in das Land aufbrechen, das Gott ihm zeigen wird. Nachdem er dort angekommen ist, wird dieses Land mit Kanaan identifiziert, wenn Gott verheißt, es Abrahams Nachkommen zu geben (12,7). Nach Gen 11,31; 12,5 setzt Abraham den Weg nach Kanaan fort, den bereits Terach eingeschlagen hatte, ohne dort angekommen zu sein. Zwischen Gen 12,1.7 und 11,31; 12,5 besteht somit eine Spannung, die mit neuzeitlicher Methodik literarkritisch aufzulösen ist: Gen 11,31; 12,5 ist priesterschriftlich; 12,1.7 gehören zum nichtpriesterschriftlichen Bestand, m.E. kann hierbei immer noch vom „Jahwisten" gesprochen werden. Bei der Lektüre des Kompositte xtes wie sie antiken Lesern, auch dem Rut-Erzähler allein möglich war, wirkt die Aufforderung, in das ungenannte Land zu ziehen, das Gott ihm zeigen wird (12,1), dominant. Die Spannung wurde daher kaum als störend wahrgenommen; Abrahams Aufbruch wurde als Aufbruch ins Unbekannte verstanden.

gelehrte Leser weiß, ihrem Herkunftsvolk feindlich gesinnt ist. So betrachtet erscheint Ruts Aufbruch sogar mutiger.[228]

Für das Verständnis des Rutbuches ist unbedingt zu beachten, dass der Moabiterin Rut zugeschrieben wird, einen Weg auf sich genommen zu haben, der dem des Erzvaters Abraham entspricht. Das Motiv, der Familie treu zu bleiben, in die sie eingeheiratet hatte, führt Rut dazu, auch eine Entscheidung für das Volk zu treffen, dem diese Familie angehört. Da dieses Volk von Abraham abstammt, entscheidet sich Rut auch für den Gott dieses Volkes, also den Gott, der Abraham berufen hatte.

Diese Entscheidung verlangt den Verzicht auf alle Sicherheiten, die Rut nach dem Tod ihres Mannes noch erhoffen konnte.[229] Naomi hatte ihren Schwiegertöchtern gewünscht, Jahwe möge ihnen die Treue vergelten, die sie ihrer Familie, den verstorbenen Männern und ihr selbst, erwiesen hatten. Damit ist konkret gemeint, dass Jahwe ihnen Ruhe im Haus eines Mannes schenken möge. Zunächst aber sollen sie dazu ins Haus ihrer Mutter zurückkehren (1,8 f.). Dieser Weg, den Orpa tatsächlich wählt, scheint kalkulierbar: Zunächst wird sie in ihrem Elternhaus Versorgung finden, darüber hinaus scheint es möglich, vielleicht sogar wahrscheinlich, dass die moabitische Familie für die junge Witwe einen neuen Ehemann findet. Sollte das nicht der Fall sein, wäre sie in ihrer Ursprungsfamilie gut aufgehoben bis hin zur Bestattung im Familiengrab, die dem altorientalischen Menschen so wichtig ist, und die auch Rut in 1,17 f. anspricht – aber so, dass sie dort begraben sein will, wo auch Naomi begraben wird.

Im Vergleich mit Orpa wählt Rut den riskanteren Weg. Es ist nicht absehbar, wohin er führt. Was ihr das Haus ihrer Mutter (1,8) bieten könnte, kann Naomi ihr nicht mehr bieten, und ob sie als Moabiterin

---

228 Vgl. Lacocque, CAT XVII, 58: „Son [= *Ruts*] choix rappelle celui d'Abraham. Peut-être le dépasse-t-il en valeur car Ruth opte pour un pays ennemi, en tout cas hostile".

229 Hertzberg, ATD 9, 264 weist zu Recht darauf hin, dass sich Rut in 1,16 f. nicht „in weiblicher und jugendlicher Überschwänglichkeit" dafür entscheidet, mit Naomi zu gehen, sondern „in klarer Erkenntnis der Rechtslage". Sie entscheidet für das „Herausgehen aus dem Rechtsverband des eigenen Volkes und Glaubens einschließlich des Rechtes auf eine Bestattung im Familiengrab, und ein Hineingehen in eine völlig neue Situation", diese aber ist die Situation „der Witwe Naemi von Bethlehem", also vorerst keineswegs verheißungsvoll.

tatsächlich in die Solidargemeinschaft des Volkes Israel aufgenommen wird, ist nicht sicher. Der Leser, der den „(Ammoniter- und) Moabiterparagraphen" Dtn 23,4–7 kennt, kann daran zweifeln. Zwar schließt sich Rut nicht nur Menschen an, sondern auch dem Gott Israels, den sie in 1,17b als Garanten ihres Treueschwurs anruft – allerdings hatte sie von diesem Gott bisher nichts Gutes erfahren. Naomi schreibt ihm sogar den Tod aller Männer der Familie zu: „Die Hand Jahwes ist gegen mich ausgegangen" (1,13).

Schon Abraham hatte sich bei seinem Auszug auf Jahwe eingelassen, ohne positive Erfahrungen mit ihm gemacht zu haben. Zwar verheißt Jahwe ihm reichen Segen, der auch auf alle anderen Völker der Welt ausstrahlen soll (Gen 12,2.3b) – aber in den Schicksalen der Familie Terachs war dieser Segen bisher nicht erfahrbar gewesen: Abrahams Bruder Haran starb früh (Gen 11,28), seine eigene Frau Sara ist unfruchtbar (11,30). Dennoch bricht Abraham auf (Gen 12,4b.5) – und dennoch macht sich Rut unter Verzicht auf naheliegende soziale Sicherheiten und religiöse Gewissheit auf den Weg.

Das Rutbuch beginnt also „mit der Wiederholung der Geschichte Abrahams".[230] Rut wird so, auf Grund ihrer Lebensentscheidung, Naomi zu folgen, „mit dem Gründungsvater des Volkes und des Glaubens Israels auf eine Stufe gestellt"[231]. Damit ist sie eigentlich keine „Ausländerin" oder „Fremde" mehr, obwohl sie sich in 2,10 noch selbst als solche bezeichnet.[232] Der Abstammung nach ist sie zwar Moabiterin, durch das Abraham entsprechende Handeln ist sie aber zur Israelitin geworden, indem sie dem Vorbild des Erzvaters gerecht wird, sogar eine wahre Israelitin.

---

230 Ebach, Fremde, 288.

231 Fischer, Rut, 37.

232 So auch Zenger, ZBK.AT 8, 56 f.

4.2. Der nächtliche Gang auf die Tenne

4.2.1. Keine Verführung des Boas

In 3,1–4 entwickelt Naomi einen Plan, um Rut „Ruhe" (מָנוֹחַ) finden zu lassen (3,1). Vor dem Hintergrund des Wunsches von 1,9, Jahwe möge den Schwiegertöchtern „Ruhe" (מְנוּחָה) im Haus eines Mannes schenken, kann es nur darum gehen, einen Ehemann für sie zu finden. Im Blick ist Boas, der Rut nicht nur gestattet hatte, auf seinem Feld Ähren zu lesen, sondern der sich dabei auch als großzügiger Gastgeber erwiesen hatte (Rt 2,8 f.14).

Naomi fordert Rut auf, nachts gewaschen, gesalbt und mit einem (guten) Kleid auf die Tenne zu gehen, wo Boas nach erfolgreicher Ernte und dem im Text nicht erwähnten Dreschen Gerste worfeln wird. Er wird auf der Tenne auch zu Abend essen und schlafen. Damit die Ernte während der Nacht nicht unbewacht bleibt, legt er sich am Rand des Körnerhaufens, „des wervollsten Teiles des Feldertrages", nieder.[233] Dass Boas, in dessen Dienst nach Rt 2,4–17 einige Knechte und Mägde stehen, selbst worfelt und dass er dem Anschein nach allein und ohne dauerhafte Wache auf der Tenne übernachtet, scheint wenig realistisch.[234] Damit kommt erneut in den Blick, dass das Rutbuch eine Lehrerzählung ist, die der Leser mit einer gewissen Distanz verfolgen soll. Es lohnt nicht, pragmatisch zu hinterfragen, ob Boas wirklich selbst worfelt und ob er tatsächlich nachts allein auf der Tenne ist. Es genügt, dass diese Erzählzüge für die Schilderung von Ruts Gang auf die nächtliche Tenne notwendig sind.[235] Auch wenn darin keine realistische Schilderung zu sehen ist, bleibt zu bedenken, was Rut hier unternimmt und warum.

Nach Naomis Plan soll sie sich Boas zunächst nicht zu erkennen geben. Wenn er aber gegessen und getrunken hat, dann „erkenn den Ort,

233 Dalman, ASP III, 76.

234 Es ist jedenfalls nicht gesagt, dass sich noch andere Menschen, z. B. Knechte oder Mägde des Boas, auf der Tenne aufhielten. Wäre dies der Fall, gäbe es etwa eine dauerhafte Wache, wäre Rut kaum unbemerkt auf die Tenne gelangt und hätte sie ebensowenig am frühen Morgen wieder unbemerkt verlassen können (3,14 f.).

235 So auch Zenger, ZBK.AT 8, 66: „All das darf man unseren Erzähler nicht fragen. Das ist eben die Szenerie, die er für seine story braucht".

an den er sich legt, und geh und deck seine Fußgegend auf und leg dich, er aber wird dir sagen, was du tun sollst" (3,4).

Was dieser Plan konkret bezweckt, ist nicht unmittelbar deutlich. Geht es darum, Fakten zu schaffen, noch bevor die Ehe „auf dem Verhandlungsweg geschlossen" wird? Das wäre dann der Fall, wenn folgende Interpretation zuträfe: „Naomis Plan zielt (…) so eindeutig auf einen sexuellen Kontakt zwischen den beiden, dass (…) das eigentliche Ziel (…) daher nur in einer Schwangerschaft Ruts liegen" kann.[236] Das hieße mit anderen Worten: Naomi trägt Rut auf, Boas sexuell zu verführen und zur Zeugung eines Kindes zu verleiten.

Zwei Beobachtungen scheinen diese Interpretation zu unterstützen: Erstens können Elemente der Rede, in der Naomi ihren Plan vorstellt, sexuelle Assoziationen wecken; zweitens wird das Vorgehen der Rut in 4,12 typologisch mit dem der Tamar verbunden, die Juda ja nach Gen 38 sexuell verführt hatte[237]. Tatsächlich aber stützen beide Beobachtungen die genannte Interpretation nicht.

Sexuelle Assoziationen werden in Naomis Rede zwar schon durch die Vokabel 3,4) ידע im *qal:* „erkennen", 3,3 im *niphal:* „erkannt werden"; „sich zu erkennen geben") geweckt, die auch den Vollzug des Geschlechtsverkehrs bezeichnen kann. Auch erinnert die Aufforderung, Rut solle gewaschen, gesalbt und mit einem guten Kleid auf die Tenne gehen (3,3a), an den hochzeitlichen Schmuck einer Braut, so dass Assoziationen an die Hochzeitsnacht geweckt werden – wobei von vornherein deutlich ist, dass keine reguläre Hochzeit im Blick ist: Abgesehen vom Plan der Naomi wurde bisher keine Ehe der beiden erwähnt, geschweige denn geschlossen. Darüber hinaus werden in der Rede der Naomi Assoziationen sexueller Verführung dadurch geweckt, dass Rut bei ihrem Besuch auf der Tenne darauf achten soll, wo sich Boas hinlegt (שׁכב), dass sie seine Fußgegend aufdecken (גלה pi.) und sich selbst dorthin legen soll (3,4). Damit sind Vokabeln verwendet, die zum „Leitwortfeld (…) der

[236] Die beiden letzten Zitate in: Köhlmoos, ATD 9/3, 57.

[237] In 4,12 wünscht die Rechtsgemeinde Boas, sein Haus solle wie das des Perez sein, den Tamar Juda gebar. Damit wird der noch ungeborene Sohn von Boas und Rut typologisch mit Perez verbunden. Indem dabei auf die merkwürdigen Umstände der Geburt des Perez hingewiesen wird, wird aber zugleich das Vorgehen der Rut mit dem der Tamar verbunden.

irregulär gelebten Sexualität" gehören können.[238] Immerhin kommt das in Rt 3,4 gleich drei Mal belegte שׁכב auch in der Erzählung über die Verführung Lots durch seine Töchter auffällig häufig vor (Gen 19,30–38) vor (19,32.33[*bis*].34[*bis*].35).

Die Beziehungen zwischen Rt 3 und der Geschichte von Lot und seinen Töchtern sind aber besonders zu beachten. Hier wie dort geschieht das Niederlegen der Frau beim Mann in der Nacht (לַיְלָה) (Rt 3,2.8.13; Gen 19,34 f.); hier wie dort hat der Mann getrunken: Lot wurde bewusst trunken gemacht (Gen 19,32–35); Boas' Herz war immerhin nach dem Abendessen guter Dinge (Rt 3,7) wie in einer Feststimmung, die Übermut erzeugt (Jdc 16,25; Est 1,10) und wehrlos macht (II Sam 13,28). Hier wie dort merkt der Mann jedenfalls nicht sofort, dass sich eine Frau in seine Nähe bzw. zu ihm legt (Rt 3,7 f.; Gen 19,33.35).

Diese Parallelen erwecken den Anschein, als werde Gen 19,30–38 in Rt 3 „in Assoziationen eingespielt"[239], was auch insofern naheliegt, als ja der Stammvater der Moabiter, Ruts Herkunftsvolk, aus dem Inzest zwischen Lot und seinen Töchtern hervorgeht (Gen 19,37). Moab ist im Übrigen der Sohn der älteren Tochter, die wiederum Urheberin des Inzest-Plans ist. Sollte daraus zu schließen sein, dass Rut von Naomi aufgetragen bekommt, Boas zu verführen, wie es die Stammmutter ihres Herkunftsvolkes mit dem eigenen Vater getan hatte?

Dieser Schluss geht sicher zu weit. In Naomis Plan klingt zwar eine „bewußte erotische Zweideutigkeit"[240] an, durch die unterstrichen wird, dass Rut eine Grenze der Intimität überschreiten soll. Dass sich eine Frau nachts unerkannt auf die Tenne schleicht, das Fußende eines schlafenden

---

238 So Fischer, Rut, 198; vgl. schon Hertzberg, ATD 9, 274 f.

239 Fischer, Rut, 208, der die im Haupttext vorhergehende Argumentation weitgehend folgt; vgl. auch schon Ebach, Fremde, 281 f. Kritischer Beyer, Hoffnung, 184, die vielleicht einige Vergleichsaspekte unterbewertet, in der Schlussfolgerung aber doch Recht hat: „Was Ruth 3 explizit schildert, ist zwar ein unkonventioneller und riskanter Heiratsantrag, aber weder Inzest noch Vergewaltigung". Dennoch erzeugt Rt 3 erotische Zweideutigkeiten, mit dem Einspielen der Assoziationen an Gen 19,30–38 auch Zweideutigkeiten, die an Inzest und Vergewaltigung erinnern. Das Riskante von Ruts Heiratsantrag wird so hervorgehoben, auch wenn das, was die Assoziationen andeuten, nicht in die Tat umgesetzt wird.

240 Frevel, NSK.AT 6, 93.

Mannes aufdeckt und sich niederlegt, wäre auch in einer Kultur, die einen weit offeneren Umgang der Geschlechter gewohnt ist, eine inakzeptable Grenzüberschreitung. So ist verständlich, dass es nach Rt 3,14 geheim bleiben muss, „dass die Frau auf die Tenne gekommen ist“.

So sehr aber eine Grenzüberschreitung vollzogen wird, bleibt auch eine Grenze gewahrt. Es ist sicher verführerisch, die sexuellen Assoziationen, die Naomis Plan weckt, mit der Vorstellung konkreter Umsetzung zu verbinden. Um überschießende Spekulationen zu vermeiden, ist aber zu beachten, dass nicht gesagt ist, dass Naomi Rut die Verführung des Boas aufgetragen hätte – und das auch nicht erzählt wird, dass es dazu gekommen wäre. Schon die relativ harmlose Interpretation, „daß Ruth unter die Decke / Mantel schlüpfen und sich eng an die Seite des Boas legen soll, so daß beide nun wie Mann und Frau nebeneinanderliegen“[241], geht über das hinaus, was der Text tatsächlich sagt. Auch wenn גלה pi. die Entblößung bei sexuellen Kontakten bezeichnen kann (vgl. u. a. Lev 18,6 ff.; Dtn 23,1), geht weder Naomis Plan noch Ruts Ausführung über das Aufdecken von Boas’ Fußende und des Niederlegens zu seinen Füßen hinaus, wobei tatsächlich wohl an nichts anderes gedacht ist als an die Fußgegend. Mit „Fußende“ oder „Fußgegend“ ist hier das hebräische מַרְגְּלוֹת wiedergegeben. Dieses von רֶגֶל („Fuß“) abgeleitete Substantiv bezeichnet an seiner einzigen weiteren Belegstelle, Dan 10,6, das Gegenstück zu den Armen einer Statue – wahrscheinlich kann „Beinbereich“ übersetzt werden. So weitgefasst scheint die Vokabel in Rt 3 allerdings nicht verwendet zu sein: Rut soll sicher nicht den ganzen Beinbereich des Boas aufdecken (3,4.7)[242], und sie wird von ihm wohl nicht „an seinen Beinen liegend“ (3,8) entdeckt. Dass er sie an seinem Fußende entdeckt, ist hingegen vorstellbar. Die gängige Vokabel רֶגֶל dürfte in diesem Zusammenhang bewusst vermieden sein, weil sie auch als euphemistische Bezeichnung für den „Ort zwischen den Beinen“[243], also die

241 Zenger, ZBK.AT 8, 67. Vgl. schon Schulz, HSAT II/4.5, 123: Rut solle sich „unter den Mantel von B. legen, mit dem sich dieser bedeckt hat. Dadurch wird sie gleichsam ein Teil von ihm selber“.

242 Anders etwa Campbell, Ruth, 114: „uncover his legs and lie down“ (auch a. a. O., 121 [zu 3,4]). Campbell hält die Rede von den „Beinen“ allerdings für eine bewusste Zweideutigkeit, da die Frage offenbleibt, wie weit der Beinbereich aufgedeckt werden soll (ebd.; auch a. a. O., 131).

243 Zenger, ZBK.AT 8, 67.

Schamgegend, verwendet wird[244]. Die Ersetzung des gebräuchlichen רֶגֶל durch das sehr seltene מַרְגְּלוֹת kann daher dem Eindruck entgegenwirken, Rut solle die Scham des Boas aufdecken.[245] Die Entblößung der Schamgegend könnte auch nicht mehr als „Grenzüberschreitung" interpretiert werden, sondern wäre der Bruch eines „schwersten gesellschaftlichen Tabus"[246].

Sprechen schon diese Überlegungen dafür, dass Naomis Plan zwar auf eine Grenzüberschreitung zielt, nicht aber auf eine wirkliche Verführung zum Geschlechtsakt, so wird dies durch einen genaueren Blick auf die Verwendung von ידע bestätigt. Die Vokabel kann sexuelle Assoziationen wecken. Es ist aber zu beachten, dass es in 3,3 heißt, Rut solle sich (zunächst) nicht (!) zu erkennen geben – die Vokabel kommt hier also verneint vor –, während sie nach 3,4 den Ort (!) erkennen soll, an dem sich Boas niederlegt: Der Ort, nicht aber Boas selbst soll Gegenstand ihres Erkennens sein! Danach erregt die Art und Weise, wie ידע hier verwendet ist, zwar eine gewisse Ahnung – es ist aber nicht gesagt, dass das Geahnte Realität geworden wäre.[247]

Die sexuellen Assoziationen, die durch Naomis Vorschlag in 3,1–4 geweckt werden können, belegen also nicht, dass Rut Boas tatsächlich zum sexuellen Kontakt bewegen soll.

Was die zweite Beobachtung angeht, aus der geschlossen werden könnte, dass es um eine sexuelle Verführung geht, dass nämlich Rt 4,12 eine typologische Verbindung zur Tamar-Juda-Geschichte (Gen 38) herstellt, die ja von einer sexuellen Verführung erzählt, so sind die Unterschiede zwischen den Geschichten unbedingt zu beachten.

Ein wichtiges *tertium comparationis* zwischen Gen 38 und der Rut-Erzählung liegt darin, dass eine Frau, Tamar bzw. Rut, mit einer höchst unkonventionellen Maßnahme dafür sorgt, dass Söhne gezeugt werden, die als Nachkommen ihres verstorbenen Mannes gelten (Gen 38,8 f.; Rt 4,5.10). Allerdings geschieht im Buch Rut der Zeugungsakt erst, nach-

---

244 Vgl. Dtn 28,57; Jes 7,20; Ez 16,25; wohl auch Ex 4,25; Jes 6,2.

245 Auch nach Frevel, NSK.AT 6, 93 hat מַרְגְּלוֹת „keinesfalls die gleiche Eindeutigkeit wie die Wendung ‚die Füße aufdecken'". Das Argument wird von Schipper, Ruth, 143 wohl zu Unrecht kritisch gesehen; anders auch Hertzberg, ATD 9, 275: Auch מַרְגְּלוֹת könne als Euphemismus für die Scham verwendet werden.

246 Köhlmoos, ATD 9/3, 56 mit Verweis auf Gen 9,18–27; Lev 18.

247 So auch Zenger, ZBK.AT 8, 67.

dem eine offizielle Ehe geschlossen wurde (4,13), worum Rut auf der Tenne gebeten hatte (3,9). Der zentrale Unterschied zwischen der Rut-Erzählung und Gen 38 liegt aber darin, dass bei der Personenkonstellation des Rutbuches keine Leviratsverpflichtung im eigentlichen Sinn besteht. Das Levirat ist die typische Pflicht eines Schwagers wie sowohl der von lat. *levir* („Schwager") abgeleitete rechtsgeschichtliche Begriff zeigt als auch das im Hebräischen verwendete Verbum יבם pi. (Gen 38,8; Dtn 25,5.7), das von יָבָם („Schwager") abgeleitet ist. Es obliegt dem Schwager, mit der Witwe seines kinderlos verstorbenen Bruders Nachkommen zu zeugen, die als Nachkommen des Bruders gelten. Wie ernst diese Verpflichtung ist, kommt in Gen 38,8–10 darin zur Geltung, dass Onan von Gott mit dem Tod bestraft wird, weil er sich weigert, der Schwagerpflicht nachzukommen. Rut hat allerdings keinen Schwager mehr, der diese Pflicht erfüllen könnte – Kiljon, der Bruder ihres Mannes Machlon (4,10), lebt nicht mehr (1,5), Naomi wird keine Söhne mehr bekommen (1,11) –, und Boas hat als entfernterer Verwandter nach dem, was den alttestamentlichen Belegen zu entnehmen ist, keine Leviratsverpflichtung.

Abgesehen von der Erzählung Gen 38 kommt die Leviratsehe im Alten Testament nur noch in der gesetzlichen Bestimmung Dtn 25,5–10 vor. Im Unterschied zu Gen 38 ist dort vorausgesetzt, dass sich die Leviratsehe nicht auf die Zeugung eines Nachkommen für den verstorbenen Bruder beschränkt, sondern eine Eheschließung auf Dauer bedeutet. In dieser Hinsicht steht Dtn 25,5–10 der Rut-Erzählung näher als Gen 38.[248] Aber auch in Dtn 25,5 ist die Leviratsverpflichtung auf „Brüder, die zusammenwohnen" beschränkt und ausdrücklich auf den Schwager bezogen.

Damit fällt auf, dass in der Rut-Erzählung ein Verwandter den Vollzug des Levirats auf sich nimmt, der nicht einmal der nächstverwandte Löser ist (Rt 3,12). Auch im Vergleich mit Gen 38 ist daher festzuhalten,

248 In Gen 38,8 trägt Juda Onan nur auf, zur Frau seines Bruders zu gehen und mit ihr die Schwagerpflicht vollziehen (וְיַבֵּם אֹתָהּ); in Dtn 25,5 heißt es, der Schwager solle zu der Frau seines verstorbenen Bruders gehen, sie sich zur Frau nehmen (לקח לוֹ לְאִשָּׁה) und mit ihr die Schwagerpflicht vollziehen (וְיִבְּמָהּ). Das לקח לוֹ לְאִשָּׁה kann nur auf eine Eheschließung auf Dauer bezogen werden, vgl. Rt 4,13: „Da nahm Boas Rut, und sie wurde ihm zur Frau (וַתְּהִי־לוֹ לְאִשָּׁה)".

dass das Verhalten des Boas, der etwas tut, wozu er gar nicht verpflichtet ist, dem Verhalten des Juda in Gen 38 nahezu entgegengesetzt ist: Juda verhindert ja, dass ein anderer, sein jüngster Sohn Schela, diese Pflicht erfüllt (Gen 38,11). Vor diesem Hintergrund bestehen aber völlig andere Voraussetzungen für das Vorgehen Tamars einerseits und Ruts andererseits. In Gen 38,26 muss Juda anerkennen, dass Tamar gerechter gehandelt hat als er, indem sie ihn als Hure verkleidet verführte und zur Zeugung eines Sohnes verleitete: Er hatte ihr ja Unrecht getan, indem er ihr Schela vorenthielt und so den Vollzug des Levirats verhinderte. Dieses Unrecht betraf nicht nur Tamar selbst, sondern auch ihren verstorbenen Mann, Judas ältesten Sohn Ger: Ihm soll ja durch die Leviratsehe ein Nachkomme gezeugt werden. Da im Rutbuch ein vergleichbares Unrecht nicht vorliegt, wäre eine Verführung des Boas – wenn eine solche überhaupt erzählt sein sollte – nicht in der Weise gerechtfertigt wie die Verführung Judas in Gen 38. Eine Verführung, die Boas zur Zeugung eines Kindes verleitet und ohne Ehe-Verhandlung vollendete Tatsachen schafft – etwa in der Erwartung, er werde Rut heiraten, „um sein Kind zu legitimieren“[249] – wäre geradezu schäbig, wenn man an die Fürsorge denkt, die Boas Rut in Rt 2 hatte angedeihen lassen.

Die engen Grenzen der Vergleichbarkeit mit Gen 38 erlauben es also nicht, aus der in Rt 4,12 hergestellten typologischen Beziehung zwischen beiden Geschichten zu schließen, dass Rut Boas sexuell verführen soll. Damit kann insgesamt festgestellt werden, dass die Interpretation, es sei Naomi darum gegangen, eine Schwangerschaft der Rut zu provozieren, durch nichts begründet ist. Damit ist weiterzufragen, was durch Ruts nächtlichen Gang auf die Tenne bewirkt werden soll.

4.2.2. Die Inszenierung einer Bitte

Worum es Naomi tatsächlich geht, ergibt sich aus der Zusammenschau ihres Plans aus Rt 3,1–4 mit der Schilderung von Ruts Vorgehen in 3,7–9. Dabei ist entsprechend 3,5 f. vorausgesetzt, dass Rut so vorgegangen ist wie Naomi ihr aufgetragen hatte, auch wenn nicht alles, was in der Schilderung der Ausführung erzählt ist, schon in der Rede der Naomi in 3,1–4

---

[249] Köhlmoos, ATD 9/3, 57.

vorgekommen war. So ist in Naomis Rede die Bitte, die Rut in 3,9 ausspricht, Boas möge seinen „Flügel“ oder „Zipfel“ (כָּנָף) über sie breiten (וּפָרַשְׂתָּ כְנָפֶךָ עַל־אֲמָתְךָ[250]), nicht vorgekommen. Zum Verständnis dieser Bitte ist der einzige weitere Beleg für die Formulierung פרשׂ כָּנָף עַל relevant. Dieser findet sich in Ez 16,8. Aus diesem lässt sich schließen, dass Rut Boas bittet, den Zipfel seiner Decke oder seines Gewandes über sie zu decken – כָּנָף ist damit wie in Dtn 23,1 oder I Sam 15,27 verwendet –, und dass die Bitte auf die Eheschließung zielt. Da es in Ez 16,8 um die Ehe zwischen Gott und Israel geht, ist der Bezug zwischen dieser Stelle und Rt 3,9 auch noch in anderer Hinsicht bedeutsam, wovon später die Rede sein wird.[251] Schon hier ist aber festzuhalten, dass Rut Boas um die Ehe bittet, wobei alles, was sie auf der nächtlichen Tenne unternimmt, bis hin zum Aufdecken des Fußendes und dem dortigen Sich-Niederlegen als symbolische Inszenierung dieser Bitte zu verstehen ist.

Dass die Bitte von 3,9 noch nicht in Naomis Anweisungen, sondern erst bei der Ausführung durch Rut erwähnt ist, berechtigt keineswegs zu dem Schluss, dass Rut sie aus freien Stücken formuliert. Das Fehlen in den Anweisungen ist erzähltechnisch nachvollziehbar: Es bewirkt, dass vorerst in der Schwebe bleibt, worauf Naomis Plan zielt. Damit wird auch für den Leser, der das Erzählte aus einer gewissen Distanz heraus betrachtet, ein Spannungsmoment erzeugt, das solange anhält, bis in der Schilderung der Ausführung der Sinn des ganzen Plans deutlich wird. Indem Rut in 3,9 die Bitte ausspricht, wird ihr gesamtes Vorgehen als Zeichenhandlung erkennbar, dessen Sinn es ist, die Bitte zu begleiten und zu unterstützen. Auch die Bitte „breite deinen Flügel über deine Magd“ hat noch Symbolcharakter: Vordergründig soll Boas Rut unter die Decke nehmen, die sie an seinem Fußende aufgedeckt hat – die

---

250 Der Codex Petropolitanus (M^L) bietet die defektiv geschriebene Dualform כְּנָפֶךָ, die in anderen masoretischen Handschriften der westlichen Tradition auch *plene* geschrieben (כְּנָפֶיךָ) erscheint. Diese Lesart („breite deine Flügel über deine Magd“) betont die Stichwortverbindung zu 2,12, wo es heißt, Rut sei gekommen, um unter den Flügeln Jahwes (כְּנָפָיו) Zuflucht zu finden. Diese Verbindung bleibt aber auch erkennbar, wenn in 3,9, wie in der östlichen masoretischen Tradition belegt, der Singular כְּנָפְךָ gelesen wird. Für die singularische Lesart spricht die einschlägige Parallele Ez 16,8. Die Dual-Lesart ist demgegenüber als (unnötige) Angleichung an 2,12 zu erklären.

251 Vgl. dazu unten S. 145–147.

Decke, mit der er sich am Schlafplatz auf der Tenne warmhält, ist aber das Symbol des ehelichen Schutzes, den Rut eigentlich erbittet.

Bei alledem ist aber unbedingt zu beachten, dass es zwar heißt, dass Rut die Decke am Fußende aufdeckt (3,4.7), dass aber in Naomis Auftrag keine Rede davon ist, dass sie von selbst unter die Decke schlüpfen und sich an Boas' Seite schmiegen soll[252], und dass auch aus 3,7f. nicht zu erschließen ist, dass sie dies getan hätte[253]. Wäre Rut unter Boas' Decke geschlüpft, hätte ihr Handeln nicht ihre Bitte unterstützt, der Bittcharakter wäre vielmehr beeinträchtigt worden: Eine wirkliche Bitte setzt ja voraus, dass Boas allein die Entscheidung fällen soll, ob er sie unter seine Decke nimmt oder nicht.[254] Dann muss Rut aber nach dem Aufdecken des Fußendes die Reaktion des Boas abwarten, wie Naomi es ihr aufgetragen hatte: „Er aber (וְהוּא) wird dir sagen, was du tun sollst" (3,4b).[255] Der Vorschlag, an dieser Stelle statt des eindeutig auf Boas bezogenen הוּא ein יהוה zu konjizieren und zu lesen: „Jahwe aber wird dir sagen, was du

252 Vgl. dazu oben S. 108f.

253 In 3,7b heißt es, dass Rut heimlich kam, das Fußende des Boas aufdeckte und sich niederlegte. 3,8 fährt dann fort: „Und es geschah mitten in der Nacht, da schreckte der Mann auf und drehte sich um (לפת niph.), und siehe: Eine Frau lag da an seinem Fußende". לפת niph. ist vom Arabischen her als „sich drehen", „sich umwenden" zu verstehen (G / D, 613 gibt zu לפת an, dass die Etymologie unsicher sei, verweist aber u.a. auf arabisch *lafata* – „wenden, biegen, richten auf", V/VIII: „sich wenden"). An der einzigen weiteren Belegstelle für לפת niph., Hi 6,18, geht es um sich windende Bachläufe (vgl. Delitzsch, Iob, 101). Aus dem in Rt 3,8 erwähnten Sich-Umdrehen des Boas geht allerdings nicht hervor, dass „der von Naemi gemeinte und von Ruth eingenommene Platz der an Boas Seite" war (so aber Hertzberg, ATD 9, 275). Wenn Rut am Fußende des Boas lag, kann לפת niph. bedeuten, dass er sich aus der Schlafposition heraus Rut zuwendet, sich etwa zu ihr vorbeugt (was G / D, 613f. s.v. לפת niph. als weitere Übersetzungsmöglichkeit angibt). Wenn gemeint wäre, dass sich Rut an die Seite des Boas legt oder gar an ihn schmiegt, wäre dies wohl deutlicher gesagt.

254 Wenn Rut unter die Decke des Boas schlüpft, bittet sie nicht, sondern schafft Fakten. Boas könnte dann nur noch „nachträglich diese Handlung bestätigen" (Schulz, HSAT II/4.5, 123) – sicher könnte er sie auch verwerfen, aber das wäre nicht die Ablehnung einer Bitte, sondern die Zurückweisung einer ungewollten Annäherung.

255 Anders als Lacocque, CAT XVII, 98 behauptet, kann daher keine Rede davon sein, dass Rut Boas diktiert, was er zu tun hat.

tun sollst"[256], ist als textkritische Entscheidung unbegründet, enthält aber dennoch einen sinnvollen Gedanken: Boas ist im Rutbuch als Mittler der göttlichen Zuwendung dargestellt[257], so erkennt Naomi in seiner Fürsorge für Rut göttliche Fügung (2,20) – vor diesem Hintergrund kann die von ihm erwartete Reaktion aber wie ein Gottesurteil verstanden werden. Das heißt: Auch wenn Naomi erwartet, dass Boas (הוּא!) Rut sagt, was sie tun soll, erwartet sie letztlich, dass Gott (יהוה) durch Boas die Bitte der Rut gewährt oder ablehnt.

Boas reagiert auf die Bitte von 3,9, mit dem Versprechen, alles zu tun, was Rut gesagt hat (3,11). Nachdem er erklärt hat, am Morgen mit dem anderen, näher verwandten Löser sprechen zu wollen, fordert er sie auf, sich wieder niederzulegen (3,12 f.). Da Boas ihr die Ehe noch nicht versprechen kann, solange der andere Löser nicht gefragt ist, schlüpft Rut noch immer nicht unter seine Decke, sondern bleibt bis zum Morgen an seinem Fußende liegen (3,14).

4.2.3. Einsatz mit ganzer Person

Wenn damit auch der Sinn von Naomis Plan deutlich geworden sein dürfte, so bleibt doch unklar, warum sie eine solche Inszenierung wählt. Wäre es nicht einfacher, wenn sie als Schwiegermutter mit dem Löser Boas in eine Verhandlung über eine Eheschließung mit Rut einträte?

Man könnte demgegenüber zwar fragen, ob Naomi als Frau überhaupt in eine Verhandlung mit Boas eintreten konnte.[258] Wenn sich aber nach II Reg 8,5 f. eine Witwe persönlich an den König wenden kann, sollte es kein Problem sein, dass sich Naomi mit dem Anliegen einer Eheschließung an einen Verwandten wendet, der zu ihren Lösern gehört. Unter pragmatischen Gesichtspunkten kann dann aber festgestellt wer-

---

[256] Vgl. die vorsichtige Frage von Schulz, HSAT II/4.5, 123: „Wäre es denkbar, daß für *hūʾ* am Anfang von [3,4]b das ähnlich aussehnde *jahwe* zu lesen wäre? Dann hätte N[*aomi*] gesagt, sie solle es Jahwe überlassen, ihr einen glücklichen Ausgang zu verschaffen".

[257] Vgl. dazu unten S. 140 ff.

[258] Bei Loretz, Gotteswort, 59 f. ist etwa vorausgesetzt, dass die Initiative dazu von Boas ausgehen müsste. Ihm habe aber der Mut gefehlt, um Rut zu werben. Deshalb habe Naomi den beschriebenen Plan gefasst.

den, dass Rut und Naomi es einfacher hätten haben können. Nun versagt jedoch eine pragmatische Lesart in Rt 3 schon aus anderen Gründen[259], so dass die Inszenierung der Bitte nicht daran zu messen ist, ob sie pragmatisch sinnvoll ist. Entscheidend ist vielmehr, was sie zur Charakterisierung der Figuren beiträgt. Im Fall der Rut wird dabei die in 1,16f. eröffnete Linie ausgezogen: Hatte Rut sich dort unter Verzicht auf alle naheliegenden Absicherungen darauf eingelassen, Naomi zu folgen, und hatte sie sich dabei vorbehaltlos dem Volk und dem Gott ihrer Schwiegermutter angeschlossen, so liefert sie sich mit dem nächtlichen Gang auf die Tenne dem Mann aus, den sie darum bittet, als Löser wirksam zu werden und sie zur Ehe zu nehmen.

Sie geht dabei ein nicht zu unterschätzendes Risiko ein[260]: Boas könnte auf die Grenzüberschreitung, die Ruts physische Annäherung bedeutet, im Zorn reagieren. Er könnte sie vor der Gemeinde Bethlehems bloßstellen. Auch könnte er die Situation ausnutzen und Rut Gewalt antun, um sie anschließend davonzujagen. Als angesehener grundbesitzender Bürger (גִּבּוֹר חַיִל; 2,1) bräuchte er sich in einem solchen Fall kaum um seine Reputation zu sorgen – anders Rut, die Fremde aus Moab, die einem Volk angehört, dessen Stammvater im Inzest gezeugt war (Gen 19,30–38), und mit dessen Frauen Erinnerungen an die Verführung von Israeliten zu fremden Göttern verbunden waren (Num 25,1–5). Vor diesem Hintergrund wird noch deutlicher, was Rut riskiert: Gerade als Moabiterin müsste sie um die Reinhaltung ihres Rufes besorgt sein.

Zwar lässt der Umstand, dass sich Boas in Kap. 2 Rut gegenüber besonders fürsorglich gezeigt und sie vor möglichen Zudringlichkeiten seiner Knechte geschützt hatte (2,9aβ), nicht unbedingt erwarten, dass er Rut sexuelle Gewalt antun werde.[261] Allerdings unterscheiden sich die Situation auf dem Feld und die auf der Tenne sehr: Auf dem Feld war Rut in einer üblichen Weise als Bittstellerin aufgetreten (2,7) – auf der Tenne dringt sie in Boas' Privatsphäre ein. Damit aber könnte sie jeg-

259 Es wirkt ja kaum realistisch, dass Boas selbst worfelt und allein auf der Tenne übernachtet, obwohl gerade diese Elemente für die Szene unverzichtbar sind, vgl. dazu oben S. 105.

260 Vgl. zu diesen Risiken, die Rut eingeht, auch Frevel, NSK.AT 6, 95.

261 So Frevel, NSK.AT 6, 95: „Die Schwiegermutter vertraut blind auf die Integrität des Boas, der nicht auf der Tenne ‚sein wahres Gesicht' zeigen wird, sondern dieses der Rut bereits auf dem Feld offenbart hat".

lichen Kredit bei ihm verspielt haben, so dass er ihre öffentliche Bloßstellung nicht mehr scheuen würde.

Rut nimmt aber das Risiko auf sich, dass Boas in einer Weise reagieren könnte, durch die sie sozial und letztlich vielleicht physisch vernichtet würde. Sie wagt die Inszenierung, die Körperpflege und Kleidung ebenso umfasst wie physische Annäherung, die aber trotz allem eine gewisse Grenze nicht überschreitet, indem sie nicht bis zur wirklichen sexuellen Verführung geht. So bleibt das Ziel, Boas um die Ehe zu bitten [*!*], gewahrt: Die Entscheidung bleibt bei ihm. Rut trägt die Bitte aber unter Einsatz ihrer ganzen Person vor, wobei sie ihn an seine Verpflichtung als „Löser" (גֹּאֵל) erinnert.

Die Begründung der Bitte am Ende von 3,9 ist auffällig, gehört es doch im alttestamentlichen Gesetz nirgends zu den Aufgaben des Lösers, eine junge Witwe zur Ehe zu nehmen. An Verpflichtungen des Lösers werden genannt: Grundstücke aufkaufen, die ein in Not geratener Verwandter veräußern muss (Lev 25,25–34), in Schuldknechtschaft geratene Verwandte freikaufen (Lev 25,47–54) oder Blutrache üben (Num 35,12.16–29; Dtn 19,1–13; Jos 20,1–9). Demnach verwendet Rut den Begriff „Löser" in einem weiteren Sinne als die Gesetzestexte. Diese Ausweitung des Begriffs, auf die an anderer Stelle zurückzukommen ist[262], kann kaum als Eigenleistung Ruts gelten, sondern muss wohl Naomis Plan entsprechen: Von ihr hatte Rut ja überhaupt erst erfahren, dass Boas zu den Lösern der Familie gehört (Rt 2,20). Boas macht sich das weitere Verständnis des Löser-Begriffs zu eigen: Bei der Verhandlung im Tor verbindet er gegenüber dem anderen Löser die dem Gesetz gemäße Aufgabe, Elimelechs Feldanteil aufzukaufen, mit der Verpflichtung, Rut zu heiraten (4,5).

Mit dem konkreten Risiko, das Rut mit dem Gang auf die Tenne eingeht, geht sie entschieden weiter als mit dem Verzicht auf jegliche Absicherung in 1,16f. Das Risiko nimmt sie aber nicht allein um ihrer eigenen Versorgung willen auf sich, sondern auch zum Wohl Naomis, deren Plan sie umsetzt. Das Ergebnis wird ja sein, dass Boas als Löser im Sinn von Lev 25 den Feldanteil des Elimelech aufkauft, und dass das erste Kind aus der Beziehung von Boas und Rut (auch) als Kind von Ruts verstorbenem Mann gilt. Beides dient der Versorgung Naomis als der

---

262 Vgl. dazu unten S. 147f.

einzigen Überlebenden der Elimelech-Familie. Die Nachbarinnen können daher in 4,17 feststellen, dass das Kind von Boas und Rut der Naomi als Sohn geboren ist.

4.2.4. Wagemut aus Gottvertrauen

Die kaum realistisch zu verstehende Szene des Gangs auf die nächtliche Tenne charakterisiert Rut also als jemanden, der sich schutzlos und mit dem Einsatz der ganzen Person an den Löser wendet. Aber auch ihre Schwiegermutter wird durch ihren Plan in 3,1–4 als wagemutig und als bereit zu unkonventionellen Maßnahmen charakterisiert. Das bedeutet einen Wandel im Bild der Naomi. In Rt 1, wo Naomi mehrfach ihr bitteres Schicksal beklagt, in dem sie die Hand Jahwes schmerzhaft erfährt (1,13.20 f.), wäre sie sicher nicht in der Lage gewesen, einen Plan wie den von 3,1–4 zu fassen. Der Wandel vollzieht sich in 2,20, wo sie auf Grund der Erfahrungen, die Rut bei Boas gemacht hat, erkennt, dass Jahwe seine Barmherzigkeit (חֶסֶד) zu ihr und zu den Toten ihrer Familie nicht aufgegeben hat. Der gewagte Plan setzt also das Gottvertrauen voraus, das Naomi wiedergewinnt, als sie von Boas' Fürsorglichkeit erfährt: Naomi ist gewiss, dass es nicht der reine Zufall war, der Rut zum Ährenlesen gerade auf das Feld des Boas geführt und dafür gesorgt hat, dass sie vor seinen Augen Gnade gefunden hatte (vgl. 2,2 f.).

Das Gottvertrauen, aus dem Naomi den Mut zu ihrem Plan schöpft, wird von Rut unter Einsatz ihrer ganzen Person praktisch umgesetzt. Welche Konsequenz sich für sie daraus ergibt, ist aus der typologischen Beziehung zur Tamar-Juda-Geschichte abzulesen: Bei allen Unterschieden zwischen beiden Geschichten bleibt ja der Vergleichspunkt, dass Rut wie Tamar mit einer höchst unkonventionellen Maßnahme dafür sorgt, dass ihrem verstorbenen Mann Nachkommen entstehen. Indem dieser Vergleich aber in 4,12 in das Rutbuch eingetragen und ein weiteres Mal darin angedeutet wird, dass der Stammbaum 4,18–22 mit Tamars Sohn Perez beginnt, wird die Moabiterin Rut – nachdem sie sich schon dem Volk und dem Gott ihrer Schwiegermutter angeschlossen hatte (1,16 f.), indem sie wie Abraham unter Aufgabe aller bisherigen Bindungen aufgebrochen war (2,11 f.) – nun wirklich Teil der Geschichte dieses Volkes, insbesondere des Stammes Juda. Zwar gehört Rut nicht der Abstammung nach zu Israel; sie hat aber durch ihr Handeln in der Art Tamars die Geschichte Israels und des Stammes Juda eigenständig und mutig fortgeschrieben.

4.2.5. Die Anerkennung durch Boas

Boas erkennt hinter der nächtlichen Annäherung auf der Tenne – so sehr er diese als Verstoß gegen Sitte und Moral verurteilen könnte – das Gottvertrauen von Naomi und Rut. Deshalb verurteilt er Ruts Vorgehen nicht und nutzt es erst recht nicht aus. Vielmehr gewährt er die Bitte, die Rut mit ihrer Inszenierung an ihn herangetragen hat. Auf die Bitte, seinen Zipfel (כָּנָף) über Rut zu breiten (3,9), antwortet er: „Gesegnet seist du von Jahwe, meine Tochter, deine spätere Liebestat (חֶסֶד) hast du besser ausgeführt als die erste, nicht hinter den jungen Männern herzugehen, seien sie arm oder seien sie reich“ (3,10). Er erkennt also an, dass der Gang auf die Tenne, ihre „spätere Liebestat“, oder – mit anderer Übersetzung von חֶסֶד – ihr „späterer Loyalitätserweis“, größeren Einsatz verlangt hat als die „erste Liebestat“ des Anschlusses an Naomi.

Dass Rut nicht den jungen Männern hinterhergegangen ist, kann als, freilich von Rut verworfene, Alternative zu beiden Loyalitätserweisen verstanden werden: In 1,16f. weist Rut die Aufforderung Naomis ab, in das Haus ihrer Mutter zurückzukehren und ein zweites Mal in Moab zu heiraten – damit verzichtet sie auf die Aussicht, wieder einen jungen Mann zu heiraten; in 3,9 bittet sie Boas um seinen ehelichen Schutz und zeigt damit, dass sie bei aller ihrer Bereitschaft, nötigenfalls auch Grenzen zu überschreiten, keine Versuche zur Annäherung an junge Männer gemacht hat, die sie vielleicht bei der Ährenlese auf dem Feld hätte kennenlernen können. Boas, der Rut wie Naomi (2,2.22; 3,1.16.18) mit „meine Tochter“ anspricht (2,8; 3,10f.), ist offensichtlich deutlich älter vorgestellt als sie. Deshalb unterstreicht die Erzählung es als Auffälligkeit, dass Rut nur für ihn Interesse zeigt. Die ungewöhnliche Zuwendung zu einem älteren Mann fördert offenbar Boas' Bereitschaft, der Verpflichtung des Lösers nachzukommen und den Feldanteil Elimelechs aufzukaufen. Nach Ruts mutigem Gang auf die Tenne verbindet sich für ihn damit aber auch die Verpflichtung, ihre Bitte um die Ehe zu erfüllen, um auch den Namen ihres verstorbenen Mannes „auf seinem Erbteil aufrecht zu erhalten" (4,5.10). Der Leser weiß, dass das Gesetz, wie es im Pentateuch niedergeschrieben ist, Boas dazu nicht verpflichtet. Für ein tieferes Verständnis der Boas-Figur wird das von Bedeutung sein.

4.3. Der Feldanteil Elimelechs und die Abstammung Obeds

Rt 4 enthält zwei Auffälligkeiten, die beide unmittelbar mit dem Handeln und damit der Charakterisierung der Figur des Boas verbunden sind.

In 4,3 teilt Boas dem näher verwandten Löser vor versammelter Rechtsgemeinde mit, dass Naomi entschlossen ist, den Feldanteil Elimelechs zu verkaufen[263]. Dass Elimelech noch einen Feldanteil in Bethlehem

---

263 Zur AK-Form מָכְרָה als Ausdruck der Entschlossenheit vgl. Zakovitch, Ruth, 154 f.; auch Rudolph, HAT XVII 1–3, 59 Textanm. 3b. Grundsätzlich könnte die Form auch einen Verkauf in der Vergangenheit beschreiben. Dann ginge es darum, dass ein Löser das Feld zurückkauft, das Naomi bereits früher veräußert hatte. Diese Auffassung würde gut zu der Mittellosigkeit passen, die Naomi sich in 1,21 selbst zuschreibt: „Vielmehr muss angenommen werden, dass der Besitz schon beim Wegzug Elimelechs verkauft worden ist; denn sonst hätte Naemi wohl nicht als so arm dargestellt werden können" (Jepsen, ThStKr 108 [1937/38], 419). Eine Frau, die noch ein Feld veräußern kann, ist nicht so arm. Dennoch wirft das Verständnis von מָכְרָה als Ausdruck eines vergangenen Verkaufs auch Fragen auf: Wenn gesagt wäre, dass Naomi das Feld „schon beim Wegzug Elimelechs" verkauft hätte, fragt sich, warum sie verkaufte, solange ihr Mann noch am Leben war. Jepsen erklärt dies damit, „daß Naemi Erbtochter war" (a. a. O., 419), es also um den Besitz ihrer Familie ging. Das zwingt aber dazu, gekünstelt zu erklären, dass in 4,3 von einem „Feldanteil, der unserem Bruder Elimelech gehört" die Rede ist: Elimelech wäre „wohl Besitzer des Feldes (...), nicht aber Eigentümer" gewesen (Jepsen, ebd.). Sinnvoller scheint es, auf weitgehende Erwägungen dieser Art zu verzichten, die Spannung zwischen 4,3 und der vorhergehenden Erzählung in Kauf zu nehmen – was kein Problem darstellt, wenn man davon ausgeht, dass das Rutbuch als Lehrerzählung mit Verfremdungseffekten arbeitet –, und 4,3 so zu verstehen, dass Naomi entschlossen ist, jetzt den Feldanteil zu verkaufen, den sie von der Familie ihres Mannes in Bethlehem besitzt. Dazu passt innerhalb von Rt 4, dass Boas den anderen Löser verpflichtet, „an dem Tag, an dem du das Feld von der Hand Naomis kaufst", auch die Ehe mit Rut zu schließen (4,5). Die Zeitangabe setzt doch voraus, dass Naomi das Feld bisher nicht verkauft hat, dass es vielmehr jetzt bzw. in Zukunft „von ihrer Hand" erworben werden kann.

besitzt, über den Naomi jetzt verfügt, kommt aber höchst überraschend und reizt zu Nachfragen, für die sich aber keine Antwort finden lässt.

Was war mit dem Feld in der Zwischenzeit? Hat es jemand in den etwa zehn Jahren bearbeitet, in denen die Familie in Moab war (1,4)? Hat sich jemand das Feld und seinen Ertrag angeeignet wie es in II Reg 8,1–6 mit dem Feld der Schunemiterin geschehen ist, die ebenfalls Israel wegen einer Hungersnot verlassen hatte? In der Geschichte von II Reg 8 sorgt der König dafür, dass die Frau nach der Rückkehr ihren Besitz zurückerhält – ist das in Rt 4 die Aufgabe des Lösers? Dann aber stellt sich die Frage, warum Naomi erst jetzt einen Löser sucht, der das Feld für sie zurückkauft, warum sie den Rückkauf nicht schon am Ende von Rt 1, unmittelbar nach ihrer Rückkehr aus Moab, in die Wege geleitet hat. Und wenn es ein Feld in Bethlehem gab, auf das Naomi ein Anrecht hatte, hätte sie Rut doch dorthin zum Ährenlesen schicken können, auch wenn das Feld zur Zeit von einem anderen genutzt wird. Stattdessen ist es Ruts Idee, bei jemandem Ähren zu lesen, bei dem sie Gnade findet; Naomi reagiert nur zustimmend auf diesen Vorschlag (2,2).

„Wie auch immer die Deutungen zur Stelle ausfallen, Tatsache ist, daß das plötzliche Auftauchen des Grundbesitzes der Witwe der einzige, nicht harmonisch vorbereitete Erzählzug im ganzen Rutbuch ist“[264].

Die Beobachtung ist im Kern richtig, der Superlativ „einzig“ ist aber nicht berechtigt, denn nicht weniger auffällig ist die Spannung, dass der Sohn Obed, den Rut in 4,13 zur Welt bringt, in 4,14–17 der Familie Elimelechs zugerechnet wird, während er in der Perez-Genealogie (4,18–22) als Sohn des Boas gilt. Die uneindeutige genealogische Zuordnung Obeds bildet die zweite Auffälligkeit in Rt 4, die für manche Exegeten genug Gewicht hat, um als Begründung dafür zu gelten, dass der Stammbaum in Rt 4,18–22 nicht zum Grundbestand des Buches gehört.[265] Dagegen spricht aber, dass sich eine analoge Spannung im Blick

---

264 Fischer, Rut, 236.

265 Vgl. Köhlmoos, ATD 9/3, 84, wo die Begründung jedoch ungeschickt formuliert ist: Die Genealogie gehöre nicht zum Grundbestand, weil dieser „größten Wert darauf legt, dass Boas Obed nicht gezeugt hat“. In der Tat heißt es in 4,13, dass Jahwe Rut „eine Schwangerschaft gab“, während von einer Zeugung durch Boas nicht die Rede ist. Dennoch drückt die Formulierung „und er ging zu ihr“ auch nach Köhlmoos aus, „dass Boas nun wirklich mit Ruth Verkehr hat“ (a. a. O., 81).

auf Perez innerhalb des Juda-Stammbaums von I Chr 2 findet, von wo die Uneindeutigkeit in Rt 4 beeinflusst sein dürfte.[266]

Die Spannung in der genealogischen Zuordnung Obeds sollte daher genausowenig aus dem Rutbuch herausgelöst werden wie die unerwartete Erwähnung eines Feldanteils Elimelechs. Bei beiden Auffälligkeiten sollte vielmehr gefragt werden, welche erzählerische Funktion ihnen als Teil der Rut-Erzählung zukommt.

Die Einführung des Feldanteils in 4,3 eröffnet zunächst die erzählerische Möglichkeit, eine vorerst unspektakuläre Verhandlung im Tor zu beginnen: Dass Feldanteile zum Kauf angeboten werden und Löser zum Aufkauf verpflichtet sind, ist nichts Außergewöhnliches. Auch der andere Löser wäre dazu bereit gewesen (4,4b).

Vor dem Hintergrund des zunächst unspektakulären Verhandlungsgegenstandes tritt dann aber das fürsorgliche, das Wohl ganz Israels berücksichtigende Wirken des Boas als etwas Besonderes hervor, wenn er mit der Verpflichtung zur Auslösung des Feldanteils die Verpflichtung zur Heirat mit Rut verbindet: „An dem Tag, an dem du das Feld aus der Hand Naomis erwirbst, erwirbst du auch Rut, die Moabiterin, die Frau des Verstorbenen, um den Namen des Verstorbenen auf seinem Erbteil (aufrecht) zu erhalten“ (4,5)[267].

Die Heiratsverpflichtung dient demselben Zweck wie die Leviratsehe, obwohl weder Boas noch der andere Löser als Nichtschwäger zum Vollzug des Levirats verpflichtet wären.[268] Daher kommt die Heiratsverpflichtung für den anderen Löser überraschend. Er ist nicht bereit, sie zu übernehmen: „Ich kann es [= *den Feldanteil Elimelechs*] nicht für mich lösen, damit ich mein Erbteil nicht ruiniere“ (4,6a).

In der Berufung auf den Erhalt des eigenen Erbteils spiegelt sich, dass die Verpflichtung, Rut zu heiraten, eine Dimension besitzt, die über die

---

Die Feststellung aus dem Stammbaum, dass Boas Obed gezeugt habe (4,21), steht danach nicht in Widerspruch zu dem, was zuvor erzählt wurde.

266 Vgl. dazu oben S. 63.

267 Statt מֵאֵת ist zu Beginn von V. 5b גַּם־אֵת zu lesen, wie auch die Vulgata bezeugt; am Ende von V. 5bα ist in der Lesung des Prädikats das *q^e^rē* קָנִיתָ zu befolgen, vgl. dazu Rudolph, KAT XVII 1–3, 59 Textanm. 5a). 5b); zu anderen Entscheidungen vgl. Fischer, Ruth, 228 f. (zur Diskussion von *k^e^tīb* und *q^e^rē* bei קָנִיתִי); Volgger, Art. „Levirat / Leviratsehe“ (2.3).

268 Vgl. dazu schon oben S. 64; 110.

Interessen des eigenen Familienverbandes hinausgeht, sogar im Widerspruch dazu gesehen werden kann. Besonders deutlich wird dies in 4,10, wo die Rede davon ist, dass der Name von Ruts verstorbenem Mann Machlon, damit aber der Name der Elimelech-Familie überhaupt, nicht „aus der Gemeinschaft seiner Brüder und aus dem Tor seines Ortes" ausgerottet werden soll. Diese Dimension scheint dem anderen Löser gleichgültig zu sein; ihm geht es nur um das eigene Erbe. Weil er aber nicht willens ist, den Namen eines anderen zu erhalten, hat er nicht verdient, dass sein eigener Name genannt wird. So lässt der Erzähler ihn einfach als פְּלֹנִי אַלְמֹנִי („irgendeiner", „ein gewisser", „Herr Soundso") angesprochen werden (4,1): „Die Namensverweigerung als Akt der Erzählhoheit wertet implizit das Verhalten des Mannes"[269].

In dem Anliegen, dass die Elimelech-Familie nicht aus der Gemeinschaft ihrer Brüder ausgerottet wird, liegt aber eine gesamtisraelitische Dimension: Bethlehem, letztlich Israel insgesamt, erlitte einen Schaden, wenn der Name des Verstorbenen nicht auf seinem Grundbesitz erhalten bliebe. Indem Boas Rut heiratet, um den Namen der Elimelech-Familie zu erhalten, dient er dem Erhalt der Unversehrtheit Israels.

Damit wird nun auch die uneindeutige genealogische Zuordnung Obeds wichtig. Indem Obed in 4,14–17 als Nachkomme der Elimelech-Familie gilt, ist für deren Erhalt gesorgt. Dass er abweichend davon im Stammbaum von 4,18–22 als Nachkomme des Boas gilt, ist unter einem anderen Aspekt sinnvoll.

Der Stammbaum kann ja als Einleitung der Davidgeschichte gelten und bekräftigt damit, dass das Buch Rut als Vorgeburtsgeschichte Davids zu verstehen ist. Ergänzend zu dem, was dazu bereits gesagt wurde[270], ist nun darauf hinzuweisen, dass der Figur des Boas entscheidende Bedeutung für die Charakterisierung Davids zukommt, um die es ja im Rutbuch als Vorgeburtsgeschichte Davids geht. Indem er sich der Not der unversorgten Witwen Naomi und Rut annimmt, handelt Boas wie es von einem gerechten König erwartet wird. Zugleich ist es Aufgabe eines Königs, sich für die Unversehrtheit seines Volkes einzusetzen, wie es Boas in der Eheschließung mit Rut unternimmt. Indem er so als königlich handelnde Figur dargestellt ist, nimmt Boas vorweg, was David sein wird.

---

269 Ebach, Fremde, 301; vgl. auch Zakovitch, Rut, 44 f.

270 Vgl. dazu oben S. 69–71.

Unter diesem Aspekt ist es aber sinnvoll, dass Obed nicht nur als Nachkomme der Elimelech-Familie gilt, sondern in 4,18–22 zugleich als Sohn des Boas. Indem Boas zum Urgroßvater Davids erklärt wird, besteht nicht nur eine typologische Verbindung – Boas wird also nicht nur als Vorbild von Davids königlichem Handeln dargestellt –, sondern auch eine genealogische. Dass Boas zu den Vätern Davids gerechnet wird, bekräftigt, dass wesentliche Charakteristika Davids in seinem Wirken zur Geltung kommen, wie in Handel und Wandel der Erzväter, von denen Israel abstammt, wesentliche Charakteristika Israels vorweggenommen sind.

4.4. Bilanz zu Kap. 4

Aus den Beobachtungen des vorliegenden Kapitels ergeben sich folgende Einsichten zur Charakterisierung der zentralen Figuren:

1) Naomi

Zu Beginn des Rutbuches deutet Naomi das schwere Leid, das sie in Moab erfahren hat, als Schläge Jahwes (1,13.20 f.). Da sie ihren Schwiegertöchtern keine Absicherung mehr bieten kann, die sie von ihren Herkunftsfamilien noch immer erwarten können, rät sie ihnen, ins Haus der Mutter zurückzukehren, um eine neue Ehe einzugehen (1,8 f.). Nachdem Rut die Fürsorge des Boas, der zu den Lösern der Familie gehört, erfahren hat, geht mit Naomi ein Wandel vor: Sie ist nun gewiss, dass Jahwe trotz den Schlägen, die sie erfahren musste, seine Barmherzigkeit (חֶסֶד) zu ihrer Familie nicht aufgegeben hat (2,20). Aus dem wiedergewonnenen Gottvertrauen schöpft sie neuen Mut, ja Wagemut: Sie fasst den Plan, den Rut in Kap. 3 umsetzt.

2) Boas

Als Grundbesitzer, in dessen Dienste Knechte und Mägde stehen, nimmt sich Boas der Not Naomis und Ruts an. Indem er den Feldanteil Elimelechs aufkauft, wird er seiner Verpflichtung als Löser gerecht; indem er zugleich Rut zur Frau nimmt, um in der Art einer Leviratsehe Nachkommen zu zeugen, die den Fortbestand der Familie Elimelechs sichern, geht er über die im Gesetz genannten Verpflichtungen des Lösers hinaus.

Damit erfüllt Boas schon während der Richterzeit, was von einem König erwartet wird: Er übt Fürsorge für unversorgte Witwen und sorgt dafür, dass Israel nicht durch den Verlust einer seiner Familien einen Schaden erleidet. Er ist also auf Grund seines Handelns als Urbild eines Königtums zu verstehen, das zu der Zeit, in der sich die Geschichte ereignet haben soll, noch nicht bestand, das aber mit seinem Urenkel David Wirklichkeit werden wird. Das Rutbuch weist damit als Fortsetzung des Richterbuches auf das Ende der königslosen Zeit hin, in der jeder tat, was er selbst für richtig hielt (Jdc 17,6; 21,25).

Für das Handeln des Boas ist nicht zuletzt entscheidend, dass er Ruts Zuwendung zu Volk und Gott Israels anerkennt: In 2,11 f. begründet er mit dieser Zuwendung, dass er Rut die Nachlese gestattet, obwohl sie eine Fremde ist (2,10); in 3,10 erkennt er den Wagemut, den Rut bei ihrem Gang auf die Tenne zeigt, als zweite Liebestat (חֶסֶד, auch: „Loyalitätserweis") an, die über ihre erste Liebestat, die Entscheidung für Israel, hinausgeht.

3) Rut

Ohne dass sich Rut Israel angeschlossen hätte, ohne dass sie zum Ährenlesen gegangen und auf das Feld des Boas gekommen wäre, und schließlich: ohne dass sie den wagemutigen Gang auf die nächtliche Tenne unternommen und damit das wiedergewonnene Gottvertrauen der Naomi praktisch umgesetzt hätte, wäre Boas nicht als Löser wirksam geworden, der Elimelech-Familie wäre kein neuer Nachkomme gezeugt worden. Rut nimmt damit die Position eines Mittlers zwischen Naomi und mit ihr der Elimelech-Familie und deren Löser Boas ein.

Dem geht voraus, dass Rut auf jegliche Absicherung verzichtet, als sie sich in 1,16 f. Naomi, ihrem Volk und ihrem Gott anschließt. Durch diesen Schritt, der an den Aufbruch Abrahams erinnert (2,11 vgl. Gen 11,27–12,4) wird die Moabiterin Rut zur wahren Israelitin, die dem Vorbild des Erzvaters entspricht. Dieser rückhaltlose Anschluss an Israel wird dadurch fortgeführt, dass sie sich in Rt 3 in Ausführung von Naomis Plan Boas ausliefert, um ihn zu bitten, als Löser die Ehe mit ihr zu schließen. Die Mittlertätigkeit zwischen der Elimelech-Familie und ihrem Löser nimmt sie also unter Einsatz ihrer ganzen Person wahr.

Diese Erkenntnisse sind im Folgenden zu vertiefen, indem die einzelnen Figuren noch stärker in den Gesamthorizont des Alten Testaments gestellt werden. Dabei wird sich zeigen, dass nicht nur Boas als Urbild eines gerechten Königs zu verstehen ist, sondern dass auch die Figuren von Naomi und Rut typischen Charakter besitzen.

5. Der typische Charakter der zentralen Figuren

Es wurde bereits angesprochen, dass die Figur der Naomi im Licht von Deuterojesaja-Texten als „Kollektiv-Witwe Israel“ (Frevel) verstanden werden kann.[271] Im vorliegenden Kapitel ist diese schon von A. Jepsen eröffnete Spur weiterzuverfolgen und auf die anderen Hauptpersonen, Rut und Boas, auszudehnen.

5.1. Naomi als Repräsentantin Israels

Naomi ist die Frau Elimelechs, dessen Familie einer Hungersnot wegen nach Moab auswandert (Rt 1,1 f.). Es ist unbestritten, dass diese Hungeremigration auf die Genesis anspielt. Damit rückt das Motiv die Elimelech-Familie in das Licht der Erzvätergeschichten (Gen 12,10; 26,1) und der Josephsgeschichte (Gen 41,53–42,4; 45). Die Formulierung „da entstand eine Hungersnot im Land“ (וַיְהִי רָעָב בָּאָרֶץ) mit der Fortsetzung, dass sich jemand genötigt sieht, in ein anderes Land zu „gehen“ (הלך) (Rt 1,1), findet sich wortgleich in Gen 26,1; in Gen 12,10 findet sie sich mit der Abweichung, dass es statt „gehen“ (הלך) „hinabziehen“ (ירד) heißt. Gen 12,10 und Gen 26,1 müssen daher als relevante Bezugstexte gelten.

Einen Bezug zur Genesis enthält auch der Segensspruch, den Naomi über Boas ausspricht, nachdem sie an dessen fürsorglichem Verhalten gegenüber Rut erkannt hat, dass Jahwe ihrer Familie noch immer in Gunst (bzw. „Loyalität“; „Barmherzigkeit“) (חֶסֶד) zugewandt ist: „Gesegnet sei er von Jahwe (בָּרוּךְ הוּא לַיהוה), der seine Barmherzigkeit (חֶסֶד) mit den Lebenden und den Toten nicht aufgegeben (עזב) hat“ (2,20). Die einzige Parallele zu dieser Aussage bietet Gen 24,27, wo der Knecht Abrahams, als er in Rebekka die für Isaak bestimmte Braut erkannt hat, Gott mit den Worten lobt: „Gelobt sei Jahwe (בָּרוּךְ יהוה), der Gott meines Herrn Abraham, der seine Barmherzigkeit und Treue (חַסְדּוֹ וַאֲמִתּוֹ) mit meinem Herrn nicht aufgegeben (עזב) hat“. Obwohl im einen Fall Boas,

271 Vgl. dazu oben S. 94–96.

im anderen Fall Jahwe gelobt wird, fällt auf, dass es hier wie dort heißt, Jahwe habe seine Barmherzigkeit nicht aufgegeben (עזב).[272] Auch ist die Situation hier wie dort vergleichbar: In Gen 24 geht es darum, dass eine Braut für Isaak gefunden und damit die Zukunft der Abraham-Familie gesichert ist – in Rt 2 ist der Löser gefunden, der die Zukunft der Familie Elimelechs sichert, auch wenn dies erst im weiteren Verlauf der Rut-Erzählung deutlich wird.

Die Parallelen zu den Erzvätergeschichten – also zum prägenden Anfang, der nach antikem Denken die Grundlagen dessen bestimmt, was Israel ausmacht[273] – verleihen dem Schicksal der Elimelech-Familie israel-typischen Charakter.[274] Darin besteht die Grundlage für das Verständnis Naomis, der einzigen Überlebenden der Familie, als Typos Israels. Um dieses Verständnis nachzuvollziehen, ist ausführlicher bei der Hungersnot und der Emigration Elimelechs und seiner Familie anzusetzen.

Weder an den Genesis-Stellen noch im Rutbuch wird eine Ursache der Hungersnot genannt. Dem religiösen Denken, das in den Texten selbstverständlich vorausgesetzt ist, ist das Rechnen mit natürlichen Ursachen allerdings fremd: „In the Ancient Near East natural phenomena like the growing of the crops generally was ascribed to deities. Both rain and drought were caused by divine powers“[275]. Wo in alttestamentlichen Texten von einer Hungersnot die Rede ist, dürfte also Jahwe als ihr Verursacher gelten. Dementsprechend wird umgekehrt, in Rt 1,6b, festgestellt, dass Jahwe sich seinem Volk wieder zugewendet und ihnen Brot gegeben hat. Jahwe wird hier ausdrücklich als der zugewandte Gott ge-

272 Auch Beyer, Hoffnung, 190 weist darauf hin, dass es sich nicht um eine gängige Segensformel handelt: Im Alten Testament findet sich nur diese eine Parallele, auch enthalten die Qumrantexte, obwohl sie die Vokabel חֶסֶד häufig in Segensformulierungen verwenden, keinen Beleg für den Wortlaut von Gen 24,27; Rt 2,20.

273 Vgl. dazu Gese, Komposition, 29 (zur Abraham-Geschichte): „Für altes Denken, und eben auch biblisches Denken, ist der Anfang das principium, die ἀρχή, *re'šît*, Urbild oder doch Vorbild des Ganzen“.

274 Vgl. dazu Zenger (bearb. Frevel) in: Ders. (u.a.), Einleitung, 279: „Das Buch setzt mit einer für die Geschichtserinnerung Israels ‚typischen' Situation ein: Wie Abraham und Sara (vgl. Gen 12,10–20) und wie die ganze Jakob-Sippe (vgl. Gen 46–47) verlässt in einer Hungersnot eine Familie ihre Heimat Betlehem, um im fremden Moab zu überleben“.

275 Korpel, Theodicy, 335.

nannt, der seine Gnade nicht von Israel weichen lässt; dass er dagegen in V. 1 nicht als Urheber der Hungersnot erwähnt ist, bringt wohl zum Ausdruck, dass er in dieser Not als verborgener Gott *(deus absconditus)* erfahren wird.[276]

Das gilt auch für die Hungersnöte in den Erzvätergeschichten, die Züge einer Bewährungsprobe haben. Die Geschichte von Abrahams Flucht nach Ägypten (Gen 12,10–20) muss im Anschluss an die Schilderung seiner Berufung und seines Aufbruchs (Gen 11,27–12,9) auch unter der Frage gelesen werden, ob er weiterhin auf die Verheißung Gottes traut, auf die hin er den Auszug gewagt hatte (12,4a). Zwar wird das Verlassen des Landes in Gen 12,10–20 nicht ausdrücklich kritisiert. Vor dem Hintergrund von 12,1–3 erscheint es dennoch problematisch, weil der Entschluss, als Fremder in Ägypten zu leben, Abraham zur Preisgabe der Ahnfrau verleitet. Dadurch wird aber die in 12,2 verheißene Entstehung des großen Volkes gefährdet: „Die ohnehin unwahrscheinliche Verheißung Gottes an den alten Abraham und die unfruchtbare Sara" verlöre „ihre letzte Basis (…), wenn Sara auf immer hinter den Gardinen des pharaonischen Harems verschwände"[277].

Anders als Abraham in Gen 12,10–20 wird Isaak in Gen 26,1–5 von Gott verboten, weiter nach Ägypten zu ziehen, nachdem er bereits nach Gerar ins Land der Philister gekommen ist. Er soll dort bleiben unter der Verheißung, dass Gott ihm und seinen zahlreichen Nachkommen diese Länder geben wird. Die beiden grundlegenden Verheißungen von Landbesitz und Nachkommenschaft, die in Gen 12,1–3; 13,14–16; 15; 22,15–18 an Abraham ergangen waren, werden nun gegenüber Isaak erneuert – aber in Verbindung mit dem Imperativ, das Land nicht zu verlassen. Damit steht auch Isaak in der Bewährungsprobe, ob er den Verheißungen vertraut.

---

276 Nach Steinberg, Ketuvim, 216 ist der Hunger „im Land des Bundes, in dem Milch und Honig fließen sollten, eindeutig mit den Bundesflüchen in Verbindung zu bringen". Israel hätte „mit einer Hinwendung zu Gott und mit Buße reagieren sollen". Elimelech entzieht sich aber mit seiner Auswanderung dieser Buße. Steinbergs Interpretation ist möglich; der Text fordert sie allerdings nicht. Da kein Grund für die Hungersnot genannt wird, muss offenbleiben, ob es sich um ein Gericht handelt. Der *deus absconditus* kann als Richter erfahren werden, aber auch als unverständlich und geradezu absurd in seinem Handeln.

277 Spieckermann, Verheißungen, 14.

In diesem Licht, das von den Erzvätergeschichten her auf den Anfang des Rutbuches fällt, erscheint Elimelechs Hungeremigration als Akt fehlenden Gottvertrauens. Das gilt umso mehr, als er nach Moab geht. Damit sucht er keinen neutralen Ort auf, sondern ein Land, das mit starken negativen Assoziationen beladen ist.

Moab ist wie Ägypten, wohin Abraham in Gen 12,10–20 flieht und wohin Isaak nach Gen 26,2 f. nicht fliehen darf, mit dem Exodus verbunden: Auf der Wanderung Israels von Ägypten in das verheißene Land war Moab „die letzte Station (…) vor dem Einzug nach Kanaan“[278]. In diesem Zusammenhang ist mit Moab die Erinnerung daran verbunden, dass Israel vom Fluch Bileams getroffen werden sollte, den der Moabiterkönig Balak engagiert hatte – allerdings blieb Israel bewahrt, weil Gott den Fluch in Segen wandelte (Num 22–24). In Num 25,1–5 erscheint Moab als Ort von Abgötterei: Moabitische Frauen verleiten Israeliten zum Abfall, insbesondere zum Baal Peor. Die Folge ist ein göttliches Strafgericht.

Weil das Deuteronomium in Moab verkündigt (Dtn 1,5) und Grundlage eines Bundes ist, den Mose im Auftrag Gottes mit Israel schließt, ist das Gottesverhältnis Israels „abgesehen von dem Bund, den er mit ihnen am Horeb geschlossen hatte“, auch durch den Bund in Moab bestimmt (Dtn 28,69). Eine positive Wertung der Moabiter ergibt sich daraus allerdings nicht: Im Deuteronomium selbst wird festgeschrieben, dass Moabiter und Ammoniter nicht in die Gemeinde Jahwes aufgenommen werden dürfen. Begründet wird dies mit der Feindschaft, die sie Israel auf dem Weg in das verheißene Land erwiesen haben (Dtn 23,4–7). Dabei wird ausdrücklich auf die Bileam-Geschichte verwiesen (Dtn 23,5).

Indem er nach Moab geht, zieht sich Elimelech auf die letzte Station zurück, die Israel auf der Wanderung von Ägypten ins verheißene Land erreicht hatte. Er macht damit für seine Familie den Einzug in das Land rückgängig und begibt sich zugleich in ein Land, dessen Bewohnern der Zugang zur Gemeinde Jahwes verwehrt ist.[279] Dass sich die Söhne Eli-

---

[278] Köhlmoos, ATD 9/3, 4.

[279] Auch wenn ich Steinberg, Ketuvim, 216 nicht darin folge, dass die Hungersnot in Rt 1,1 mit den Bundesflüchen in Verbindung zu bringen ist (vgl. oben Anm. 276), geht seine Interpretation, dass Elimelechs Entschluss, das Land zu verlassen und ausgerechnet nach Moab zu gehen, „eine Absage an den Bund“ bedeutet, zumindest in die richtige Richtung.

melechs moabitische Frauen nehmen (Rt 1,4), lässt die Frage aufkommen, ob sie vergessen haben oder ob es ihnen gleichgültig ist, dass es „Töchter Moabs“ waren, mit denen die Israeliten hurten und sich zum Abfall von Jahwe verführen ließen (Num 25,1–3).

Wird die Hungersnot wie in den Erzvätergeschichten als Bewährungsprobe verstanden, so hat Elimelech diese Probe nicht bestanden. Von daher wird das grausame Leid, das die Familie in Moab trifft, der Tod Elimelechs und beider Söhne (1,3.5), als göttliche Strafe verständlich. Dieses Verständnis zeigt sich auch in den Worten der Naomi, wenn sie ihre Schwiegertöchter nach Moab zurückschickt mit dem Hinweis darauf, dass die Hand Jahwes gegen sie ausgegangen ist (Rt 1,13), und wenn sie bei der Rückkehr nach Bethlehem feststellt: „Ich bin in Fülle fortgegangen, aber mit leeren Händen hat Jahwe mich zurückkehren lassen (…), und Jahwe hat gegen mich ausgesagt (עָנָה בִי), und der Allmächtige (שַׁדַּי) hat mir Böses getan“ (1,21).

Für die Formulierung ענה ב in 1,21bβ legt der Kontext die Bedeutung „eine Aussage für / gegen jmd.n machen“ nahe wie sie an anderen Stellen in Verbindung mit Gerichtsverhandlungen oder Gerichtsszenen vorkommt.[280] Wenn Naomi ihr Leid darauf zurückführt, dass Jahwe gegen sie ausgesagt und der Allmächtige (שַׁדַּי) ihr Böses getan, also die Strafe vollzogen hat, so ist mit „Jahwe“ und dem „Allmächtigen“ zweifellos derselbe gemeint. Der Eigenname „Jahwe“ steht, wo das Verhältnis Gottes zu Israel im Blick ist (vgl. 1,6; 2,12; 4,11.14); die Bezeichnung שַׁדַּי, die hier dem *omnipotens* der Vulgata folgend konventionell mit „Allmächtiger“ wiedergegeben ist, bringt eine größere Distanz zum Ausdruck. In Rt 1,21 spiegelt sich diese Unterscheidung darin, dass „Jahwe“ als Gott Israels Anklage gegen Naomi bzw. die Familie des Elimelech erhebt, weil sie aus dem Gelobten Land nach Moab ausgewandert ist, während der „Allmächtige“ (שַׁדַּי), den auch Israel nur als unfassbar und fremd erfahren kann, das Gericht ausführt, das als besonders schwer und grausam erlebt wird. Als der unfassbare, furchterregende „Allmächtige“ hat Gott Naomi „Böses getan“, dass sie nun als unversorgte Witwe „mit leeren Händen“

280 Vgl. Num 35,30; I Sam 12,3; Mi 6,3; auch II Sam 1,16. Die Wendung kann auch von der Gerichtssituation abgelöst auf gewisse Indizien bezogen werden, vgl. Gen 30,33; Jes 3,9; Jer 14,7.

zurückkehren muss.[281] Dass sie nicht allein zurückkehrt, sondern von Rut begleitet wird, ist ihr kein Trost: Sie hat noch nicht im Blick, dass die Schwiegertocher ihr eine Hilfe sein könnte.

An dieser Stelle ist nun die bereits von Jepsen eröffnete Spur aufzunehmen, um vor dem Hintergrund des israel-typischen Schicksals der Elimech-Familie und im Licht deuterojesajanischer und anderer Texte Naomi als Typos Israels in Gericht und Wiederherstellung zu verstehen.

In Jes 49,20 f. wird das verwüstete Zion im Bild einer kinderlosen und unfruchtbaren Frau (שְׁכוּלָה וְגַלְמוּדָה) dargestellt, die wieder viele Kinder haben wird; in 54,1 soll die Unfruchtbare (עֲקָרָה) jubeln, weil sie als „Verwüstete" oder „Verlassene" (שׁוֹמֵמָה) mehr Kinder hat als die, die den Mann hat. In 54,4 wird das dem Gericht überantwortete Israel als Witwe angesprochen. Das Witwenbild findet sich auf Jerusalem bezogen auch zu Beginn der Threni (Thr 1,1) sowie auf Israel und Juda bezogen im Jeremiabuch (Jer 51,5). Ob die Bilder im jeweiligen Zusammenhang auf Zion bzw. Jerusalem oder auf das Volk bezogen sind, bedeutet keinen nennenswerten Unterschied: Die Figur der Witwe, die Verlassene, Unfruchtbare und Kinderlose repräsentiert in jedem Fall Erfahrungen des Volkes.

An den Jesaja-Stellen wird der Kinderlosen bzw. der Witwe zugesagt, dass Gott ihre Not wenden wird. Die Kinderlose soll so viele Kinder bekommen, dass der Raum zu eng wird. Sie wird denken:

> Wer hat mir diese (alle) geboren,
> wo ich doch kinderlos und unfruchtbar bin? (…)
> Und diese – wer hat sie großgezogen?
> Siehe, ich bin allein übriggeblieben (שׁאר niph.),
> wo waren denn diese? (Jes 49,21).

---

[281] Auch nach Zenger, ZBK.AT 9,43 ist die Bezeichnung שַׁדַּי an dieser Stelle gebraucht, „weil sie – analog ihrer Verwendung im Buch Hiob – die Allmacht und die Rätselhaftigkeit jenes ‚bitteren' Wirkens Gottes anzeigt, dem Naemi sich wie Hiob (vgl. Hi 3,20; 7,11; 10,1; 13,26; 21,25; 27,2) ausgesetzt sieht. Dies alles ist kein anonymes Schicksal, sondern die Folge eines Rechtsverfahrens, in dem Jahwe zunächst Zeugnis gegen sie abgelegt und anschließend die Strafe über sie verhängt hat".

Dass die Kinderlose unerwartet, nicht wissend, wie ihr geschehen ist, wieder viele Kinder hat, ist ein Bild für das Endes des Exils, das als Wunder erfahren wird.

Wenn es in Jes 54,4 heißt, Israel solle die Schande seiner Jugendzeit vergessen und der Schmach seiner Witwenschaft nicht mehr gedenken, scheint mit der „Schande der Jugendzeit" die Zeit der Schuld vor dem Exil und mit der „Schmach der Witwenschaft" (בֹּשֶׁת עֲלוּמִים) das Exil selbst gemeint zu sein. Während des Exils hat Gott, der in dem zugrundeliegenden Bildfeld als Ehemann Israels gilt, seine „Frau" im Stich gelassen. Israel war schutz- und rechtlos wie eine Witwe als eine Frau, der Schutz und Versorgung durch männliche Verwandte fehlen[282]. Der Prophet verheißt aber, dass Gott die vorübergehend verstoßene Frau wieder aufnehmen wird (Jes 54,5 ff.): Das Exil wird ein Ende haben.

Wo diese Texte und ihre Metaphorik bekannt sind, liegt es nahe, die ihrer Kinder beraubte Witwe Naomi, die ihr eigenes Unglück als Strafe Gottes deutet (1,13.21), als Personifikation der von Gott gestraften kinderlosen „Witwe" Israel zu verstehen.

Da die Erzählung aber in der Richterzeit spielt (1,1), also lange vor dem Exil, ist Naomi aus Sicht der erzählten Zeit Typos des späteren Israel, das durch Gericht, Zusammenbruch und Exil metaphorisch gesprochen zur „Witwe" werden wird. Sie ist wie das verwüstete Zion von Jes 49,20 f. „kinderlos", nämlich der Kinder beraubt, und „unfruchtbar": Söhne aus ihrem Leib sind nicht mehr zu erwarten (Rt 1,11). Eine sprachliche Übereinstimmung mit den Jesaja-Texten liegt darin, dass dem als Frau vorgestellten Zion in Jes 49,21bβ der Satz „Ich bin allein übriggeblieben (שׁאר niph.)" in den Mund gelegt wird, während es in Rt 1,5b über Naomi heißt: „und die Frau blieb (allein) übrig (שׁאר niph.) von ihren beiden Kindern und von ihrem Mann". שׁאר niph. steht an beiden Stellen für ein Übrigbleiben im Gericht. Dieselbe Verwendung von שׁאר findet sich

282 Die „Witwenschaft" heißt in Jes 54,4 אַלְמְנוּת. Koenen, BK XX/1, 36 weist zu dem Vergleich Zions mit einer אַלְמָנָה in Thr 1,1 darauf hin, dass der Begriff „einen sozialen Status" bezeichnet. „Er wird traditionell mit ‚Witwe' übersetzt, meint aber spezieller eine Frau, die verheiratet war, jetzt jedoch keinen männlichen Beschützer und Fürsorger mehr hat (also auch keinen Sohn oder Bruder) und damit mittellos, rechtlos und schutzlos geworden ist".

in Esr 9,8 (hiph.); 9,15 (niph.) und damit im Rahmen eines Textes, zu dem Rt 4 als Gegenszene konzipiert sein dürfte.[283]

Als Typos des unter Gericht und Exil leidenden Israel besaß die Figur der Naomi auch noch für nachexilische Leser Identifikationspotential, solange die Vorherrschaft fremder Großmächte bestand und die Diaspora nicht zurückgekehrt war. Dem Leser, der sich auf dieses Potential einlässt, stellt sich dann aber am Ende von Rt 1 die Frage, ob Gott Naomi wieder Kinder schenken wird wie es der „Kollektiv-Witwe" Israel verheißen ist. Wird Israel wie die ehemals Kinderlose von Jes 49,21 das Wunder neuer Fruchtbarkeit erfahren und damit neue Zukunft geschenkt bekommen?

Am Ende des Buches ist genau das der Fall. Wenn die Nachbarinnen sagen, dass Obed, der Sohn von Rut und Boas, der Naomi [*!*] geboren ist (Rt 4,17), besagt die ungewöhnliche Formulierung mehr als dass Obed der Elimelech-Familie, deren letzte lebende Repräsentantin Naomi ist, doch noch als Nachkomme geschenkt wurde. Dass es ausdrücklich heißt, dass er der Naomi geboren ist, unterstreicht, dass die Kinderlose und bereits Unfruchtbare wider alle Erwartung (1,11) mit Hilfe Jahwes (4,13 f.) doch noch ein Kind bekommen hat.[284] Es ist Naomi also genauso ergangen wie dem kinderlosen Israel von Jes 49.

In 4,17 fällt nicht nur die Formulierung „der Naomi ist ein Sohn geboren worden" auf, sondern auch, dass es die Nachbarinnen sind, die dem Kind seinen Namen geben. Darin kann ein Hinweis auf die gesamtisraelitische Bedeutung dieser Geburt gesehen werden: Die Frauen sprechen als Repräsentantinnen ganz Israels; das Kind gehört aber dem ganzen Volk, weil mit seiner Geburt das Überleben einer israelitischen Familie gesichert und Israels Unversehrtheit gewahrt wird[285]. Mit alledem unterstreicht die Art und Weise, wie die Benennung des Kindes in 4,17 geschildert ist, dass Naomi als Typos des von Gott gestraften und begnadigten Israel verstanden werden soll.

---

283 Vgl. dazu unten S. 183.

284 Vgl. Jepsen, ThStKr 108 (1937/38), 422: „Jedenfalls stehen die Worte: Der Naemi ist ein Sohn geboren, sehr betont am Ende [*der Geburtsschilderung 4,13–17a*] und lassen erkennen, was der Sinn der ganzen Erzählung sein soll: Das, was unmöglich erschien, ist Wirklichkeit geworden!"

285 Vgl. dazu oben S. 122.

5.2. Rut als Typos von Nichtisraeliten, die sich Israel anschließen

Wenn die Figur der Naomi im Licht prophetischer Texte als Typos des von Gott gestraften und begnadigten Israel verstanden werden kann, dürfte auch die Rut-Figur als Typos zu verstehen sein. Sie wird dann für etwas stehen, das eng mit dem Israel verbunden ist, das Naomi repräsentiert. Den Schlüssel dazu bieten wiederum prophetische Texte. Die Schilderung von Ruts Anschluss an Naomi und die Darstellung ihres Bittgangs auf die nächtliche Tenne scheinen auf Verheißungen anzuspielen, nach denen sich in der Heilszeit, die auf Exil und Vorherrschaft fremder Mächte folgend soll, Menschen aus anderen Völkern Israel anschließen werden. An konkreten Bezugstexten sind Jes 45,14 und Sach 8,23 in den Blick zu nehmen.

In Jes 45,14 heißt es:

> Der Reichtum Ägyptens und der Erwerb Kuschs und die Sabäer, die hochgewachsenen Leute, zu dir werden sie kommen und dein werden sie sein. Hinter dir werden sie hergehen (אַחֲרַיִךְ יֵלֵכוּ), in Fesseln werden sie kommen, und vor dir werden sie niederfallen (אֵלַיִךְ יִשְׁתַּחֲווּ), zu dir werden sie flehen: Nur bei dir ist Gott und keiner sonst; es ist sonst kein Gott.

Danach werden Menschen aus südlichen Ländern[286] nach Jerusalem bzw. Israel kommen, das an dieser Stelle angesprochen ist.[287] Die Rede vom „Reichtum Ägyptens“ und dem „Erwerb Kuschs“ könnte sich auf Tribute beziehen, die die Völker bringen. Dann ergäbe sich aber eine Spannung zum dritten Glied der Reihe, den „hochgewachsenen Leuten“ von Saba. Auch sind die Aussagen, dass sie hinter Israel hergehen und vor ihm niederfallen, nicht unmittelbar auf Tribute zu beziehen, sondern allen-

---

[286] Zum Hintergrund der Nennung von Ägypten, Kusch und Seba vgl. Hermisson, BK XVI / 2, 40; 42.

[287] Dass die Suffixe der 2. Person in einer Vorstufe des vorliegenden Textes maskulin waren und sich auf Kyros bezogen (vgl. Berges, Jes 40–48, 419), ist möglich, im vorliegenden Zusammenhang aber ohne Relevanz. Der Rut-Erzähler, der die zitierte Stelle im Kontext des ganzen Jesajabuches las, dürfte sie im Sinn der Völkerwallfahrt zum Zion verstanden haben und demnach als Anrede an Jerusalem / Israel aufgefasst haben. Zur Beziehung zur Völkerwallfahrt zum Zion vgl. Hermisson, BK XVI/2, 40 f.

falls auf deren Überbringer.[288] Die Aussage wird aber durchgehend stringent, wenn man an drei Menschengruppen denkt. Lässt man sich darauf ein und verzichtet zugleich auf textkritische Eingriffe wie sie insbesondere in der älteren Exegese recht sorglos vorgenommen wurden[289], bleibt zu klären, welche Gruppen mit dem „Reichtum Ägyptens (יְגִיעַ מִצְרַיִם)“ und dem „Erwerb Kuschs (סְחַר־כּוּשׁ)“ gemeint sein könnten. In Ps 127,3 werden Kinder als „Erbteil Jahwes (נַחֲלַת יהוה)“, aber auch als „Lohn“ (שָׂכָר) bezeichnet, weil sie den Reichtum einer Familie (mit) ausmachen. Überträgt man diese Vorstellung auf ganze Länder, kann der „Reichtum Ägyptens“ und der „Erwerb Kuschs“ auf die junge Generation dieser Länder bezogen werden. Dann ist in Jes 54,14 gesagt, dass die jungen Leute aus Ägypten und Kusch gemeinsam mit den hochgewachsenen Sabäern hinter Israel hergehen, weil sie erkannt haben, dass Gott nur dort zu finden ist. Da das Ganze an die Völkerwallfahrt zum Zion erinnert, mag die konkrete Vorstellung bestehen, dass sich junge Ägypter und Kuschiten sowie Sabäer Israeliten anschließen, die auf dem Weg nach Jerusalem sind.

Das Motiv findet sich auch in Sach 8,23. Nachdem es unmittelbar zuvor geheißen hatte, dass viele Völker und starke Nationen kommen werden, um Jahwe Zebaot in Jerusalem zu suchen und sein Angesicht zu besänftigen, heißt es dort:

> So hat Jahwe Zebaot gesprochen: In diesen Tagen (wird es sein), dass zehn Männer aus allen Sprachen der Völker ergreifen werden, ja ergreifen werden sie den Zipfel (כָּנָף: Flügel, Gewandzipfel) eines jüdischen Mannes, indem sie sagen: Wir wollen mit euch gehen, denn wir haben gehört, dass Gott mit euch ist.

Im Licht von 8,22 gelesen gehören die Männer aus allen Sprachen zu denen, die Jahwe in Jerusalem aufsuchen wollen. Bei den jüdischen Männern, die von ihnen am Rockzipfel gepackt werden, scheint demnach an Jerusalempilger gedacht zu sein.

Die Übereinstimmungen zwischen beiden Verheißungen, dass Angehörige fremder Völker hinter Israel her (Jes 45,14) bzw. mit Israel (Sach 8,23) gehen wollen, weil sie erfahren haben, dass nur bei Israel Gott ist

288 Zu verschiedenen Lösungsversuchen dieser Spannung vgl. Hermisson, BK XVI / 2, 29 Textanm. 14b.

289 Vgl. Duhm, Jesaja, 345.

(Jes 45,14) bzw. dass Gott mit Israel ist (Sach 8,23), legt die Vermutung eines genetischen Zusammenhangs nahe: Sach 8,23 könnte sich an Jes 45,14 orientiert haben[290]. Die Frage muss an dieser Stelle jedoch nicht entschieden werden, da es hier allein darum geht, ob der Rut-Erzähler auf die genannten Stellen anspielt und sie daher für das Verständnis der Rut-Figur relevant sind.

Im Licht von Jes 45,14 wäre Rut analog zu den jungen Leuten aus Ägypten und Kusch zum (Kinder-)Reichtum Moabs zu rechnen, der dem in der Figur der Naomi personifizierten Israel hinterhergeht, für die er schließlich mehr bedeutet als sieben eigene Söhne (Rt 4,15). Zwar fehlt im Rutbuch die Formulierung הלך אַחֲרֵי, mit der in Jes 45,14 der Anschluss der Leute aus dem Süden bezeichnet wird, aber Ruts Entschluss in Rt 1,16 „wohin du gehst, werde ich auch gehen (אֶל־אֲשֶׁר־תֵּלְכִי אֵלֵךְ)“ besagt sachlich dasselbe. Wie nach Jes 45,14 die Völker vor Israel niederfallen werden (אֵלַיִךְ יִשְׁתַּחֲווּ), fällt Rut in 2,10 vor Boas nieder (וַתִּפֹּל עַל־פָּנֶיהָ וַתִּשְׁתַּחוּ), nachdem er ihr das Ährenlesen gestattet und weiteren Schutz und Fürsorge zugesagt hat. Dass die Völker zu Israel flehen (יִתְפַּלָּלוּ) – gemeint ist: um Aufnahme in Israel flehen – hat im Rutbuch zwar wiederum keine direkte sprachliche Übereinstimmung; allerdings trägt Rut in Kap. 3 unter Einsatz ihrer ganzen Person die Bitte um die Ehe – und damit um Aufnahme in Israel – an Boas heran.

Dass die Südländer nach Jes 45,14 in Fesseln kommen, hat im Rutbuch keine Entsprechung, was aber wohl auch nicht allzu gravierend ist. Auffälliger ist, dass das Bekenntnis zum Gott Israels als dem einzigen Gott im Rutbuch nicht vorkommt. Aber auch daraus ergibt sich kein zwingender Einwand gegen die Annahme, dass Rut auf dem Hintergrund von Jes 45,14 als Typos von Nichtisraeliten gezeichnet ist, die sich Israel künftig anschließen. Zunächst ist es unproblematisch, dass der Typos – hier: die Zuwendung Ruts zu Israel – hinter dem Antitypos – hier: der Zuwendung größerer Gruppen zu Israel – zurückbleibt, dass also der Antitypos den Typos überbietet.[291] Das gilt schon quantitativ: Rut ist

---

290 Vgl. dazu Duhm, Jesaja, 345; auch Hanhart, BK XIV/7,1, 556. Hanhart nimmt zugleich einen Bezug zu Jes 4,1 an, so dass Sach 8,23 breiter auf das Jesajabuch bezogen wäre.

291 Nach Jes 43,14–21 wird auch der neue Exodus aus Babel (Antitypos) den ersten Exodus aus Ägypten (Typos) überbieten. Auch gelten alttestamentliche Sachver-

nur eine, die nichtisraelitischen Gruppen (Ägypter, Kuschiten, Sabäer) bestehen aus vielen. Es kann aber auch im Blick auf die rechte Jahwe-Verehrung gelten: Rut schließt sich dem Gott Israels an (1,16), ohne zu bekennen, dass dieser der einzige Gott ist. Die Nichtisraeliten, die sich nach den prophetischen Verheißungen Israel anschließen werden, werden die Einzigkeit Jahwes bekennen. Dass Rut gerade unter dem Aspekt des Bekenntnisses zur Einzigkeit Jahwes hinter dem Antitypos zurückbleibt, lässt sich aber damit erklären, dass die Erzählung in der Richterzeit spielt (Rt 1,1). In den Erzählungen des Richterbuches steht aber nicht die Frage im Vordergrund, welcher Gott der einzige ist, sondern ob Israel der Alleinverehrung Jahwes treu bleibt, zu der es sich auf dem Landtag zu Sichem verpflichtet hatte (Jos 24,16–23). Die Frage der Existenz anderer Götter wird in dem das Richterbuch prägenden Schema von Abfall, Gericht (Fremdherrschaft bzw. Feindbedrängnis), Bekehrung, Berufung eines Richters und Rettung (vgl. Jdc 3,7–11) nicht thematisiert, auch wenn sie dem Richterbuch nicht fremd ist.[292] Demnach passt es zu einer

halte im Neuen Testament als Typen, die durch Aspekte des Wirkens, Sterbens und Auferstehens Jesu Christi als Antitypen überboten werden. Dass dieses Überbietungsmoment im Begriff „Typos" enthalten ist, wird in der neutestamentlichen Forschung mittlerweile bestritten. Nach der für lange Zeit klassischen Definition von „Typos" von L. Goppelt können „geschichtliche Fakta, d. h. Personen, Handlungen, Ereignisse und Einrichtungen" Gegenstand typologischer Deutung sein, „wenn sie als von Gott gesetzte, vorbildliche Darstellungen, d. h. ‚Typen', kommender, und zwar vollkommenerer und größerer Fakta aufgefaßt werden" (Goppelt, Typos, 18 f.). Nach K.-H. Ostmeyer liegt dieses Überbietungsverhältnis nicht im Begriff des Typos selbst, der nur die Entsprechung bzw. „die Relation zwischen Typisierendem und Typisiertem" bezeichnet (Ostmeyer, NTS 46 [2000], 129). Immerhin spielen auch nach Ostmeyer bei den Typologien des Neuen Testaments „die Kategorien der Erfüllung und Überbietung eine wichtige, aber nicht eine exklusive Rolle" (a. a. O., 131).

292 Man kann schon darin, dass es Jahwe ist, der beim Abfall Israels von seiner Alleinverehrung andere Völker kommen lässt und Israel in deren Hand gibt, und dass es wiederum Jahwe ist, der nach der Umkehr Israels den Richtern den Sieg über die anderen Völker schenkt, Hinweise darauf sehen, dass Jahwe der allein mächtige Gott ist: Die Götter der Völker haben, wenn sie denn überhaupt existieren, ihm nichts entgegenzusetzen. An mindestens zwei Stellen kommt die Machtlosigkeit bzw. sogar die Nichtexistenz der anderen Götter auch im Richterbuch zum Ausdruck: Zum einen wenn Gideons Vater Joasch in Jdc 6,31 empfiehlt, Baal möge für sich selbst streiten, wenn er Gott ist – was Baal offensicht-

Erzählung aus der Richterzeit, dass das Rutbuch nur die Alternative zwischen den Göttern Moabs, zu denen Orpa zurückkehrt (1,15), und dem Gott Israels, dem sich Rut anschließt (1,16 f.), thematisiert, ohne darauf einzugehen, ob außer Jahwe auch andere Götter existieren. Dem Rut-Erzähler darf so viel geschichtliches Denken zugetraut werden, dass er aus dem Richterbuch herauslas, dass die Frage der Einzigkeit Gottes in der Richterzeit, wie sie das Buch schildert, noch nicht von hervorragender Bedeutung war.

In Sach 8,23 ist das Ergreifen des Gewandzipfels (כָּנָף) jüdischer Männer ein symbolischer Akt, also eine Inszenierung, die den Wunsch unterstreicht, sich den Juden anzuschließen[293], die also die Entschlossenheit der Erklärung „wir wollen mit euch gehen (נֵלְכָה עִמָּכֶם)" zum Ausdruck bringt. Das erinnert zum einen daran, dass auch Rut, statt nach Moab zurückzukehren, ihre feste Entschlossenheit erklärt, mit Naomi zu gehen: „Wohin du gehst, werde auch ich gehen (...) (אֶל־אֲשֶׁר־תֵּלְכִי אֵלֵךְ)" (1,16); zum anderen erinnert die in Sach 8,23 geschilderte Szene daran, dass Rut ihre Bitte, Boas möge seinen Zipfel (כָּנָף) über sie breiten (Rt 3,9), mit einer Inszenierung bekräftigt, in der sie die Decke des Boas ergreift, um sie am Fußende aufzudecken (Rt 3,7).

Zu Sach 8,23 besteht derselbe Unterschied wie zu Jes 45,14: Anders als die dort erwähnten Angehörigen anderer Völker sagt Rut nicht, dass sie gehört hätte, dass Gott mit Naomi ist. Auch darin wäre ja die Unterscheidung zwischen dem Gott Israels als dem wahren Gott und den anderen, falschen Göttern wirksam, die aber im Rutbuch entsprechend seiner Verortung in der Richterzeit nicht thematisiert wird. Immerhin kommt in Rt 1,6 das Moment des Hörens vor, das in Sach 8,23 dafür relevant ist, dass sich die Angehörigen der anderen Völker Israel anschließen.

---

lich nicht kann; und zum anderen wenn die Philister in Jdc 16,23 f. die Gefangennahme Simsons ihrem Gott Dagon zuschreiben, aber kurz danach Simson von Jahwe die Kraft erhält, den Tempel Dagons zum Einsturz zu bringen und Tausende von Philistern mit in den Tod zu reißen (Jdc 16,28–30).

293 Vgl. Graf Reventlow, ATD 25/2, 85: „Der Gewandzipfel (...) wird als mit einer Person besonders eng verbunden angesehen (...), wer ihn packt, sucht selbst eine solche Verbindung zu ihr (I Sam 15,27)". Hinter der engen Verbindung von Gewandzipfel und Person steht, dass Kleidung im Alten Testament als Teil der Persönlichkeit, also nicht als bloße Äußerlichkeit, betrachtet wird.

Wenn es in Rt 1,6 heißt, dass Naomi mit ihren Schwiegertöchtern zur Rückkehr aus Moab aufbricht, weil sie gehört hatte, dass sich Jahwe seinem Volk wieder zugewandt hatte, ist zu unterstellen, dass nicht nur Naomi, die im hebräischen Text alleiniges Subjekt ist, dem die Schwiegertöchter als Anhang beigefügt sind, sondern dass auch die Schwiegertöchter selbst auf Grund ihrer Gemeinschaft mit Naomi gehört haben, dass Jahwe sein Volk heimgesucht hat, um ihnen Brot zu geben. Dann hätte also auch Rut vom Hörensagen um die erneute Zuwendung Jahwes zu Israel gewusst und konnte die Hoffnung hegen, dass er auch der Schwiegermutter, der Schwägerin und ihr selbst Brot geben werde. Die Septuaginta unterstreicht dieses Verständnis, indem sie in 1,6 für Zurückkehren (ἀπέστρεψαν) und Hören (ἤκουσαν) pluralische Prädikate verwendet.[294] Allerdings ist die Hoffnung auf Zuwendung Gottes in dem Moment, in dem Rut die Entscheidung trifft, Naomi zu folgen, noch nicht durch eigene Erfahrung gedeckt: Erlebt hat Rut bisher nur das, was Naomi der harten, richtenden Hand Jahwes zuschreibt (1,13).

Wird Rut auf der Grundlage von Texten wie Jes 45,14 und Sach 8,23 als Typos von Nichtisraeliten verstanden, die sich in der künftigen Heilszeit Israel anschließen, liegt darin eine passende Ergänzung zum Verständnis Naomis als Typos Israels.

5.3. Boas als Typos des Messias

Wenn Naomi und Rut als Figuren einer fiktionalen Geschichtserzählung Typoi sind für Israel in Exil und Gnade (Naomi) bzw. für Nichtisraeliten, die sich Israel in der künftigen Heilszeit anschließen (Rut), ist zu erwarten, dass auch für die Figur des Boas ein typologischer Sinn auszumachen ist, der wie die beiden anderen im Licht prophetischer Texte erkennbar sein wird. Dass Boas im Buch Rut im genealogischen Kontext des Messias

294 Bons, BZ 42 (1998), 212 rechnet die pluralischen Prädikate zu den „Angleichungen an die Grammatik und Stilistik der Zielsprache", was das oben genannte Verständnis voraussetzt. Nach Köhlmoos, Kanon, 283 f. liegt insbesondere in dem pluralischen ἤκουσαν stärkeres sachliches Gewicht: Die Septuaginta deute mit ihrer Wiedergabe von 1,6 an, „dass wirklich auch Ruth von Anfang an dem Ruf JHWHs folgt".

verortet wird[295], spricht dafür, ihn als Typos des Messias zu verstehen. Der Ansatz wird durch andere Beobachtungen bestätigt.

Auf Grund seiner Fürsorge für die beiden Witwen kann Boas als Urbild eines gerechten Königs gelten. Dass seine Eheschließung mit Rut dafür sorgt, dass die der Kinder beraubte Witwe Naomi wieder ein Kind bekommt und dass Rut als Angehörige eines nichtisraelitischen Volkes in Israel integriert wird, lässt ihn im Horizont der prophetischen Erwartungen als Typos des idealen Herrschers erscheinen, der in der prophetisch angekündigten Heilszeit die „Kollektiv-Witwe" Israel von Fremdherrschaft und Diaspora befreit, ihr eine neue Zukunft eröffnet, und der im Namen Gottes auch andere Völker in seine von Frieden und Gerechtigkeit geprägte Herrschaft hineinnehmen wird: „Und sie werden sicher wohnen, denn nun wird er groß sein bis an die Enden der Erde" (Mi 5,3).[296] Zu Boas als Typos des Messias passt sein Handeln als Mittler göttlicher Zuwendung und als גֹּאֵל („Löser" bzw. „Erlöser") sowie der ihm zugeschriebene Umgang mit dem Gesetz. Diese Aspekte sind im Folgenden zu besprechen.

5.3.1. Boas als Mittler göttlicher Zuwendung und (Er-)löser

Dass Boas Mittler göttlicher Zuwendung ist, kommt in zwei zentralen Aussagen Ruts (2,13; 3,9) zur Geltung, in denen das Handeln des Boas mit dem Handeln Gottes an Israel identifiziert wird. Darin wird Boas wie der Messias in einer besonderen „Nähe (…) zu Jahwe und seiner Herrschaft" gesehen.[297] Wichtig ist in diesem Zusammenhang auch der Segenswunsch der Naomi in 2,20, der das Wirken des Boas über das Stichwort חֶסֶד deutet, das auch in der nachexilischen, messianisch ausgerichteten Davidtheologie von Bedeutung ist.

---

[295] Vgl. dazu oben S. 88 f.

[296] Zu den messianischen Verheißungen vgl. oben S. 84 f.

[297] Witte, Jesus Christus, 56; das vollständigere Zitat S. 85. An alttestamentlichen Belegen könnte dazu auf Jes 9,6 verwiesen werden, wo einer der Herrschernamen des Messias „Gott Held (אֵל גִּבּוֹר)" lautet, oder auf Ps 45,8, wo der messianisch verstandene König als „Gott (אֱלֹהִים)" angesprochen wird.

5.3.1.1. *Rt 2,13 und Jes 40,1f.*

Nachdem Boas seine Fürsorge gegenüber Rut damit begründet hat, dass ihm ihre Loyalität gegenüber Naomi berichtet wurde, und er ihr den Segen Jahwes gewünscht hat (2,11 f.), stellt Rut fest: „Ich habe Gnade in deinen Augen gefunden, mein Herr, ja, du hast mich getröstet (נִחַמְתָּנִי), ja, du hast zum Herzen deiner Magd geredet (דִבַּרְתָּ עַל־לֵב שִׁפְחָתֶךָ), aber ich bin nicht (einmal) wie eine deiner Mägde" (2,13).

Die Wendung „(jemandem) zu Herzen reden" (דבר עַל־לֵב) kann die freundliche Rede eines Herrschers zu Dienstleuten beschreiben (II Sam 19,8; II Chr 30,22; 32,6), aber auch das werbende Reden eines Mannes zur Geliebten (Gen 34,3). Von daher kann es metaphorisch, in Aktualisierungen des Bildfeldes „Hochzeit mit Gott", für Gottes Reden zu dem abgefallenen und dem Gericht überantworteten Israel stehen (Hos 2,16).

Dass die Wendung in Rt 2,13 in Verbindung mit נחם pi. („trösten") gebraucht ist, fällt insofern auf, als es sich hierbei um einen „im Rutbuch seltenen Einblick in Emotionen" handelt.[298] Im Alten Testament finden sich zwei Parallelen für die Verbindung von „zu Herzen reden" und „trösten": Gen 50,21; Jes 40,1 f.

In Gen 50,21 spricht Joseph in der Funktion des ägyptischen Wesirs zu seinen Brüdern, die seine Vergeltung fürchten (50,15). Er tröstet sie und redet ihnen zu Herzen (50,21b).

In Jes 40,1 f., der Eröffnung der Deuterojesajanischen Sammlung (Jes 40–55), fordert Gott zum Trost für das exilische Israel auf (40,1) (נַחֲמוּ); Jerusalem soll zu Herzen geredet werden (40,2) (דַּבְּרוּ עַל־לֵב יְרוּשָׁלַם).

In beiden Parallelen geht es darum, dass etwas von der Fürsorge Gottes vermittelt wird.

Joseph betont zwar in Gen 50,19, dass nicht er an der Stelle Gottes ist. Damit meint er aber, dass er nicht gegen Gottes Willen vergelten will, was ihm die Brüder angetan haben. Was sie ihm antun wollten, diente einem höheren Plan Gottes: „Denn ihr plantet gegen mich Böses, Gott (aber) plante es zum Guten, um zu tun wie es heute ist, um ein großes Volk überleben zu lassen" (Gen 50,20). Nachdem es also von Gott gefügt war, dass Joseph durch den bösen Plan der Brüder nach Ägypten gekommen

---

298 Köhlmoos, ATD 9/3, 43.

ist, zu dem Zweck, dass Israel auf diese Weise überleben konnte, will Joseph nun sein hohes Amt nutzen und die Fürsorge Gottes an seine Brüder weitervermitteln: „‚Jetzt aber fürchtet euch nicht. Ich werde euch und eure Kinder versorgen', und er tröstete sie und redete zu ihrem Herzen" (50,21).

In Jes 40,1 f. wird den Hörern der prophetischen Botschaft Einblick in das gewährt, was Gott im himmlischen Thronrat gesprochen hat. Er hat Boten ausgesendet mit dem Auftrag, Israel zu trösten und zum Herzen Jerusalems zu sprechen. Damit soll nun wie in Hos 2,16 (dort ohne den Aspekt des Tröstens) nach Gericht und Exil eine neue Liebesbotschaft verkündigt werden. Das geschieht durch schwache, vergängliche Propheten, denen die Botschaft aber als ewig gültiges Wort Gottes anvertraut ist (vgl. Jes 40,6–8). Sinn der Botschaft ist, dass die Beziehung Gottes mit Israel trotz Gericht und Exil fortbesteht bzw. erneuert wird.

In Jes 40,1 f. bedeutet die erneute freundliche Zuwendung Gottes einen Neuanfang für Israel – dasselbe bedeutet im Buch Rut die Fürsorge des Boas für Naomi als Repräsentantin Israels.[299] Der Anklang an Jes 40,1 f. in Rt 2,13 ist damit keine „Einzelbeobachtung", die als solche nicht weiterführt[300]; er ist vielmehr konzeptionell in der Rut-Erzählung verankert. Dann kann aber mit einer bewussten Anspielung auf die Jesaja-Stelle gerechnet werden.[301] Dass es aber Boas ist, durch den die neue Zuwendung erfahren wird, die der in Jes 40,1 f. angekündigten erneuten Zuwendung Gottes nach dem Exil entspricht, verleiht seinem Handeln messianische Züge.

---

299 Auch Köhlmoos, ATD 9/3, 43 sieht in Rt 2,13 einen Verweis auf Jes 40,1–3. Dieser lasse das Publikum ahnen, „dass Ruth einen Neuanfang bekommen hat". Wenn der Verweis erkannt wird, geht es aber wohl um mehr als nur eine Ahnung.

300 So jedoch Beyer, Hoffnung, 92 Anm. 409: „Der Anklang an Jes 40,1 f. (...) führt aber als Einzelbeobachtung nicht weiter". Dies versteht sich aber nicht als abschließendes Urteil, weil die Verbindungen zwischen Rut und Deuterojesaja noch zu wenig untersucht sind, vgl. Beyer, a. a. O., 140 Anm. 580 c).

301 So auch Frevel, NSK.AT 6, 77; Korbel, Theodicy, 348.

5.3.1.2. Rt 2,20 und Ps 89

Messianische Züge werden dem Handeln des Boas auch in dem Satz zugeschrieben, mit dem Naomi in Rt 2,20 reagiert, als sie von der Fürsorge erfahren hat, die Rut auf dem Feld des Boas zuteil geworden war: „Gesegnet sei er von Jahwe, der seine Barmherzigkeit (חֶסֶד) mit den Lebenden und den Toten nicht aufgegeben hat". In diesem Satz ist das Stichwort חֶסֶד zentral, das Zenger als wichtiges Theologumenon der nachexilischen Davidtheologie bestimmt, wobei er sich auf Ps 89 und Jes 55,3 beruft.[302]

In Ps 89 wird die ewige Gnade (חֶסֶד) Gottes zu Israel besungen, deren Zeichen es ist, dass Gott David einen Bund zugesagt hat, ihm für immer Nachkommenschaft zu geben und seinen Thron für alle Zeiten (לְדֹר־וָדוֹר) aufzurichten (Ps 89,2–6). Nachdem in den VV. 29 f.34.36–38 die Zusage ewiger Gnade (חֶסֶד) für David sowie dauernder Nachkommenschaft und eines ewigen Thrones erwähnt wurden, folgt in den VV. 39–46 ein Rückblick auf das Gericht mit dem politischen Ende der Daviddynastie. Ab V. 47 folgen bange Fragen nach der Dauer von Jahwes Gericht, wobei es unter anderem heißt:

> Wo sind deine früheren Gnadenerweise (חֲסָדֶיךָ הָרִאשֹׁנִים), Herr,
> die du David geschworen hattest in deiner Treue? (Ps 89,50)

Es folgt die Bitte, Gott möge seine Gläubigen nicht im Stich lassen, wenn diese von vielen Völkern Hohn und Spott erleiden:

> Gedenke, Herr, an die Verspottung deiner Knechte,
> die ich in meiner Brust trage, durch viele Völker,
> denn es verhöhnen deine Feinde, Jahwe,
> denn sie verhöhnen die Spuren deines Gesalbten. (Ps 89,51 f.).

Diese Bitte setzt die Erfahrung voraus, dass die Loyalität (חֶסֶד) Gottes gegenüber Israel nicht mehr erlebbar ist, obwohl genau das nach den alten Treueschwüren Gottes im Wirken des davidischen Königs der Fall sein sollte. Daraus ergibt sich die Frage von V. 50, wo die David einst zugeschworenen Gnadenerweise (חֲסָדִים) geblieben sind, ob Gott Israel etwa die Loyalität aufgekündigt hat. Dieser düsteren Perspektive steuert

302 Vgl. dazu oben S. 75.

die Bitte der VV. 51 f. entgegen: Gott soll sich seiner „Knechte" annehmen und es nicht dulden, dass die anderen Völker weiterhin die Spuren seines Gesalbten – also wohl die Erinnerungen an David und seine Dynastie – verhöhnen und damit den Glauben an die ewige Dauer, die Gott dieser Dynastie geschworen hat. Der Psalm schließt mit einem knappen Gotteslob (89,53). Die Beter haben die Wende ihrer Not nicht erfahren, die darin bestehen müsste, dass Gott wieder einen Nachkommen Davids auf den Thron kommen lässt und damit für die Fortdauer der Dynastie sorgt. Das wäre zugleich das Ende der Herrschaft seiner Widersacher (89,43), der vielen Völker, die die Knechte Gottes verspotten (89,50).

Dass der Rut-Erzähler in Rt 4,11 auf Mi 5,1 anspielt und Boas in die Ahnenreihe des erwarteten Messias einordnet[303], zeigt, dass er mit der nachexilischen Davidtheologie vertraut ist, zu deren Zeugnissen auch Ps 89 gehört. Der Segenswunsch der Naomi kann in einen von Ps 89 eröffneten Horizont eingeordnet werden: Als Typos des von Gericht und Exil betroffenen Israel, das befürchtet, dass Jahwe seine Loyalität (חֶסֶד) von ihm abgewendet hat, ist Naomi zunächst in einer Situation, die der der Beter von Ps 89,47 ff. entspricht. Indem sie aber durch die Fürsorge des Boas erfährt, dass Jahwe Israel trotz allem treu geblieben ist, werden ihr Boas und sein Wirken in ihrer bangen Lage zum Zeichen der bleibenden Loyalität Gottes.

In Boas und seinem Wirken kommt die Loyalität Gottes zur Geltung, für die David und seine ewige Dynastie nach Ps 89,2–6 stehen. Das heißt im Blick auf die in der Rut-Erzählung vorausgesetzte Situation der Richterzeit, dass sich in seinem Handeln schon die Zuwendung Gottes zeigt, wie sie im Königtum erfahrbar sein soll. Aus der Perspektive der Erzählung liegt das aber noch in der Zukunft.

Aus der Perspektive der Entstehungszeit des Rutbuches, das derselben Situation angehört, aus der Ps 89 gesprochen ist – der Situation nach dem Ende des Königtums, in der die Loyalität Gottes zu David und durch David zu Israel aktuell nicht erfahrbar ist – können die Leser im Handeln von Davids Urgroßvater Boas etwas von der bleibenden Loyalität Gottes zu Israel erkennen, die nach den prophetischen Verheißungen, auf die das Buch anspielt, in der künftigen Herrschaft des Messias wieder aktuell erfahrbar sein wird. Boas ist damit als Typos des Messias zu verstehen.

---

303 Vgl. dazu oben S. 88 f.

Die Leser können sich wiederum mit Naomi (und mit den Betern von Ps 89,47 ff.) identifizieren und hoffen, dass es ihnen oder künftigen Generationen Israels gegeben sein wird, in den Segenswunsch Naomis aus Rt 2,20 einzustimmen.

5.3.1.3. Rt 3,9; Rt 2,12 und Ez 16,8

Die zweite Aussage der Rut, in der das Handeln des Boas mit dem Handeln Gottes identifiziert wird, ist die Bitte Rt 3,9 und damit die zentrale Aussage der Tennen-Szene: „Ich bin Rut, deine Magd, breite deinen Zipfel über deine Magd (וּפָרַשְׂתָּ כְנָפֶךָ עַל־אֲמָתְךָ), denn du bist Löser (גֹּאֵל)".

Die Formulierung פרשׂ כָּנָף עַל findet sich im Alten Testament sonst nur noch in Ez 16,8, im Rahmen einer Gottesrede, in der Jerusalem mit einem ausgesetzten Kind gleichgesetzt wird, das Gott gefunden und großgezogen hat. Als Jerusalem herangewachsen und die Zeit zum Werben gekommen ist,

> ging ich an dir vorüber (…), und ich breitete meinen Zipfel über dich (וָאֶפְרֹשׂ כְּנָפִי עָלַיִךְ) und bedeckte deine Blöße, und ich leistete dir einen Schwur, und ich ging mit dir einen Bund ein – Spruch Jahwes –, und du wurdest mein.

Der Sinn der Aktion ist derselbe, der in Rt 3,9 angestrebt wird: Gott breitet im Vorbergehen seinen Zipfel – gemeint ist offenbar der Gewandzipfel – über Jerusalem und schließt damit symbolisch den Ehebund mit ihm; nach Rt 3,9 soll Boas seinen Zipfel – den Zipfel der Decke, die Rut an seinem Fußende aufgedeckt hat – über Rut ausbreiten und symbolisch den Ehebund mit ihr schließen. Es kann davon ausgegangen werden, dass der schriftgelehrte Verfasser des Rutbuches die Formulierung פרשׂ כָּנָף עַל aus Ez 16 aufgenommen und der Tennen-Szene von Rt 3 angepasst hat.[304] Er legt damit Rut die Bitte in den Mund, Boas möge so mit ihr verfahren wie Jahwe in Ez 16 mit Jerusalem.

Dass das Wirken des Boas mit dem Jahwes zusammengesehen wird, wird durch eine Verbindung zwischen Rt 3,9 und 2,12 bestätigt, die ebenfalls über das Stichwort כָּנָף hergestellt wird: Nachdem Boas in 2,12 festgestellt hatte, dass Rut gekommen sei, um unter den Flügeln Jahwes

---

[304] So etwa auch Köhlmoos, ATD 9/3, 61 f.

(כְּנָפָיו) Zuflucht zu suchen, erscheint Ruts Bitte in 3,9, Boas möge seinen Zipfel (כְּנָפֶךָ[305]) über sie breiten, als Konkretisierung dieser Zufluchtsuche. Boas soll als Mittler von Jahwes Schutz wirksam werden: „L'aile protectrice de YHWH est, concrètement, l'aile / le pan de vêtement de Boaz".[306] Anders gesagt: Rut bittet Boas, „für sie die Rolle JHWHs einzunehmen und sie schützend und anerkennend unter seine Fittiche zu nehmen"[307]. Im Hebräischen ist diese Verbindung kaum zu übersehen; die Septuaginta schwächt sie ab, ohne sie jedoch ganz aufzuheben.[308]

Da Rut aber in Rt 3,9 um die Ehe bittet, wird über die Verbindungen zu Rt 2,12 und Ez 16,8 das Bildfeld „Hochzeit mit Gott" eingespielt.[309] Boas vertritt im Sinne des Bildfeldes den göttlichen Bräutigam, der Israel wiederherstellt, indem er seine Ehe mit dem Volk erneuert.[310] Dementsprechend dient die Eheschließung von Boas und Rut nicht allein dazu, dass Rut im Haus eines Ehemannes versorgt und abgesichert ist (1,9; 3,1), sondern auch dazu, der Familie Elimelechs einen Nachkommen zu zeugen. Naomi, dem Urbild Israels, das sich von Gott angegriffen und verbittert (1,13.20f.), vielleicht auch schon verlassen sieht, wird auf diesem Wege eine neue Zukunft eröffnet. Dass Boas durch die Stichwortverbindung zwischen Rt 2,12 und 3,9 sowie den Bezug zu Ez 16,8 erkennbar die

---

305 Zur Lesart vgl. oben Anm. 250.

306 Lacocque, CAT XVII, 98.

307 Köhlmoos, ATD 9/3, 62.

308 Die Septuaginta übersetzt כָּנָף in 2,12 mit πτέρυξ („Flügel") (ὑπὸ τὰς πτέρυγας αὐτοῦ), in 3,9 dagegen mit πτερύγιον, das „auch anderswo in der LXX Teile von menschlichen Bekleidungsstücken" bezeichnet, aber „niemals ein göttliches Attribut" ist. Dementsprechend verwendet die Septuaginta auch in Ez 16,8, wo es um den Gewandzipfel Gottes geht, πτέρυξ. Indem die Septuaginta aber „genau zwischen menschlichen und göttlichen Attributen" scheidet, kommt „nicht mehr der Aspekt zum Ausdruck, daß Ruts Zuflucht unter die Flügel YHWHs letztlich zur Bitte führt, Boas möge die ‚Flügel' seines Mantels über ihr ausbreiten" (die letzten Zitate in: Bons, BZ 42 [1998], 219). Da aber πτερύγιον ohne weiteres als Diminutiv von πτέρυξ erkennbar ist und beide Vokabeln nur an den genannten Stellen in der Septuaginta-Fassung des Rutbuches vorkommen, dürfte dieses Urteil zu hart sein: Der Aspekt, dass sich Ruts Bitte in 3,9 aus 2,12 ergibt, dürfte noch wahrgenommen werden, auch wenn im Griechischen keine exakte Stichwortverknüpfung mehr vorliegt.

309 Vgl. dazu oben S. 26.

310 Vgl. dazu oben Anm. 35.

Stelle des göttlichen Bräutigams vertritt, bedeutet wiederum nichts anderes als dass er als Typos des Messias gezeichnet ist, zumal der Messias auch in Ps 45 als Bräutigam dargestellt ist[311].

5.3.1.4. Boas als „Löser" (גֹּאֵל)

Rut begründet in 3,9 ihre Bitte um die Ehe damit, dass Boas „Löser" (גֹּאֵל) ist. In diesem Zusammenhang verwendet sie den Begriff in einem weiteren Sinn als es in den Gesetzestexten der Fall ist, die keine Verpflichtung des Lösers zu Eheschließung und Zeugung von Nachkommen vorsehen.[312]

Indem Rut Boas in 3,9 als „Löser" anspricht und über die Verbindungen zu Rt 2,12 und Ez 16,8 das von ihm erbetene Tun eng mit dem Wirken Jahwes verbindet, kommt die theologische Dimension des „Löser"-Begriffs in den Blick, die aus Deuterojesaja bekannt ist.

Schon Jepsen weist darauf hin, dass „dem menschlichen Goel Boas der göttliche Goel bei Deuterojesaja" entspricht[313], wobei interessant ist, dass Jahwe gerade im Zusammenhang der Befreiung Israels von der Schmach seiner Witwenschaft in Jes 54,4f. גֹּאֵל genannt wird. Von dort könnte also sowohl das Verständnis Naomis als Typos der Kollektiv-Witwe Israel als auch das des Boas als Typos des Messias beeinflusst sein. Nach Jes 54,4f. „findet die Witwe ihren goel, der sich ihrer erbarmt und ihr seine Treue erweist. So lesen sich diese Worte fast wie ein Kommentar zum Buche Ruth: Auch die völlig verlassene Witwe hat noch einen goel, der sich ihrer erbarmt und ihr seine Treue erweist"[314].

Nach Köhlmoos ist in Rt 3,9 „die juristisch-ethische Konnotation des ‚Lösens'" nicht mehr vom theologischen Begriff des „Erlösens" zu trennen, „die schon in Prv 23,11; Ps 72,14; 74,2 aufeinander transparent sind.

---

311 Dass der König von Ps 45 messianisch zu verstehen ist, steht außer Frage, da sonst nicht deutlich wäre, warum ein Lied zur Hochzeit des Königs im Psalter stehen sollte. Allerdings ist nicht eindeutig, wer unter der im Psalm genannten Braut zu verstehen ist: Israel bzw. die Tocher Zion oder eine nichtisraelitische Braut. Vgl. dazu unten S. 169f.

312 Vgl. dazu oben S. 116.

313 Jepsen, ThStKr 108 (1937/38), 426.

314 Jepsen, ThStKr 108 (1937/38), 427.

Bei DtJes kulminiert das besondere Verhältnis zwischen JHWH und Israel in dem Gottesepitheton ‚Erlöser' [= גֹּאֵל] (Jes 41,14; 43,14; 44,6; 48,17; 49,7f.26; 54,5 […]), das die Israel rettende und befreiend zugewandte Seite des königlichen und ewigen Gottes ist (Jes 44,6). Ruth hat dieser Rolle Boas' bereits vorgearbeitet durch ‚Du hat mich getröstet' (2,13). Trost und Erlösung gehören zusammen (Jes 52,9)"[315]. Daraus ergebe sich, „dass Boas für Ruth die Rolle JHWHs spielen soll, soweit das menschenmöglich ist".[316] Eine menschliche Figur, der zugetraut wird, die in dem Epitheton „Löser" ausgedrückte „rettende und befreiend zugewandte Seite" Gottes zu repräsentieren, hat aber unverkennbar messianische Züge. Wenn es sich wie bei Boas um die (fiktive) Figur einer fernen Vergangenheit handelt, kann sie als Typos des für die Zukunft erwarteten Messias bezeichnet werden.

Im Übrigen darf nicht vergessen werden, dass sich Rut in Ausführung des Plans der Naomi an Boas als Löser wendet. Auf der typologischen Bedeutungsebene betrachtet vermittelt sie damit die Bitte des unter dem Gericht und seinen Folgen leidenden Israel an seinen Löser. Als Löser wird Boas vordergründig wirksam, indem er den Feldanteil der Elimelech-Familie aufkauft und der Familie einen Nachkommen zeugt. Typologisch setzt er damit zwei Grundverheißungen in Kraft, die Gott Abraham gegeben hatte: Landbesitz und Nachkommenschaft (Gen 12,1f.7; 13,14–17; 15). Auch diese Umsetzung der Abrahamsverheißungen kann als messianischer Zug im Bilde des Boas gelten.

5.3.2. Boas und die Gerechtigkeit des Messias

5.3.2.1. Die Verbindung von Lösung und Leviratsverpflichtung

Aus der Zuordnung des Rutbuches zur schriftgelehrten Literatur, deren Handlung aus anderen biblischen Texten heraus entwickelt ist, hatte sich als Interpretationsvorgabe ergeben, bei rechtlichen Fragen nicht nach möglichen historischen Vorbildern oder einer pragmatischen Erklärung zu fragen, sondern das Vorgehen des Boas mit den Bestimmungen der

---

[315] Köhlmoos, ATD 9/3, 62f.

[316] Köhlmoos, ATD 9/3, 63.

kanonischen Gesetzestexte zu vergleichen und daran zu messen.[317] Rückgriffe auf konkrete Gesetzesbestimmungen sind in der Tat wahrscheinlich: So scheint die Torszene Rt 4,1–12 auf die Vorschrift zur Leviratsehe in Dtn 25,5–10 anzuspielen.

Boas verpflichtet den anderen Löser für den Fall, dass er den Feldanteil Elimelechs erwirbt, auch Rut, die Frau des Verstorbenen, zu „erwerben“ (קנה) (Rt 4,5). Dem Löser, der damit die Schwager- oder Leviratsehe eingehen soll, ohne tatsächlich Schwager zu sein, wird also die Verpflichtung auferlegt, nicht nur mit Rut ein Kind zu zeugen, sondern mit ihr tatsächlich die Ehe zu schließen. Das entspricht Dtn 25,5, wo der Schwager, dem die Leviratsverpflichtung obliegt, die Schwägerin zur Frau nehmen muss (לקח לְאִשָּׁה). In Gen 38 scheint dagegen die Verbindung von Levirat und tatsächlicher Eheschließung nicht vorausgesetzt zu sein: Juda fordert Onan in Gen 38,8 nur auf, zu Tamar zu gehen und die Leviratsverpflichtung zu erfüllen (יַבֵּם אֹתָהּ); dass er sie dauerhaft zur Ehefrau nehmen soll, ist nicht gesagt. Die Übereinstimmung zwischen Dtn 25 und Rt 4 reicht also tiefer, zumal neben der sachlichen Gemeinsamkeit, dass eine wirkliche Eheschließung im Blick ist, eine „auffällige Übereinstimmung der Formulierungen in Dtn 25,5–10 und Rt 4,5b und 4,10a“ besteht[318]. Die abweichende, durchaus merkwürdige Formulierung in Rt 4,5b, der andere Löser solle Rut „erwerben“, statt sie wie in Dtn 25,5 „zur Frau nehmen“, ist aus dem Kontext erklärbar: Unmittelbar zuvor, in 4,5a, war ja vom Erwerb des Feldanteils die Rede. Das Verbum קנה schließt somit die beiden Akte zusammen, die von dem Löser erwartet werden.

Die Zweckbestimmung „um den Namen des Verstorbenen auf seinem Erbteil zu erhalten (קום hiph.)“ aus 4,5 wird in 4,10 um die weitere Bestimmung „und nicht möge der Name des Verstorbenen aus der Gemeinschaft seiner Brüder und aus dem Tor seines Ortes ausgerottet werden (כרת niph.)“ ergänzt. In Dtn 25,6 lautet die Zweckbestimmung der Leviratsehe: „Und der Erstgeborene, den sie [= *die Schwägerin*] zur Welt bringt, wird auf dem Namen seines verstorbenen Bruders [*d. h. aus Sicht des Erstgeborenen: des verstorbenen Bruders seines leiblichen Vaters*] stehen (יָקוּם עַל־שֵׁם אָחִיו הַמֵּת), so dass dessen Name nicht aus Israel vertilgt wird (מחה niph.)“.

---

317 Vgl. dazu oben S. 60 f.

318 Witzenrath, Ruth, 302 (mit einer Übersicht).

Die Ähnlichkeit der Formulierungen fällt ins Auge. Unter den Abweichungen ist der Wechsel von מחה niph. zu כרת niph., jeweils mit dem Objekt שֵׁם („Name"), kaum von Bedeutung. Stärker ist die Abweichung bei der in Rt 4,5.10 gewählten Formulierung „um den Namen des Verstorbenen auf seinem Erbteil zu erhalten (קום hiph.)". Diese lässt sich aber als Verdeutlichung der Formulierung יָקוּם עַל־שֵׁם אָחִיו הַמֵּת aus Dtn 25,6 erklären[319], die wörtlich mit „auf dem Namen des verstorbenen Bruders stehen" zu übersetzen ist, aber soviel bedeutet wie „nach dem verstorbenen Bruder genannt werden"[320] oder „den Namen seines verstorbenen Bruders fortsetzen"[321].

Werden sachliche und sprachliche Übereinstimmungen und Abweichungen zwischen Rt 4 und Dtn 25 gegeneinander abgewogen, liegt der Schluss nahe, dass die Rut-Erzählung auf das Gesetz von Dtn 25,5–10 zurückgreift.[322] Demnach dürfte der Rut-Erzähler in Dtn 25,5–10 als einer für ihn schon kanonischen Bestimmung der Tora die Basisregelung der Leviratsinstitution gesehen haben.[323] Das Handeln, das Boas zugeschrieben wird, ist daher an dieser Bestimmung zu messen. Lässt man sich darauf ein, ist für das Verständnis seines Handelns unbedingt zu beachten, dass der in Dtn 25,5 eingeführte Fall – ein Mann muss die Frau seines verstorbenen Bruders zur Frau nehmen und mit ihr die Schwager- oder Leviratsehe vollziehen – in Rt 4 gar nicht vorliegt, da weder Boas noch der andere Löser in so enger verwandtschaftlicher Nähe zu Rut bzw. zur Elimelech-Familie stehen.

An Dtn 25,5–10 ist aber nicht nur das Handeln des Boas zu messen, sondern auch das des anderen Lösers.

Es scheint nämlich sinnvoll, auch die in 4,7 f. geschilderte Symbolik des Verhandlungsabschlusses im Licht von Dtn 25,5–10 zu verstehen. Die Symbolik besteht darin, dass der andere Löser den Verzicht auf den Kauf des Feldes und die Ehe mit Rut besiegelt, indem er seinen Schuh

---

319 So auch Braulik, Deuteronomium 124, der שֵׁם jedoch als Ausdruck des Rechtstitels versteht (unter Berufung auf R. Westbrook); vgl. dagegen Otto, Altersversorgung, 389 m. Anm. 122; auch ders., Recht, 263.

320 So Nielsen, HAT I/6, 230; 233.

321 So Otto, Dtn 12–34 II, 1819.

322 Vgl. dazu auch Zenger, ZBK.AT 8, 21.

323 Anders Otto, Recht, 263–266; ders., Altersversorgung, 390–393; ders., Dtn 12–34 II, 1850.

auszieht und – so darf V. 8 wohl entsprechend V. 7 ergänzt werden – Boas überreicht.[324] Das Vorgehen wird als Brauch eingeführt, der in Israel früher (לְפָנִים) bei Lösung und Tauschgeschäften als Bestätigung (תְּעוּדָה) üblich war.

Ob ein solcher Brauch tatsächlich bestand, ist erwägenswert: Es könnte sich um ein Ritual handeln, das von der Deutung des Schuhs als „Zeichen einer Besitznahme oder Besitzübergabe" ausgeht. Dafür könnte man sich auf Ps 60,10; 108,10 berufen, wo Gott die Inbesitznahme von Edom mit dem Satz umschreibt: „Auf Edom werfe ich meinen Schuh". Die Schuhübergabe wäre von daher als symbolischer Akt des Besitzverzichts verständlich[325]; im vorliegenden Fall konkret als Akt des „Verzicht[*s*] auf ein Rechtsgeschäft"[326], also des Verzichts auf Erwerb von Besitz. Kulturgeschichtliche und ethnographische Parallelen könnten die Existenz eines entsprechenden Brauches untermauern.[327] Wenn aber Dtn

---

324 Der hebräische Text sagt in V. 8 nur, dass der andere Löser den Schuh auszieht. Ein anderes Subjekt kommt für שָׁלַף in V. 8b nicht in Frage. Dass er Boas den Schuh überreicht, ist im Anschluss an V. 7 anzunehmen und wird von der Septuaginta hinzugesetzt. Anders Viberg, Symbols, 145–147, der V. 7 als Beschreibung eines reziproken Aktes versteht („men took off their sandals and gave them to each other"). Wenn das zutrifft, wäre tatsächlich zu beachten, dass in V. 8 nicht ausdrücklich gesagt ist, dass der andere Löser Boas den Schuh überreicht. Nach Viberg kommt darin zum Ausdruck, dass der andere Löser durch bloßes Ausziehen des Schuhs seinen Verzicht auf den Rechtsakt bekundet (a. a. O., 155). Diese Fragen sind aber für das Verständnis der Szene ohne echte Relevanz. Was deutlich werden soll, wird im Text deutlich: Der andere Löser verzichtet auf den Kauf des Feldes und auf die Ehe mit Rut; dazu zieht er seinen Schuh aus, ob er ihn nun Boas überreicht oder nicht. Dass er aber überhaupt den Schuh auszieht, verleiht der Szene im Licht von Dtn 25,5–10 Hintergründigkeit.

325 So Vuilleumier, ThZ 44 (1988), 200; vgl. auch Loretz, Gotteswort, 63; Zenger, ZBK.AT 8, 89 f.

326 Otto, Altersversorgung, 392; vgl. schon Viberg, Symbols, 155 (dazu aber auch oben Anm. 324).

327 Lachemann, JBL 56 (1937) weist darauf hin, dass Rechtstexte aus Nuzi in Verbindung mit Grundstückstransaktionen die Formulierung verwenden, dass der bisherige Besitzer seinen Fuß von seinem Eigentum erhebt und den Fuß des künftigen Besitzers daraufstellt; von diesen Formulierungen her werde der in Rt 4,7 f. genannte Brauch verständlich. Nach Sasson, Ruth, 144 ist Lachemanns Interpretation noch immer diskussionswürdig. Gunkel, Ruth, 81 weist auf „ähnliche Sitten (…) bei den Arabern, den Indern und den alten Germanen". Inwie-

25,5–10 ein wichtiger Referenztext für Rt 4,7 f. ist, erhält der Umstand, dass der andere Löser seinen Schuh auszieht, auch unabhängig von der Frage, inwiefern ein solcher Rechtsbrauch bestand, im Licht von Dtn 25,9 eine hintergründige Bedeutung.

Dtn 25,9 sieht als Strafe für eine verweigerte Leviratsehe vor, dass der, der seiner verwitweten Schwägerin den Vollzug der Leviratspflicht verweigert, von dieser öffentlich gedemütigt werden darf: Sie darf dem Schwager den Schuh ausziehen und ihm ins Gesicht spucken und auf diese Weise Schande über seine Familie bringen, die fortan „Haus dessen, dem der Schuh ausgezogen wurde" genannt werden soll. Auch wenn das Vokabular hier wie dort nicht übereinstimmt – in Dtn 25,9 wird das Ausziehen des Schuhs mit חלץ ausgedrückt, in Rt 4,7 f. mit שלף–, kann der mit Dtn 25 vertraute Leser in der Schilderung des Verzichts durch die Schuhübergabe eine scharfe Ablehnung der Haltung des anderen Lösers erkennen: Im Licht von Dtn 25,9 macht der andere Löser, indem er durch Ausziehen des Schuhs den Verzicht auf den Rückkauf des Feldes und die Heirat mit Rut besiegelt, sich selbst zu einem, „dem der Schuh ausgezogen wurde". Er spricht sich also selbst das demütigende Urteil. Dass die Erzählung dem anderen Löser keinen Namen gibt, wurde damit erklärt, dass er es nicht verdient hat, mit Namen genannt zu werden, weil ihm selbst ja nicht daran liegt, den Namen eines anderen aufrecht zu erhalten.[328] Das von Dtn 25,9 angeregte Verständnis des Schuh-Ausziehens als Selbstdemütigung bestätigt und vertieft diese Erklärung der Namenlosigkeit.

Gegen dieses Verständnis könnte allerdings eingewandt werden, dass das Schuh-Ausziehen als Brauch eingeführt wird, der „früher" praktiziert wurde (4,7). Es wird sogar vermutet, dass die Charaktieriserung als Brauch früherer Zeiten „offenbar eine Deutung von Dtn 25,9 her ausschließen" möchte[329]. Demgegenüber bleibt aber zu beachten, dass auf der Textoberfläche überhaupt kein Bezug zu der in Dtn 25,9 vorgesehenen Demütigungsstrafe vorliegen kann, weil der andere Löser ja kein

fern entsprechende Materialien tatsächlich etwas über den kulturgeschichtlichen Hintergrund von Rt 4,7 f. besagen, muss in der vorliegenden Arbeit nicht geprüft werden.

[328] Vgl. dazu oben S. 122.

[329] So Braulik, Deuteronomium, 123.

Schwager Ruts und daher im Sinne von Dtn 25,5–10 auch nicht verpflichtet ist, Rut zu heiraten und ihrem verstorbenen Mann Nachkommen zu zeugen. Dennoch wird der mit Dtn 25,5–10 vertraute Leser durch die erzählerische Einführung des Brauches, zur Bestätigung einer Lösung oder eines Tauschgeschäfts den Schuh auszuziehen und dem Gegenüber zu überreichen, an Dtn 25,9 erinnert und kann die Hintergründigkeit des Aktes wahrnehmen. Dass der Rut-Erzähler ihn als früher praktizierten Brauch einführt, kann unabhängig von der Frage, ob ein solcher Brauch je existierte, als Stilmittel gelten, das der Szene altertümliches Kolorit verleiht.

Während der andere Löser durch die Hintergründigkeit, die dem Schuhausziehen im Licht von Dtn 25,9 eignet, besonders schlecht aussieht, rücken die Bezüge zu Dtn 25,5–10 Boas in ein besonders helles Licht. Nach dem Buchstaben des Gesetzes wäre er genausowenig verpflichtet gewesen, Rut zu heiraten. Allerdings liegt im Schicksal Ruts und der Elimelech-Familie ein „Extremfall“ vor, weil „alle unmittelbar zum Levirat verpflichteten männlichen Personen“ gestorben sind. In dieser Extremsituation zeigt Boas’ Handeln, „daß die die unmittelbaren Familiengrenzen überschreitende gentile Solidarität auch eine derartige Notsituation überwinden hilft“[330]. Das Gesetz fordert nur Solidarität innerhalb der Familie; Boas’ Handeln geht darüber hinaus und zeigt damit, „daß sich Gerechtigkeit nicht in Legalität erschöpft“[331].

Indem aber Boas abweichend vom Buchstaben des Gesetzes die Heirat mit Rut als Pflicht einführt (4,5), zeigt sich ein souveräner Umgang mit Gesetz und Gerechtigkeit, der für das Verständnis der Boas-Figur wichtig ist. In der Fürsorge für unversorgte Witwen und in der Sorge um den unversehrten Erhalt Israels ist Boas Typos eines gerechten Königs[332] – sein Umgang mit dem Gesetz ist aber souveräner als der, den das deuteronomische Königsgesetz (Dtn 17,14–20) einfordert, wenn es den Herrscher zum intensiven Studium des Gesetzes verpflichtet und dazu,

330 Otto, Altersversorung, 390.

331 Gertz, Gerichtsorganisation, 203; zustimmend zitiert in: Braulik, Deuteronomium, 123. Anders als Braulik und die vorliegende Arbeit geht Gertz allerdings nicht davon aus, dass sich Rt 4 direkt auf Dtn 25,5–10 bezieht; vielmehr liege in beiden Texten wie in Gen 38 ein Bezug auf die Leviratsehe als „gewohnheitsrechtlich fest verankerte Institution“ vor.

332 Vgl. dazu oben S. 122f.

„alle Worte dieser Weisung und alle diese Satzungen" einzuhalten (Dtn 17,19). Boas' Umgang mit dem Gesetz entspricht auch nicht der Mahnung des sterbenden David an Salomo, die sachlich mit dem deuteronomischen Königsgesetz übereinstimmt: „Und halte die Verpflichtung deines Gottes Jahwe ein, dass du in seinen Wegen gehst und seine Satzungen, Gebote und Rechte und Zeugnisse einhältst wie sie geschrieben sind in der Weisung des Mose" (I Reg 2,3a). Anders als an diesen Stellen gefordert ist für Boas nicht der Wortlaut der Gesetzesbestimmungen Orientierungspunkt seines Handelns – aber doch die Ansprüche, die das Gesetz stellt. Indem er dem anderen Löser gegenüber die Verpflichtung zum Lösen mit der Verpflichtung verbindet, wie ein Schwager, der der Leviratsverpflichtung nachkommt, Rut zu heiraten, wahrt er die sozialen Ansprüche des Gesetzes, weitet sie aber in souveräner Weise aus und überbietet sie.[333]

5.3.2.2. *Die Erlaubnis zur Nachlese*

In die Richtung des souveränen Umgangs mit Gesetzesbestimmungen, die sich bei der Verbindung von Lösung und Leviratsverpflichtung zeigt, weist schon die Erlaubnis zur Nachlese, die Boas Rut in Rt 2 erteilt.

Die Nachlese ist zum einen in Lev 19,9 f.; 23,22 geregelt. Dort wird festgelegt, dass die Ränder der Felder unbeerntet bleiben sollen und der Besitzer keine Nachlese auf Feldern und in Weingärten durchführen soll. Das Nichtgeerntete soll für Arme und Fremdlinge übrigbleiben.

Zum anderen gehört die Bestimmung aus Dtn 24,19 hierher, nach der eine auf dem Feld vergessene Garbe (עֹמֶר) nicht geholt werden soll. Dabei ist vorausgesetzt, dass der Besitzer das Feld schon verlassen hat. Es heißt ausdrücklich, er solle nicht zurückkehren, um das Vergessene zu holen. Es soll für den Fremdling, die Waise und die Witwe übrigbleiben.

Das Stehenlassen der Feldränder aus Lev 19,9 f.; 23,22 ist in Rt 2 nicht im Blick, wohl aber fällt mehrfach das auch dort verwendete Stichwort לקט (qal / piel: „auflesen"; „einsammeln"). In Lev 19,9b.22aβ wird dem

333 Braulik, Deuteronomium, 121 f.: „Sicher ist, daß die Praxis von Rut 4 die Verpflichtungen des deuteronomischen Gesetzes ausweitet und damit seine sozialen Ansprüche überbietet".

Feldbesitzer die Nachlese verboten; in Rt 2,2.9 ist vorausgesetzt, dass Arme hinter Schnittern und Garbenbindern hergehen dürfen, um Nachlese zu halten. Dabei ist sicher vorausgesetzt, dass der Feldbesitzer selbst keine Nachlese hält. Während diese Übereinstimmung mit den Leviticus-Stellen nicht besonders charakteristisch ist, ist ein deutlicherer und offenbar intendierter Bezug zu der Bestimmung in Dtn 24,19 festzustellen, mit der Rt 2 das Stichwort עֹמֶר teilt (2,2.15).[334] Geht man diesem Bezug nach, fällt aber auf, dass Boas Rut keineswegs nur erlaubt, wie Dtn 24,19 vorsieht, Garben mitzunehmen, die auf dem Feld vergessen worden waren.

In 2,7 erfährt Boas von seinem Ernte-Aufseher, dass Rut auf sein Feld gekommen sei, um Ährenhalme nachzulesen und sie hinter den Erntearbeitern zu Garben zusammenzulegen, um sie, wie 2,17 zeigen wird, abends auszuklopfen.[335] Er gestattet ihr zunächst, hinter seinen Mägden herzugehen (2,8b.9aα). Da קצר nicht nur das Schneiden, sondern die Erntearbeit überhaupt bezeichnen kann[336], könnte die in 2,9aα gemeinte Aufgabe der Mägde darin bestehen, die Garben aufzulesen und „für den Transport vor[*zu*]bereiten".[337] Boas sagt allerdings, dass sich Rut an seine Mägde „hängen" (דבק), also nahe bei ihnen bleiben soll (2,8). Schon das

---

334 So auch Braulik, Deuteronomium, 118.

335 Die in 2,7 zitierte Bitte der Rut ist hier im Anschluss an Zenger, ZBK.AT 8, 55 wiedergegeben. Wichtig ist, dass וְאָסַפְתִּי בָעֳמָרִים nicht bedeutet, dass Rut von vornherein gebeten habe, „unter den Garben" lesen zu dürfen, was ihr erst „in V. 15 als besondere Gunst gewährt wird" (Rudolph, KAT XVII/1–3, 46 Textanm. 7b) Die von Rudolph vertretene Umpunktierung zu בַּעֲמִרִים („unter den Halmen") oder alternative Textänderungen (vgl. Hertzberg, ATD 9, 269; Gerleman, BK XVIII, 23 Textanm. n) sind daher unnötig. Zenger deutet das בְּ von בָעֳמָרִים (wie das von בַשִּׁבֳּלִים in 2,2) als „ב der Teilnahme" (so im Blick auf 2,2 auch Rudolph, a. a. O., Textanm. 2b). Damit hätte Rut nach 2,7 wörtlich gesagt: „Ich will am Sammeln der Garben teilnehmen" (Zenger, ebd.).

336 Das Partizip קוֹצֵר wird zwar üblicherweise mit „Schnitter" wiedergegeben, so in Ps 129,7 neben dem „Garbenbinder" מְעַמֵּר. Das Verbum bezeichnet aber allgemein Erntearbeiten. KAHAL, 509 s. v. קצר nennt Rt 2,9 neben vielen anderen als Beleg für die Bedeutung „die Fruchternte einbringen".

337 So Dalman, ASP III, 62. Dagegen nimmt Gunkel, Ruth, 72 an, dass die Mägde „hinter den Schnittern die Garben binden". Bei dieser Annahme ist aber zwischen Boas' Anweisungen in 2,8 f. und 2,15 f. kein so klarer Fortschritt mehr zu erkennen. Dieser ergibt sich aber, wenn Rut in 2,8 f. mit den Mägden gehen darf, die die Garben auflesen, während ihr in 2,15 erlaubt wird, schon zwischen den Garben zu lesen, die noch auf dem Feld liegen.

zeigt, dass er nicht im Sinne von Dtn 24,19 handelt: Er erlaubt ihr nicht nur, Garben zu nehmen, die die Erntearbeiter beim Verlassen des Feldes vergessen haben. Aber selbst dabei bleibt es nicht: Boas geht noch viel weiter.

In 2,15 weist er seine Knechte an, Rut auch zwischen den Garben sammeln zu lassen. Gemeint sind wohl die schon gebundenen Garben, die noch auf dem Feld liegen[338], so dass Rut Ährenhalme nehmen darf, die nicht in die Garben eingebunden sind, die aber von den Mägden beim Aufnehmen der Garben noch aufgelesen werden könnten. In 2,16 gibt er sogar die Anweisung, für Rut etwas aus den צְבָתִים herauszuziehen. Damit dürften die „Handbüschel" gemeint sein, Büschel von Getreidehalmen, die mit einer Hand zum Schneiden zusammengerauft und nach dem Schnitt für die Garbenbinder liegengelassen werden.[339] Boas' Anweisung bedeutet also, dass die Garbenbinder einige Halme aus den Büscheln nicht in die Garben einbinden, sondern für Rut liegen lassen sollen. Dieser Zug wirkt schon übertrieben[340] – gerade deshalb wird aber durch ihn das Wohlwollen des Boas besonders hervorgehoben.

Die Erlaubnis zum Ährenlesen, während die Knechte und Mägde des Boas noch auf dem Feld sind, vor allem aber die Anweisung zum bewussten Verzicht auf die Ähren, die aus den Handbüscheln herausgezogen werden, gehen weit über das hinaus, was in Dtn 24,19 vorgesehen ist. Von daher kann Rt 2 als „sozialkritische Neuinterpretation der Nachlese-

---

338 Vgl. dazu Dalman, ASP III, 46, der für das Nebeneinander von Schnitter (קוֹצֵר) und Garbenbinder (מְעַמֵּר) auf Ps 129,7 verweist.

339 Die Übersetzung „Handbüschel" für das Hapaxlegomenon צְבָתִים folgt Zenger, ZBK.AT 8, 52. Zum Verständnis der Vokabel, die etymologisch mit akkadisch *ṣabātu* („fassen", „festhalten") und arabisch *ḍabaṯa* („mit der Hand ergreifen") zusammenzustellen ist, vgl. Humbert, ZAW 62 (1950), 206 f., der zu dem Schluss kommt: „Par צְבָתִים il faut donc entendre exactement, dans Ruth 2,16: les ‚poignées d'épis tenus de la main gauche'", um mit der Rechten geschnitten zu werden. Auf die Erklärung von Humbert beruft sich G / D, 1100 s. v. צֶבֶת*.

340 Gunkel, Ruth, 73: „Dies ist fast eine Übertreibung des Erzählers zu nennen, über die ein rechter Bauer doch vielleicht etwas den Kopf schütteln würde". Schulz, HSAT II/4.5, 121 hebt diesen überzeichnenden Aspekt in anderer Weise hervor: Boas' Anweisung sei „eine Art kindlichen Betruges", den er gegen Rut ins Werk setzt, „wie es wohl Eltern mit ihren Kindern tun, wenn diese bei der Arbeit mithelfen wollen".

stimmung Dtn 24,19" bezeichnet werden.[341] Das kritische Moment liegt darin, dass sich Boas wie schon bei der Verbindung von Löserverpflichtung und Levirat auch hier nicht am Buchstaben des Gesetzes orientiert, aber am Sinn: Boas setzt den Anspruch der Gesetzesbestimmung um – er lässt für Benachteiligte etwas übrig –, seine Großzügigkeit überbeitet aber das, was das Gesetz verlangt, bei weitem. Das gilt umso mehr, als er die Bettlerin Rut insofern seinen Arbeitern gleichstellt, als er ihr gestattet, von dem zu trinken, was die Knechte schöpfen (2,9b). Er lädt sie sogar zum Mittagstisch ein, wo er ihr persönlich geröstetes Korn reicht (2,14).

Bis hierher wäre also festzuhalten, dass Boas Ansprüche des Gesetzes sehr ernstnimmt und radikal umsetzt, indem er in seinem Handeln über das hinausgeht, was der Buchstabe des Gesetzes fordert. Dabei bleibt es aber nicht: In seiner Fürsorge für Rut kommt auch ein Aspekt zur Geltung, der einer Bestimmung des Gesetzes widerspricht, weil Rut Moabiterin ist.

5.3.2.3. *Die Aufnahme einer Moabiterin in Israel*

Dass die sozialethischen Bestimmungen des Gesetzes für Rut eigentlich nicht gelten, deutet sich in 2,2 an. Es fällt auf, dass Rut mit dem Vorhaben, auf einem Feld Nachlese zu halten, kein Recht in Anspruch nehmen will. Sie will vielmehr bei dem Nachlese halten, vor dessen Augen sie Gnade findet. Die Fremdlinge, Waisen und Witwen, denen nach Dtn 24,19 die übriggebliebenen Ähren zugutekommen sollen, sind wohl „bodenbesitzlose Glieder der Dorfgemeinschaft"; auch „der גר [= *Fremdling*] gehört zu sozialen Spektrum der judäischen Bevölkerung"[342] – als Moabiterin gehört Rut nicht dazu[343]. Indem Boas ihr die Nachlese gestattet und sie bei der Versorgung seinen Arbeitern gleichstellt (2,9b.14), nimmt

341 Braulik, Deuteronomium, 118.

342 So Braulik, Deuteronomium, 118 f. m. Anm. 255.

343 So auch Köhlmoos, ATD 9/3, 29; vgl. auch Siquans, JBL 128 (2009), 446 f., wonach der rechtliche Status eines גֵּר einer Frau gar nicht zukommen kann. Ein Femininum des Wortes ist nicht belegt. Dass Boas sie wie einen גֵּר behandelt, indem er ihr das Recht zur Nachlese einräumt, ist der erste Schritt zu ihrer Integration in Bethlehem (a. a. O., 449).

er sie vorübergehend in die Ortsgemeinschaft auf. Er nimmt damit vorweg, was in der Eheschließung mit Rut endgültig sein wird.

Die Aufnahme Ruts in die Ortsgemeinschaft widerspricht aber der Bestimmung Dtn 23,4–7, nach der Ammoniter und Moabiter nicht in die „Gemeinde Jahwes" kommen dürfen, was mit anderen Worten bedeutet, dass sie nicht in das Volk Israel eintreten dürfen[344]. Die Bestimmung ist mit einer „Ewigkeitsklausel" versehen: Wenn es heißt, dass „auch nicht die zehnte Generation (von) ihnen in die Gemeinde Jahwes kommen soll für immer", zeigt der Zusatz „für immer (עַד־עוֹלָם)", dass die Rede von der zehnten Generation ein „prinzipielles, ‚ewiges' Aufnahmeverbot"[345] meint. Dass der Ausschluss der Ammoniter und Moabiter vom Volk Israel für alle künftigen Generationen gilt, zeigt auch der Schluss der Bestimmung: „Du sollst ihren Frieden und ihr Wohlergehen nicht suchen, solange du lebst, immerdar (23,7) "(לְעוֹלָם).

Hatte Boas' Fürsorge für Rut als Bettlerin im Vergleich zu den Nachlesebestimmungen in Lev 19,9 f.; 23,22 und in Dtn 24,19 und seine Verbindung der Löseverpflichtung mit der Leviratsverpflichtung den Ansprüchen des Gesetzes entsprochen, obwohl er über das hinausgeht, was das Gesetz konkret vorschreibt, so widerspricht die Aufnahme Ruts in die Ortsgemeinschaft und die Heirat mit ihr dem Buchstaben wie dem Geist des „Ammoniter- und Moabiterparagraphen" Dtn 23,4–7.

Die jüdische und die christliche Auslegungstradition hat dieses Problem schon in der Antike gesehen und durch eine streng wörtliche Auslegung von Dtn 23,4–7 zu lösen versucht. Danach gelte die Bestimmung nur für ammonitische und moabitische Männer, nicht aber für Frauen, so dass Rut gar nicht davon betroffen wäre.[346] Diese Auskunft wirkt jedoch wie eine nachträgliche Harmonisierung der Rut-Erzählung mit der

---

344 קְהַל יהוה bezeichnet im (nachexilischen) Sprachgebrauch von Dtn 23,2–9 das als religiöse Gemeinde vorgestellte Volk Israel, vgl. dazu Otto, Dtn 12–34 I, 1752. Nielsen, HAT I/6, 220 f. nimmt eine vorexilische Grundlage an, die die „heilige Versammlung" im Sinn der Rechtsgemeinde im Blick hat (vgl. Mi 2,5); seit der deuteronomischen Redaktion sei aber die „israelitisch-judäische Volksgemeinde" gemeint.

345 Otto, Dtn 12–34 I, 1736.

346 Zu Belegen aus der jüdischen Auslegungsgeschichte vgl. Targ Rt 2,11 (dazu auch unten S. 218), auch Zakovitch, Rut, 48 mit Verweis auf Mischna Jevamot 8,3. Für die christlichen Auslegungsgeschichte vgl. Augustinus, *Quaestiones in hepta-*

Gesetzesbestimmung. Außerdem wirkt sie inneralttestamentlich auch deshalb nicht plausibel, weil es nach Num 25,1 f. gerade die Frauen Moabs waren, die die Israeliten zum Götzendienst verführten; auch unter den Frauen Salomos, die den eigentlich weisen König zum Götzendienst verführten, waren Moabiterinnen (vgl. I Reg 11,1.7).[347]

Es kann also nicht zweifelhaft sein, dass die Aufnahme Ruts in Israel, die mit der Eheschließung von Boas und Rut vollendet wird, mit der Bestimmung von Dtn 23,4–7 unvereinbar ist. Das erlaubt den Schluss, dass das Rutbuch „für die ‚Abrogation' des Moabiterparagraphen im Gemeindegesetz" plädiert, und dass es zugleich gegen das „Verbot, Nichtisraelitinnen zu heiraten (Dtn 7,3)" gerichtet ist „wie es sich im Verständnis von Neh 13,1–3.25 und Esra 9,1–3 spiegelt"[348]. Dass sich das Rutbuch gegen die „Mischehenverbote" und ihre Durchsetzung, wie sie im Esra- und im Nehemiabuch geschildert ist, richtet[349], kann in der Exegese mittlerweile auf eine lange Tradition zurückblicken.[350] Dabei kann die Begründung für die Abrogation von Dtn 23,4–7 in der positiven Darstellung der Rut gesehen werden, die sich rückhaltlos Volk und Gott Naomis anschließt (1,16 f.) und später für ihre Schwiegermutter und den Erhalt

---

teuchum 5,35 = *Quaestiones Deuteronomii* 35. Den Hinweis auf Augustinus verdanke ich Reemts, EuA 75 (1999), 377.

347 Vgl. dazu auch Hausmann, Rut, 55: In den alttestamentlichen Äußerungen über Moab liege „der Ton (…) eindeutig auf der pejorativen Seite, zumal dann, wenn es um moabitische Frauen geht: Sie verstoßen vorwiegend gegen Normen bzw. leiten zum Verstoß gegen Normen an. Von daher bedeutet die Rede von Rut als Moabiterin für viele von vornherein eine Provokation".

348 Braulik, Deuteronomium, 126.

349 Vgl. dazu Zakovitch, Rut, 39 f.; Ebach, Fremde, 284; auch Köhlmoos, ATD 9/3, XIV: „Der Anlass des Ruthbuches ist einigermaßen klar zu benennen: Es handelt sich um die Frage nach der Legitimität der Ehen von Judäern mit Ausländerinnen, besonders Moabiterinnen, die in Esra und Nehemia verhandelt wird". Allerdings stimmt Köhlmoos, Kanon, 275 Braulik, Deuteronomium, 126 (vgl. im Haupttext) darin nicht zu, dass es dem Rutbuch v. a. um die Abrogation von Dtn 23,4–6 gehe, da dieser „Moabiterparagraph" „erst spät in der Ehefrage zum Einsatz" kommt (vgl. auch a. a. O., 270 f.).

350 Nach Jepsen, ThStKr 108 (1937/38), 416 f. geht diese Deutung v. a. auf A. Geigers Buch „Urschrift und Uebersetzungen der Bibel" aus dem Jahre 1857 zurück (vgl. die folgende Anm.), hat aber auch Vorläufer, etwa bei F. W. C. Umbreit. Zur Geschichte dieser Auslegungstradition vgl. auch Ebach, Fremde, 284 f. m. Anm. 31–33.

ihrer Familie sorgt. Ist es angesichts dieses Verhaltens nicht geraten, die radikale Ablehnung der Moabiter wenigstens abzuschwächen und zumindest im Einzelfall anders zu entscheiden?[351]

Dtn 23,4–7 gründet die ewige Ablehnung von Ammonitern und Moabitern darauf, dass diese Völker sich weigerten, Israel auf seinem Weg in das verheißene Land mit Brot und Wasser zu stärken, und dass die Moabiter Bileam engagierten, um Israel zu verfluchen. Das Rutbuch könnte dagegen schon mit der Darstellung von Elimelechs Emigration nach Moab für eine Relativierung dieser geschichtlichen Begründung plädieren. Elimelech und seine Familie scheinen in Moab eine völlig andere Erfahrung zu machen: Sie werden als Hungerflüchtlinge aufgenommen. Im Übrigen setzt Rut die moabitische Gastfreundschaft insofern später fort, als sie Naomi nicht nur von den gesammelten Ähren abgibt, sondern auch von dem Röstkorn, das ihr nach dem Mittagsmahl bei Boas übriggeblieben war (2,14.18).[352]

Sieht man in diesen Zügen der Erzählung Korrekturen des negativen Moabiterbildes von Dtn 23,4–7, sprechen auch sie dafür, dass es dem Buch Rut um vorurteilsfreie Offenheit gegenüber den Moabitern geht. Die Moabiter sollten nicht wegen des Verhaltens ihrer Vorfahren während des Exodus in ewige „Sippenhaft" genommen werden, vielmehr sollte Israel offen dafür sein, dass die Voraussetzungen, auf deren Grundlage Dtn 23,4–7 die Aufnahme von Moabitern in die Gemeinde Jahwes ausschließt, zumindest nicht für alle gelten. In dem Maß, in dem aber die Voraussetzungen entfallen, kann das ganze Gesetz fallen und das allgemeine Mischehenverbot von Dtn 7,3 gleich mit.

---

351 Nach Geiger, Urschrift, 52 lehrt das Rutbuch, dass unter den moabischen Frauen „wohl zu unterscheiden sei" zwischen denen, die wie Orpa „bald das Band mit Israel wieder lösen", und denen, die wie Rut „mit aller Hingebung und Uneigennützigkeit sich Israel anschließen und daher würdig sind, die Besten in Israel zu erzeugen". Der Verfasser warne damit angesichts der Mischehenfrage „seine Zeitgenossen stillschweigend, in ihrem Ausschließungseifer nicht zu schroff zu sein". Vgl. schon Umbreit, ThStKr 7 (1834), 308: „Zweck der Aufzeichnung des Buches" sei es, zu zeigen, „wie selbst eine Fremde aus dem Gebiete der verhaßten Moabiter (vergl. Jes 15 und 16; Jer 48) gewürdigt werden konnte, Stammmutter des großen Königs David zu werden, weil sie zum Gotte Israels ein unbedingtes Vertrauen bewiesen".

352 Vgl. dazu Braulik, Deuteronomium, 116 f.; auch de Villiers, ZAR 24 (2018), 314.

Diese Interpretation ist nicht nur sympathisch, sondern auch eine bleibend aktuelle Mahnung für den vorurteilsfreien Umgang mit Fremden, gerade mit Angehörigen ehemals verfeindeter Völker. Dennoch muss ihre Plausibilität im Rahmen einer historischen Exegese hinterfragt werden. So scheint es schon zweifelhaft, ob es das Anliegen der Erzählung trifft, wenn die Auswanderung Elimelechs nach Moab und das dortige Verbleiben der Familie unter dem Aspekt moabitischer Gastfreundschaft betrachtet wird. Da die Familie immerhin zehn Jahre in Moab lebt und sich die Söhne moabitische Frauen nehmen (1,4), wird man mit moabitischer Gastfreundschaft rechnen müssen, sofern man sich konkrete Vorstellungen über Aufnahme und Aufenthalt der Familie in Moab machen will.[353] Bleibt man aber streng beim Text, findet man dort keine moabitische Gastfreundschaft erwähnt, wohl aber, dass die Elimelech-Familie während des Aufenthalts in Moab von drei schweren Todesfällen heimgesucht wird: Alle Männer der Familie sterben (1,3.5), was Naomi als Strafe Jahwes versteht (1,13.20 f.). Damit ist Moab aber mit ganz anderen Assoziationen verbunden als mit denen von Gastfreundschaft. Die Auswanderung nach Moab ist vielmehr als „tödlicher Irrweg“[354] geschildert. Im Licht der Parallelen aus den Erzvätererzählungen (Gen 12,10–20; Gen 26,1–11) erscheint das Verlassen des verheißenen Landes als Ausdruck mangelnden Gottvertrauens; Elimelech macht für sich und seine Familie den Exodus rückgängig, und mit Moab sucht er sogar ein Land auf, das mit der Erinnerung an Feindseligkeit und Abgötterei verbunden war. Die drei Todesfälle werden daher als Strafe Gottes verständlich, wenn auch als besonders grausame. Damit dürfte das Motiv der Auswanderung nach Moab erschöpft sein: Moabitische Gastfreundschaft, auf die man sich berufen könnte, um Dtn 23,4–7 abzuschaffen oder zu relativieren, hat darin keinen Platz. Es bleibt aber das vorbildliche Verhalten Ruts, von dem das Buch ja tatsächlich erzählt und das dem negativen Moabbild widerspricht, mit dem die Bestimmung von Dtn 23,4–7 begründet ist.

---

353 So u. a. Loretz, Gotteswort, 47: „Erst mit der Gewährung des Gastrechts von seiten eines Moabiters war der für die damaligen Zeiten erforderliche Schutz im fremden Land gegeben“.

354 Zenger, ZBK.AT 8, 35.

Bevor man aber auf Grund der sehr positiven Darstellung Ruts der genannten Auslegungstradition zustimmt und das Buch als Abrogation von Dtn 23,4–7 versteht, bleibt zu fragen, ob zur Entstehungszeit des Buches Rut eine Bestimmung der bereits als kanonisch anerkannten Tora tatsächlich mit einer „aufgeklärten" Begründung aufgehoben werden konnte wie es die Ermahnung zu vorurteilsfreier Offenheit gegenüber den Moabitern, insbesondere zur sorgfältigen Unterscheidung zwischen den Verhaltensweisen moabitischer Frauen[355], ist. Wäre das Buch Rut eine europäische Schrift des 18.–20. Jh.s n. Chr., könnte aus der Darstellung der Rut und ihres vorbildlichen Handelns unproblematisch der Imperativ gefolgert werden, ein überkommenes negatives Moabiterbild zu überprüfen. Rut wäre dann eine Figur wie Lessings „Juden" oder „Nathan der Weise". Aber darf man sie als eine solche Figur verstehen, wenn es darum geht, das Rutbuch vor dem Hintergrund seiner spätpersischen bzw. hellenistischen Entstehungszeit zu verstehen? Hätte in dieser Zeit in hebräischkundigen schriftgelehrten Kreisen die Schilderung des vorbildlichen Verhaltens einer Moabiterin ausgereicht, um eine Bestimmung der Tora wie Dtn 23,4–7 außer Kraft zu setzen?

Immerhin geht der Rut-Erzähler offensichtlich davon aus, dass Dtn 23,4–7 für das von ihm geschilderte Geschehen keine Bedeutung mehr hat. Sonst müsste er die Heirat von Boas und Rut kritisch darstellen. Die Basis dafür dürfte aber nicht vorurteilsfreie Offenheit gegenüber Moabitern sein wie sie durch die positive Darstellung der Figur der Rut eingefordert wird. Vielmehr wird die Grundlage für das Übergehen des Ammoniter- und Moabiterparagraphen in dem bestehen, wofür die Figur der Rut im Horizont anderer biblischer Texte steht, also darin, dass Rut als Typos von Nichtisraeliten zu verstehen ist, die sich in der künftigen Heilszeit Israel anschließen werden.

Die auf prophetische Verheißungen gegründete Erwartung der Zuwendung anderer Völker zu Israel, die die Schilderung des Anschlusses Ruts an Israel typologisch vorwegnimmt, bietet aber eine wirkliche theologische Basis für die Relativierung der Bestimmung von Dtn 23,4–7. Die Erwartung geht ja davon aus, dass die Völkerwelt nicht von den Gegensätzen geprägt bleibt, die sie aktuell bestimmen und die in der Begrün-

---

[355] Vgl. dazu Geiger, Urschrift, 52; vollständiges Zitat oben Anm. 351.

dung von Dtn 23,5 vorausgesetzt sind. Weil gegen die totale, ewige Abgrenzung von alten Erbfeinden nicht nur die vorurteilsfreie Vernunft spricht, sondern weil es nach Gottes Verheißung dazu kommen wird, dass sich Angehörige anderer Völker, auch alte Feinde Israels, dem Volk und dem Gott Israels anschließen, kann und wird die göttliche Weisung von Dtn 23,4–7 entgegen ihrem Wortlaut nicht für immer (עַד־עוֹלָם) gelten. Indem im Anschluss Ruts an Naomi der Anschluss von Nichtisraeliten an Israel erzählerisch vorweggenommen wird, kann das Rutbuch „die Grenzen der Tora" überspringen[356]: In Vorwegnahme der künftigen Heilszeit kann die Heirat von Boas und Rut erzählt werden, ohne dass auf den Ammoniter- und Moabiterparagraphen von Dtn 23 Rücksicht zu nehmen wäre.

Diese Interpretation dürfte mit ihrer von prophetischen Verheißungen bestimmten Perspektive dem ursprünglichen Anliegen des Buches Rut eher gerecht werden als Auslegungen, die das Buch wie eine neuzeitliche Toleranzschrift behandeln – womit nicht bestritten sei, dass entsprechende Auslegungen als Aktualisierungen jenseits der Frage nach der ursprünglichen Intention durchaus ihren Wert haben.

Wenn aber die Eheschließung von Boas und Rut, die in der Richterzeit geschehen sein soll, als Vorwegnahme der künftigen Heilszeit verstanden wird, ist Boas auch von hier aus als Typos des Messias erkennbar, der in der prophetisch verheißenen Heilszeit Israel und die Völker unter seiner Herrschaft vereinen wird.

---

[356] So Köhlmoos, Kanon, 279. Köhlmoos arbeitet heraus, dass das Rutbuch bis Rt 2 „in der narrativen Anlage seines Plots (...) der Pentateuch-Erzählung mit den Stationen Väter – Exodus – Wüste – Sinai" folgt, „um dann in die konkrete Anwendung der am Sinai verkündeten Gebote auszumünden" (a. a. O., 275 mit Identifizierung der einzelnen Stationen). Indem von Rt 2 an (vgl. 2,20) aber die Löservorstellung wichtig wird, die auf Jahwe als Erlöser verweist und „außer von den Psalmen auch ganz massiv von Deuterojesaja" borgt (a. a. O., 277), kann Köhlmoos, a. a. O., 279 im Blick auf den an die Pentateuch-Erzählung angelehnten „Plot" feststellen: „Im entscheidenden Moment der Offenbarung überspringt das Ruthbuch die Grenzen der Tora und spricht die Sprache der Psalmen und Deuterojesajas, um JHWHs Gnade und Erlösung sachgemäß auszudrücken". Die oben vorgeschlagene Interpretation kann sich wohl als Fortführung der bei Köhlmoos angelegten Linie verstehen.

5.3.2.4. Zusammenfassung zu 5.3.2.

Zu Boas' Umgang mit dem Gesetz kann abschließend festgestellt werden, dass er sich in der Fürsorge für Naomi und Rut nicht am Buchstaben des Gesetzes, wohl aber an seinem Sinn orientiert, und dass er zugleich, indem er Rut in Israel aufnimmt, Dtn 23,4–7 unbeachtet lässt oder außer Kraft setzt.

Mit alledem zeigt sein Wirken insofern messianische Züge, als die messianischen Weissagungen dem künftigen Heilskönig ein weises und gerechtes Wesen zusprechen, kraft dessen seine Herrschaft des Friedens auf Recht (מִשְׁפָּט) und Gerechtigkeit (צְדָקָה) gegründet sein wird (Jes 9,6; vgl. Jer 23,5 f.; 33,14–16). Nach Jes 11,1–5 wird er vom Geist Jahwes mit fundamentalen Herrschertugenden begabt und damit zum idealen Richter. Anders als der ideale Herrscher nach Dtn 17,19; I Reg 2,3 muss dieser Heilskönig aber nicht mehr das Gesetz studieren, um zu wissen, wie zu entscheiden sei. Indem Boas mit den Gesetzesbestimmungen sehr souverän umgeht, hat sein Handeln etwas von dieser wesenhaften Gerechtigkeit des Messias.

5.3.3. Das Wirken des Boas im Licht messianischer Psalmen

Unter den in der alttestamentlichen Geschichtsdarstellung erwähnten Königen ist insbesondere Salomo von Gott mit der Gabe des Richtens begabt. Diese empfängt er in I Reg 3,1–15. Auf die Bitte um „ein hörendes Herz, um dein Volk zu richten und um gut und böse zu unterscheiden" (3,9) gewährt Gott Salomo ein „weises und verständiges Herz" (3,12) und verheißt ihm als Zugabe, worum er nicht gebeten hatte: Reichtum, Ehre und ein langes Leben (3,13a.14b). Gesetzesgehorsam war in dieser Gottesrede ursprünglich nicht erwähnt: Dass Salomo unter der Bedingung ein langes Leben haben soll, dass er wie sein Vater David die Satzungen und Gebote Gottes bewahrt (3,14a), ist späterer Zusatz.[357]

---

[357] Da der Gesetzesgehorsam in V. 14a erst nachträglich als Bedingung für die Erfüllung der Zusage Gottes genannt wird, schließt Noth, BK IX/1, 44, dass „eine solche [*Bedingung*] (…) ursprünglich (…) nicht vorgesehen war". Das gilt umso mehr als V. 14b an den ursprünglichen Bestand von V. 13 glatt anschließt, wozu

Das Bild Salomos als des Königs, der direkt von Gott mit Recht und Gerechtigkeit begabt ist, findet sich auch in Ps 72, der im Kontext des Psalters als Gebet des alten David „für Salomo“ (לִשְׁלֹמֹה; Ps 72,1)[358] zu verstehen ist: Voraus gehen zwei Psalmen (Pss 70; 71), die eng zusammengehören und durch die Überschrift in Ps 70,1 als Gebet Davids identifiziert sind[359], wobei durch Ps 71,9–11.17–18 gerade der alte David als Sprecher in den Blick kommt. Dass David auch als Sprecher von Ps 72 zu denken ist, wo er nun den Blick auf seinen Nachfolger lenkt, geht aus dem Kolophon in 72,20 („zu Ende sind die Bittgebete Davids, des Sohnes Isais“) hervor, der auch auf Ps 72 selbst zu beziehen ist.[360]

Der als Gebet *für* Salomo verstandene Ps 72 schildert Salomos Regentschaft als ideale Königsherrschaft, die schon im Horizont des hebräischen Psalters, dann aber verstärkt in der frühen Übersetzungs- und Wirkungsgeschichte als Urbild der Herrschaft des Messias galt[361]. Zu dieser für die messianische Zeit (wieder) erwarteten Ideal-Herrschaft gehört, dass Gott dem König מִשְׁפָּטִים gibt (72,1), womit „Rechtssprüche“[362] und

---

der Relativsatz in V. 13b abgesehen von dem abschließenden כָּל־יָמֶיךָ allerdings nicht gehöre. Folgt man Noths insgesamt plausiblen Schlussfolgerungen, lautet der ursprüngliche Bestand von I Reg 3,13.14*: „und auch das, was du nicht erbeten hast, gebe ich dir hiermit: sowohl Reichtum als auch Ehre alle deine Tage, und ich werde deine Tage lang sein lassen“.

358 Zu diesem von dem bekannten לְדָוִד „(ein Psalm) von David“ abweichenden Verständnis der Überschrift, vgl. Zenger in: Hossfeld / Zenger, Ps 51–100, 317. Schon Delitzsch, Psalmen, 479 erwägt dieses Verständnis unter Berufung auf Vorgänger im 19. Jh. Er verwirft es aber, weil das לְ der Psalmenüberschriften sonst immer „Ausdruck der Zugehörigkeit durch Autorschaft“ sei. Das Argument der Parallelenlosigkeit ist ernst zu nehmen, dennoch rechtfertigt der Kontext innerhalb des Psalters, in Ps 72,1 eine Abweichung vom üblichen Gebrauch von לְ zu unterstellen.

359 Vgl. dazu Zenger in: Hossfeld / Zenger, Ps 51–100, 300.

360 Vgl. Zenger in: Hossfeld / Zenger, Ps 51–100, 317.

361 Vgl. dazu Zenger in: Hossfeld / Zenger, Ps 51–100, 328–330; auch Ravasi, Salmi II, 463 f.

362 So Kraus, BK XV/2, 654, wenn auch noch unter Berufung auf die forschungsgeschichtlich überholte Vorstellung des im vorstaatlichen Stämmeverband wirkenden „Richters“ (a. a. O., 657). Da aber in Ps 72 nie die Rede davon ist, dass der König Bestimmungen einer schriftlich vorliegenden Tora anwendet, ist bei seinem Richten und Rechtsprechen an kluge Rechtssprüche zu denken, die der

nicht schriftlich fixierte „Rechtsvorschriften“[363] gemeint sein dürften. Auch gehört zur idealen Königsherrschaft, wie sie für die messianische Zeit erwartet wird, dass sie die ganze Welt umfasst (72,8): Ferne Könige sollen dem gerechten Herrscher Tribute bringen (72,10). Der gerechte König hilft den Armen, die sonst keinen Helfer haben (72,12). Indem er auch als Garant für die Fruchtbarkeit des Landes gilt, „verschmelzen Gesellschaft und Natur: Der ideale König vermittelt den Einklang beider Ebenen“[364], er wird mit einem fruchtbringenden Regen verglichen (72,6), das Getreide soll überreichlich wachsen im Land (72,16). Unter der Herrschaft des idealen Königs, schließlich des Messias, wird es „nicht bloß Fruchtbarkeit, sondern außerordentliche Fruchtbarkeit“[365] im Lande geben – die Menschen werden gut versorgt sein; Hungersnöte, wie sie im regenabhängigen Palästina stets gefürchtet waren, wird es nicht geben.

Manche Elemente dieser mit Salomo verbundenen Vision messianischer Herrschaft finden sich in dem wieder, was im Rutbuch Boas zugeschrieben wird.

Boas setzt in der Rechtsgemeinde in einer Weise Recht und Gerechtigkeit durch (Rt 4), die zwar nicht schriftlich fixierten Rechtsvorschriften folgt, aber auf seine besondere Begabung mit Gerechtigkeit zurückgeführt werden kann. Es geht wie in Ps 72,12 um Hilfe für Arme, die sonst keinen Helfer haben: Seit ihre Männer gestorben sind, haben Rut und Naomi keine männlichen Vertreter mehr. Boas zeigt sich dadurch bekümmert, während der andere Löser nur soweit zur Hilfe bereit ist wie sein eigenes Erbteil nicht geschädigt wird (Rt 4,6). Einen Gesetzesverstoß begeht er damit offensichtlich nicht – anders als Boas widmet er sich aber auch nicht der Hilfe für Arme, die über den Gesetzesbuchstaben hinaus gerecht ist.

Vor dem Hintergrund von Ps 72 wirkt schließlich die von Boas gewährte Versorgung mit Getreide als messianischer Zug. Zwar kann Boas

---

König direkt von Gott empfängt – es geht also um das Pendant zum „hörenden Herz“, um das Salomo in I Reg 3,9 bittet.

363 So aber Zenger in: Hossfeld / Zenger, Ps 51–100, 303; 319 (zu Abb. 1): „Ps 72 bittet dagegen JHWH, er selbst möge als göttlich-königlicher Gesetzgeber dem König die Gerechtigkeitsgesetze übergeben (offenbaren) und dazu das Charisma, diese Gesetze ‚nach Geist und Buchstabe‘ durchzuführen“.

364 Zenger in: Hossfeld / Zenger, Ps 51–100, 322.

365 Delitzsch, Psalmen, 484.

in der Prosaerzählung des Rutbuches nicht mit einem fruchtbringenden Regen verglichen werden wie es Ps 72 im Blick auf den idealen Herrscher der Fall ist. Dennoch versorgt Boas Rut und Naomi reichlich mit Nahrung: Nachdem er sich in Rt 2 weit über die Gesetzesbestimmung von Dtn 24,19 hinaus als großzügig erwiesen hatte, bringt Rut von seinem Feld etwa ein Epha Gerste mit nach Hause (2,17), dazu das Röstkorn, das von Boas' Gastfreundschaft beim Mittagsmahl übriggeblieben war (2,14.18); in 3,15, nach ihrem Bittgang auf die nächtliche Tenne, gibt Boas Rut sechs (Maß) Gerste (שֵׁשׁ שְׂעֹרִים) mit nach Hause.

Es ist schwer zu bestimmen, welche Mengen an Gerste man sich in 2,17 und 3,15 vorzustellen hat.

Zwar wird in 2,17 ein Maß genannt: „ungefähr ein Epha Gerste"; in der Literatur sind aber für das Hohlmaß Epha recht unterschiedliche Volumina angegeben[366], schon innerhalb des Alten Testaments ist „mit großen Schwankungsbreiten (…) zu rechnen"[367]. Aus dem Duktus der Erzählung ergibt sich, dass Rut durch die Großzügigkeit des Boas „eine erfreulich große Menge"[368] zusammenbekommen hat. Angesichts dessen rechnet man z. T. mit einem erstaunlich großen Tagesertrag, wobei die Umrechnungen naturgemäß schwanken.[369] Verzichet man auf die Umrechnung in moderne Maße und fragt nach Parallelaussagen, aus denen

366 Dalman, ASP III, 62 gibt für ein Epha „etwa 36,4 l = 21,83 kg" an. Strobel, Art. „Maße und Gewichte", in: BHH II, Sp. 1163 gibt Umrechnungen zwischen 22 und 36,44 l an. Zu verschiedenen Berechnungsgrundlagen vgl. Campbell, Ruth, 104 (zu 2,17).

367 Winkler, Art. „Maße / Gewichte (AT)" (1.3.1.3), wo allerdings für ein Epha (Efa) auch „ca. 20 l" angegeben ist.

368 Würthwein, HAT I/18, 15.

369 Nach Dalman, ASP III, 62 hatte Rut „am Abend des ersten Lesetages (…) beim Ausschlagen der gelesenen Gerste ein Epha, also die erstaunliche Menge von etwa 36,4 l = 21,34 kg gewonnen". Dalman folgen Rudolph, KAT XVII 1–3, 47 Textanm. 17a); 50; Gerleman, BK XVIII, 27; Köhlmoos, ATD 9/3, 46 (unter Berufung auf Rudolph). Mit einem erstaunlich großen Ertrag rechnen aber auch Zenger, ZBK.AT 8, 58 f.; Zakovitch, Rut, 124; Fischer, Rut, 184 mit jeweils unterschiedlichen Maßangaben. Gunkel, Ruth, 73 f. gibt „fast 36 Liter" an und malt sich aus wie Rut diese Menge nach Hause trägt: „Das ist für eine so arme Frau eine sehr große, ja ungeheure Menge! Man bemerke noch, daß sie dies alles tragen kann; sie wird also als ein stämmiges junges Weib vorgestellt, eine tüchtige Bauersfrau".

sich eine gewisse Mengenvorstellung gewinnen lassen könnte, bieten sich aus dem Kontext, in dem sich das Rutbuch selbst verortet, also dem Kontext der alttestamentlichen Geschichtsschreibung, Jdc 6,19; I Sam 1,24 und I Sam 17,17f. als Parallelaussagen an. Was dort als „Epha" bezeichnet wird, dürfte allerdings keine allzu große Menge sein[370]: Ein Epha Mehl bzw. Brote, die von einem Epha Mehl gebacken sind, werden in Verbindung mit einer Opfergabe (Jdc 6,19; I Sam 1,24) erwähnt, ein Epha geröstete Körner als Teil des Proviants für Davids Brüder (I Sam 17,17). Versteht man das Epha Gerste in Rt 2,17 von diesen Stellen her, scheint das Korn, das Rut nach Hause bringt, auszureichen, um Brot für eine großzügige Mahlzeit nach Art der Opfergaben in Jdc 6,19; I Sam 1,24 zu backen. Es ist immerhin so viel wie das Röstkorn, das Teil des Proviants ist, den Isai seinen drei ältesten Söhnen ins Feld schickt (I Sam 17,17). Nun verfügen Rut und Naomi sicher nur über wenige weitere Nahrungsmittel – ein Ziegenböckchen (Jdc 6,19) haben sie gewiss nicht, erst recht keinen dreijährigen Stier (I Sam 1,24)[371] –, ein Festmahl werden sie also nicht feiern können. Aber reichlich versorgt sind sie sicher.

Bei den sechs Maß Gerste von 3,15 ist keine Einheit angegeben. Der von 2,17 herkommende Leser wird aber auch hier an Epha denken. Die pragmatische Frage, ob Rut eine sechs Epha umfassende Menge überhaupt tragen könnte, stellt sich nicht, zumal auch hier jede Antwort von den Schwankungsbreiten in der Bestimmung des Volumens mitbestimmt wäre.[372] Der Text sagt aber, dass Rut von Boas an dieser Stelle das Sechsfache der Menge erhält, die sie in 2,17 mit nach Hause genommen hatte. In dieser Steigerung spiegelt sich die veränderte Situation: Boas ist nicht mehr nur Feldbesitzer, der Rut das Ährenlesen erlaubt und sie darüber hinaus großzügig bewirtet – er hat ihr jetzt versprochen, als Löser tätig zu werden und die Ehe mit ihr einzugehen, sofern der andere Löser dazu

---

370 So Winkler, Art. „Maße / Gewichte (AT)" (1.3.1.3).

371 Statt שְׁלֹשָׁה ist im Anschluss an Qumran und die Septuaginta מְשֻׁלָּשׁ „ein dreijähriger Stier" zu lesen, vgl. dazu auch Stoebe, KAT VIII/1, 99 Textanm. 24a).

372 Nach Rudolph, KAT XVII 1–3, 56 Textanm. 15e) wären sechs Epha zu schwer; allerdings setzt er ein Epha von 36,4 l = 21,840 kg voraus, also die größtmögliche Umrechnungsalternative. Natürlich kann Rut nicht mehr als 130 kg tragen. Wenn aber wie in 2,17 von den Parallelen Jdc 6,19; I Sam 1,24; 17,17 ausgegangen wird, dürfte eine kleinere Menge gemeint sein (Winkler, Art. „Maße / Gewichte (AT)" [1.3.1.3]).

nicht bereit ist (3,11–13). So wird durch die sechs Maß Gerste illustriert, dass Boas sich nun als noch großzügiger erweist als schon bisher.

Dass Boas die Moabiterin Rut zur Frau nimmt und damit den „Ammoniter- und Moabiterparagraphen“ Dtn 23,4–7 übertritt, kann im Licht von Ps 72 und anderer messianischer Texte insofern als messianischer Zug wahrgenommen werden, als zum Bild des Messias die Herrschaft über die ganze Welt gehört. Die Abgrenzung zwischen Israel und anderen Völkern wie sie in Dtn 23,4–7 festgeschrieben ist, hat damit keine Grundlage mehr. Besonders interessant dürfte in diesem Zusammenhang Ps 45 sein, dessen Aufnahme in den Psalter das messianische Verständnis voraussetzt[373], das sich auch in der neutestamentlichen Rezeption spiegelt[374].

Als messianischer Text verstanden spricht Ps 45 in die Situation der Hochzeit des Königs, also des Messias, mit einer jungen Frau (בַּת).[375] In diesem Zusammenhang wird die Braut aufgefordert, ihr Volk und das Haus ihres Vaters zu vergessen (45,11). Dabei ist nicht eindeutig zu beantworten, wer im messianischen Verständnis des Psalms an dieser Stelle als Braut gilt und was die Aufforderung, ihre Herkunft zu vergessen, konkret bedeutet.

Wenn in 45,11 Zion als Braut angesprochen ist, bedeutet die Aufforderung, dass sie ihre „nichtisraelitische Herkunft (vgl. Ez 16,3.45, aber auch Gen 12,1) und ‚die Schande ihrer Jugend‘ (vgl. Jes 54,4), ‚vergessen‘, d. h. hinter sich lassen soll“, dass sie durch die Heirat mit dem messianischen König nach Untergang, Exil und Marginalisierung zu neuen Ehren kommt.[376] In Ps 45 ist dann, ganz auf der Linie von Jes 54,4 f.,

---

373 Nach Delitzsch, Psalmen, 332 ist Ps 45 ursprünglich ein „Gelegenheitsgedicht“ zur Hochzeit eines Königs aus dem davidischen Geschlecht (er denkt an Joram von Juda; a. a. O., 333 f.); die Aufnahme in den Kanon sei aber ohne Voraussetzung des messianischen Verständnisses „unerklärlich“. Vgl. auch Zenger in: Hossfeld / Zenger, Psalmen I (NEB), 279; nach Ravasi, Salmi I, 800 f., könnte der Psalm ursprünglich ein Gedicht zur Hochzeit von Ahab und Isebel gewesen sein, das in nachexilischer Zeit eine messianische „rilettura“ erfuhr.

374 Vgl. das Zitat aus Ps 45,7 f. als an Christus gerichtetes Wort in Hebr 1,8 f.

375 Inwiefern der Psalm eine ursprüngliche literarische Einheit ist oder ob gerade die interessanten VV. 11–16 einen Nachtrag bilden (vgl. dazu Zenger in: Hossfeld / Zenger, Psalmen I (NEB), 278 f.), kann an dieser Stelle offenbleiben.

376 So Zenger in: Hossfeld / Zenger, Psalmen I (NEB), 283.

von der Wiederherstellung Israels im Bild der Hochzeit mit Gott die Rede. Die Rolle des göttlichen Bräutigams kommt dabei dem Messias zu, der hier, wie auch sonst, als eng mit Gott verbunden gilt und in Ps 45,8 sogar als „Gott" angeredet wird.

Die Aufforderung, Volk und Familie („Haus des Vaters") zu verlassen (Ps 45,11), kann aber auch – auf den ersten Blick vielleicht sogar noch eher – an eine Braut aus einem fremden Land gerichtet sein. In Frage kommt die in Ps 45,13 erwähnte „Tochter Tyros", möglich ist aber auch die Identifikation mit einer anderen fremden Braut.[377] Bei diesem Ansatz wird die Braut auf ihre Herkunft aus einem anderen Land angesprochen und aufgefordert, „diese, ihr Volk und ihre Familie, zu vergessen"[378]. Im Hintergrund steht das Bild, dass der Messias nicht nur Israel „heiratet", sondern auch andere Völker in sein Friedensreich einbezieht.

Es schließt sich aber nicht aus, die Braut von Ps 45 mit Zion oder mit einer nichtisraelitischen Größe zu identifizieren. Bei der zweiten Alternative bestehen aber Parallelen zwischen der ausländischen Braut von Ps 45 und Rut. Die Braut aus fremdem Land soll ihre Herkunft vergessen (Ps 45,11), was auch eine religiöse Dimension umfasst[379] – genau das tut Rut

---

377 Wenn Tyros die Braut sein soll, ist „Tochter (von) Tyros" zu Beginn von Ps 45,13 als Vokativ aufzufassen, vgl. Seybold, HAT I / 15, 184; 187 f. Schon in V. 11 wäre Tyros angeredet. Versteht man V. 11 dagegen als Anrede an die Tochter Zion, ist „Tochter (von) Tyros" in V. 13 als Subjekt zum Prädikat יְחַלּוּ zu verstehen. Logisches Subjekt sind dann die Menschen von Tyros, die mit Geschenken die Gunst der Braut zu gewinnen suchen, vgl. dazu Delitzsch, Psalmen, 342; auch Zenger in: Hossfeld / Zenger, Psalmen I (NEB), 283. Wird in V. 13 nicht zu, sondern über die Tochter von Tyros geredet, bedeutet das allerdings noch nicht, dass in V. 11 Zion angeredet ist. Es bleibt die Möglichkeit, dass eine Braut aus einem anderen fremden Land angesprochen ist.

378 So Seybold, HAT I / 15, 187.

379 Ravasi, Salmi I, 800 neigt zu der von ihm selbst als spekulativ bezeichneten Ansicht, dass Ps 45 ursprünglich als Hochzeitslied für Ahab und Isebel entstand. Vor diesem Hintergrund ist aber in V. 11 ganz konkret gemeint, dass die tyrische Prinzessin Volk und Familie vergessen soll, wobei das Verbum „vergessen" (שׁכח) auch eine religiöse Konnotation hat (Dtn 8,14.19 negativ vom „Vergessen" Jahwes im Sinne von Apostasie). Die Aufforderung im Psalm bedeutet dann, dass die ausländische Braut die Verehrung der Götter ihrer Heimat aufgibt und sich der Verehrung Jahwes zuwendet (vgl. dazu Ravasi, a. a. O., 815). Nun wird man historisch mit guten Gründen bezweifeln, dass Isebel im 9. Jh. bei ihrer Hochzeit mit Ahab aufgefordert wurde, von ihren phönizischen Göttern zum Gott Israels

aber: Sie kehrt nicht zu ihrem Volk und ihren Göttern zurück (1,14), sondern verlässt ihren Vater, ihre Mutter und das Land ihrer Verwandtschaft (2,11).

Die motivlichen Übereinstimmungen zwischen den Pss 45; 72 und dem Rutbuch zeigen ein weiteres Mal, dass Boas auf Grund seines Handelns als Typos des Messias verstanden werden kann. Zugleich unterstützt Ps 45, wenn man an eine nichtisraelitische Braut denkt, dass Rut als Typos der anderen Völker gelten kann, die der Messias mit unter seine Friedensherrschaft nimmt.

Allerdings bleibt anzumerken, dass die Übereinstimmungen mit den Psalmen nur auf der inhaltlichen Ebene auszumachen, also nicht durch sprachliche Übereinstimmungen abgesichert sind. Da aber an anderen Stellen Verbindungen zu prophetischen Texten vorliegen, die durch sprachliche Anklänge erkennbar sind – die Anspielung auf Jes 40,1 in Rt 2,10 und die auf Ez 16,8 in Rt 3,9 –, kann davon ausgegangen werden, dass dem Rut-Erzähler auch die messianische Motivik der Pss 45; 72 bekannt war und das er auch sie in seine Erzählung einfließen ließ.

---

zu konvertieren. Im Rahmen eines messianischen Verständnisses des Psalms ist es jedoch sinnvoll, die Aufforderung auch religiös zu verstehen.

6. Das Buch Rut als Teil der alttestamentlichen Geschichtsdarstellung

Die Einsichten zum Verständnis des Buches Rut, die in den beiden vorhergehenden Kapiteln gewonnen wurden, sind nun unter Berücksichtigung des Ortes zusammenzufassen, den das Buch selbst innerhalb der alttestamentlichen Geschichtsdarstellung beansprucht.

6.1. Jdc 17–21 als Vorbereitung der Rut-Erzählung

Nach Y. Zakovitch wirken die Schlusskapitel des Richterbuches wie „eine Art Prolog des Buches Rut".[380] Wenn Rut zwischen dem Richterbuch und dem Ersten Samuelbuch steht, lassen sich die Erzählungen aus Jdc 17–21 tatsächlich als Vorbereitung der Rut-Erzählung verstehen. Diese Erzählungen schildern die königslose Zeit, in der „anarchisches Chaos" herrscht[381]: Gottesbilder werden hergestellt, aber auch geraubt (Jdc 17 f.), friedliche Städte werden überfallen und niedergebrannt (Jdc 18,27), die Bewohner der Stadt Gibea schließen sich zu einem sexuell motivierten Bruch des Gastrechts zusammen und vergewaltigen eine Frau eine ganze Nacht hindurch, das Opfer stirbt an den Folgen (Jdc 19,22–28). Dabei empört vor allem die Schutzlosigkeit der Gequälten, die der eigene Ehemann unter dem Druck des Mobs und auf Vorschlag seines Gastgebers preisgibt (19,24 f.).[382] In dieser noch königslosen Zeit eröffnet die Stammessolidarität den Benjaminiten einen Rechts- und Schutzraum, der angesichts einer fehlenden Zentralgewalt von besonderer Bedeutung ist.

---

380 Zakovitch, Ruth, 32.

381 Fischer, Rut, 109: „In den letzten Kapiteln des Richterbuches wird gezeigt, welch anarchisches Chaos ohne einen König entstehen kann".

382 Nach Fischer, Rut, 109 zeigen die letzten Kapitel des Richterbuches „wie sich der rechtsignorante Zustand in besonderer Weise auf Frauen auswirkt". Sie führt anschließend einige Beobachtungen dazu auf, wie das Buch Rut „durch den unmittelbaren Anschluß an das Richterbuch (...) zu einer Kontrastgeschichte zur Erzählung von dem Sexualmord an der Frau des Leviten (Ri 19 f.)" wird.

Gerade diese Stammessolidarität lässt aber keine abgewogene Sühne der Schandtat von Gibea zu (20,13), so dass es zu einem vernichtenden Krieg der übrigen Israeliten gegen Benjamin kommt. Mit diesem Krieg begeht Israel eine Art Selbstverstümmelung, die nur durch weitere Gewaltanwendung wiedergutgemacht werden kann (Jdc 21).

In Jdc 17–21 wird mehrfach darauf hingewiesen, dass es zu dieser Zeit (noch) keinen König gab (17,6; 18,1; 19,1; 21,25); zweimal ist als Konsequenz genannt, dass jeder tat, was er selbst für richtig hielt (17,6; 21,25). Das Fehlen eines Königtums, das Recht und Frieden durchsetzt, wird also beklagt; zugleich deutet sich aber in Jdc 17–21 an, dass es auch ein verwerfliches Königtum geben kann, das nicht nur diesen Zweck verfehlt, sondern das womöglich sogar das eigene Volk ins Verderben stürzt.[383] So ist in der Geschichte des Raubes von Michas Gottesbild durch die Daniten, die es zu ihrem eigenen Kultbild machen (Jdc 18), ein Typos der Kultgründung Jerobeams I. in Dan zu erkennen, also ein Urbild der für Israel verderblichen „Sünde Jerobeams" (I Reg 12,26–30; II Reg 17,16.22 f.).

Die literarisch nicht einheitliche Mitteilung über die Aufstellung des Gottesbildes und seine Priesterschaft in Jdc 18,30 f.[384] besagt, dass die von Moses Sohn Gersom[385] abstammende Priesterschaft bis zur Exilierung

383 Zum Folgenden vgl. schon Auberlen, ThStKr 33 (1860), 545–559.

384 Die Einführung des Mose-Enkels Jonathan und seiner Nachkommen bzw. die Identifizierung des zuvor namenlosen Leviten mit diesem Mose-Enkel dürfte ein Zusatz sein. Mit dieser Annahme erklärt sich zum einen die überraschende Erwähnung des Mose-Enkels, zugleich lässt sich die Doppelung 18,30a und 18,31a auflösen, wo beide Male erzählt wird, dass die Daniten das Kultbild Michas für sich aufrichteten. Ob V. 30a Teil des Zusatzes ist oder zum älteren Text gehört, so dass V. 31a als Wiederaufnahme zu erklären wäre, kann dahingestellt bleiben. Zur Analyse vgl. auch Groß, Richter, 763, schon Wellhausen, Composition, 228.

385 Die Lesart מֹשֶׁה ist zweifellos ursprünglich, während מְנַשֶּׁה als religiös motivierte Änderung zu erklären ist (daher teilweise mit נ *suspensum* geschrieben, vgl. dazu A. A. Fischer, Text, 28 f.), die der Verbindung des Mose mit der Priesterfamilie eines illegitimen Heiligtums entgegenwirkt. Der ursprüngliche Text mutet dem Leser aber zu, „daß bereits in der zweiten Generation nach Mose die diesem entstammende Priesterschaft dem verderblichen Bilderkult anheim gefallen ist" (Groß, Richter, 793). Der korrigierte Name „Manasse" zielt vielleicht auf den gleichnamigen Stamm, erinnert aber auch an den götzendienerischen König

des Landes, also bis zum Ende des Nordreiches Israel, in Dan tätig war (18,30), während das Kultbild offenbar nur so lange dort stand wie auch der Tempel von Silo (18,31) existierte.

Silo war nach I Sam 1–3 das zentrale Heiligtum des vorstaatlichen Israel. Man wusste, dass Jahwe an ihm ein vernichtendes Gericht vollzogen hatte (Jer 7,12; Ps 78,60). Indem das Kultbild von Dan in 18,31 mit dem Tempel von Silo, der „Chiffre für ein von JHWH vernichtetes Heiligtum“[386], in Verbindung gebracht wird, unterstreicht dieser letzte Satz der Geschichte die Illegitimität des Kultes von Dan.

Anders als beim Kultbild wird bei der priesterlichen Familie eine Kontinuität zwischen der danitischen Kultgründung in der Richterzeit und dem von Jerobeam initiierten Reichsheiligtum in Dan angedeutet. Zwar heißt es in 18,30, dass Jonatan, der Sohn Gersoms, und seine Söhne „Priester für den Stamm der Daniter“ waren; da sie aber „bis zu dem Tag“ in Dan amtiert haben sollen, „an dem das Land in die Verbannung ging“, wird man ihren Dienst nicht von dem am dortigen, durch Jerobeam gegründeten Reichsheiligtum trennen wollen. Das gilt umso mehr als Jdc 18,31 die Vorstellung ermöglicht, dass Jerobeams Stierbild (I Reg 12,28–30) das Kultbild des Micha ersetzte, nachdem dieses schon zu der Zeit verschwunden war, in der auch der Tempel von Silo unterging. Eine Kombination von Jdc 18,30 f. und I Reg 12,28–30 erweckt die Vorstellung, dass der von Jerobeam begründete Reichskult in Dan von der dort bereits ansässigen, von Mose abstammenden Priesterschaft gepflegt wurde, deren priesterlicher Dienst aber mit der Pflege eines geraubten Gottes- oder, dem Sinn des Textes eher entsprechend: eines Götzenbildes begann.[387] Damit fällt aber von Jdc 18 her ein Schatten auf die Kultstif-

Manasse von Juda (II Reg 21,1–18). So ist „Mose“ nach dem Talmudtraktat Baba Bathra 109b die ursprüngliche Lesart. Jonathan stamme also tatsächlich von Moses Sohn Gersom ab. Der biblische Text schreibe ihm aber die Abstammung von Manasse zu, weil er als Priester eines Götzenbildes böse gehandelt habe wie der König Manasse.

386 Groß, Richter, 792.

387 Damit ist nur das Bild beschrieben, das sich bei der Lektüre der biblischen Geschichtsbücher ergibt. Bei einer historischen Auswertung der Kombination von Jdc 17 f. und I Reg 12 könnten sich Schlussfolgerungen ergeben, wie sie schon von Bertheau, KEH 6, 255 f. vorgetragen werden. In Dan wäre dann tatsächlich ein „Bild des Micha“ verehrt worden, das aber „seine Bedeutung dadurch verlor,

tung Jerobeams: Als Antitypos der Kultstiftung der Daniter, aber auch auf Grund der personellen Kontinuität der Priesterfamilie gerät Jerobeams Kultgründung in das Licht der anarchischen Zeit, in der es noch keinen König gab (Jdc 17,6; 18,1; 19,1; 21,25). Sie erscheint damit als Perversion des religiösen Mittleramtes, das dem König obliegt: Unter Jerobeam werden im Blick auf den Kult anarchische Zustände der vorköniglichen Zeit fortgeschrieben und durch die Erhebung zum Reichskult besonders sanktioniert.

Aber nicht nur auf die Kultgründung Jerobeams I. fällt von Jdc 17–21 her ein schlechtes Licht, sondern auch auf die Herkunft Sauls. Dem Leser

---

dass Jerobeam ein kostbares Gottesbild in der Gestalt eines Stieres in Dan aufstellen liess. Die Nachkommen des Jonatan hatten fortwährend das Priesteramt verwaltet bei dem Cultus in Dan und konnten bei der Neugestaltung desselben durch Jerobeam im Amte bleiben, da (…) der Partikular-Cultus des Stammes Dan zu einem Cultus der nördlichen Theile des Reiches des Jerobeam erweitert wurde". Zu ergänzen wäre, dass die genealogische Verbindung der Priesterfamilie von Dan mit Moses Sohn Gersom eine Konstruktion sein könnte, die mit der Übernahme der Familie in den Reichskult zusammenhing, da die Erinnerung an den Exodus eine oder gar die zentrale Tradition dieses Kultes bildete (I Reg 12,28). Diese Konstruktion ergibt ein in sich schlüssiges Bild. Sie beruht aber auf einer sehr konservativen Auswertung der biblischen Quellen. Sie setzt zum einen voraus, dass Grundtext und Ergänzung innerhalb von Jdc 18,30f. (vgl. dazu oben Anm. 384) historisch auswertbare Erinnerungen enthalten, zum anderen aber und noch grundlegender, dass Jerobeam I. tatsächlich einen Reichskult in Dan einrichtete. Gegen die Historizität dieser Kultstiftung spricht aber, dass Dan nach Auffassungen der neueren Forschung während der Zeit Jerobeams I. (Ende des 10. Jh.s) noch gar nicht zu Israel gehörte (Knauf, ZBK.AT 7, 153), nach derzeitigem Kenntnisstand der Archäologie war es sogar zu dieser Zeit wohl unbesiedelt. „Die früheste Phase der Kultstätte" dürfte somit „frühestens in das Ende des 9., wahrscheinlich in den Beginn des 8. Jh.s v. Chr." gehören (Frevel, Geschichte, 184). Vor diesem Hintergrund können die Nachrichten über die Kultgründung Jerobeams I. in Dan als Rückprojektion aus der Zeit Jerobeams II. (787–747 v. Chr.) erklärt werden, der nach II Reg 14,25 die Grenzen Israels im Norden ausdehnte. Dann könnte die soeben vorgestellte historische Rekonstruktion vielleicht mit dem kultpolitischen Wirken Jerobeams II. verbunden werden. Die historischen Probleme der biblischen Darstellung der Reichsteilung und der Gründung des Nordreiches Israel können an dieser Stelle allerdings nicht behandelt werden. Eine neuere kritische Rekonstruktion, mit der man sich dabei ausführlich auseinandersetzen müsste, bietet Frevel, Geschichte, 186ff.

des Ersten Samuelbuches, der die Geschichte von der Schandtat in Gibea (Jdc 19) in Erinnerung hat, ist von daher sogleich bewusst, dass der erste König Israels nach I Sam 10,13; 11,4 aus einer Stadt stammt, mit der die Erinnerung an dieses schreckliche Verbrechen verbunden ist. Zugleich gehört Saul als Benjaminit (I Sam 9,1 f.) einem Stamm an, der nicht bereit war, eine angemessene Sühne für dieses Verbrechen zuzulassen, sondern der stattdessen den innerisraelitischen Bruderkrieg vorzog (Jdc 20,12–14). Zu diesem Krieg versammeln sich die Benjaminiter wieder am Ort des Verbrechens, in Sauls Heimatstadt Gibea (Jdc 20,14).

So ist in Jdc 17–21 eine grundsätzlich freundliche Sicht des Königtums – die darin zum Ausdruck kommt, dass die ordnende Hand eines Königs vermisst wird – mit einer kritischen Vorschau auf das Nordreichskönigtum (Jdc 18) und mit dem schlechten Licht verbunden, das durch die Schandtat von Gibea und das anschließende Verhalten der Benjaminiter (Jdc 19–21) auf die Herkunft Sauls fällt. Damit wird ein dunkler Hintergrund aufgezogen, vor dem das dritte Königtum, das Israel gekannt hat, das davidische, in ein helles Licht gerückt werden soll.

Das davidische Königtum ist nicht im Stamm Dan oder in Benjamin beheimatet, sondern im Stamm Juda. Juda kommt aber in Jdc 17–21 insofern vor, als der Levit, den Micha in den Dienst seines illegitimen Gottesbildes nimmt, aus Bethlehem in Juda stammt (Jdc 17,7 f.). Von dort stammt auch die Nebenfrau des anderen Leviten, die zum Opfer der tödlichen Vergewaltigung von Gibea wird (Jdc 19,1). Dass Judäer hier als Mittäter und Opfer vorkommen, zeigt zwar, dass auch in Juda die ordnende und schützende Hand eines Königs vermisst wird – allerdings geschieht keines der in Jdc 17–21 berichteten Vergehen in Juda selbst: Der Levit, den Micha als Priester seines Privattempels einstellt, ist aus Bethlehem ausgezogen, um in der Fremde eine Unterhaltsmöglichkeit zu finden (17,8); die Nebenfrau des anderen Leviten stammt nicht nur aus Bethlehem, sie sucht dort auch Zuflucht, als sie über ihren Mann erzürnt ist[388] (19,1 f.). Als der Levit kommt, um seine Frau wieder zu sich zu nehmen, erweist sich deren in Bethlehem ansässiger Vater als höchst

388 וַתִּזְנֶה ist an dieser Stelle unter Berufung auf Septuaginta und Vulgata von einer sonst im Alten Testament nicht belegten Wurzel זנה II („zürnen“) abzuleiten, die etymologisch mit akkad. *zenû* („zornig / aufgebracht sein“) zusammenhängt, vgl. dazu Groß, Richter, 806 Textanm. 19,2a; auch KAHAL, 144 s. v. זנה II.

gastfreundlich: Er nötigt den Schwiegersohn, zunächst drei, dann insgesamt fünf Tage zu bleiben (19,3b-10). Damit ist Bethlehem als Ort von Gastfreundschaft charakterisiert – ganz im Gegenteil zu Gibea: Nachdem der Levit und seine Nebenfrau Bethlehem verlassen haben, kommen sie nach Gibea, wo sich dann der entsetzliche Bruch des Gastrechts durch die Stadtbevölkerung ereignet, der der Frau das Leben kostet (19,11–28). Die Perversion des Geschehens wird noch dadurch unterstrichen, dass der Levit es zuvor abgelehnt hatte, in Jerusalem (Jebus) ein Nachtquartier zu suchen, und es vorzieht, nach Gibea zu gehen, weil er lieber in einer israelitischen Stadt über Nacht bleiben will als in einer Stadt der Fremden (Jdc 19,11 f.).

Bethlehem in Juda ist danach von dem Chaos, das in Jdc 17–21 herrscht, nicht direkt betroffen. In Jdc 19 erscheint es sogar als Ort des Friedens, als Schutzort für die Nebenfrau des Leviten, an dem aber auch ihr Mann gastliche Aufnahme findet. Damit hebt sich Davids Heimat Bethlehem positiv von Sauls Heimat Gibea ab. Wenn das Buch Rut unmittelbar auf das Richterbuch folgt, wirkt die positive Darstellung Bethlehems in Jdc 19 als Vorbereitung der Rut-Erzählung, in der Bethlehem ja auch ein Ort ist, an dem Fremde unter den Flügeln Jahwes Zuflucht finden (Rt 2,12). Zwar wird zu Beginn des Rutbuches auch Bethlehem von einer Hungersnot heimgesucht; auf das Ganze gesehen ist Bethlehem aber nicht mit Tod oder Verbrechen verbunden wie Gibea in Jdc 19, sondern damit, dass Boas, ein reicher und angesehener Bürger des Ortes, der Familie des verstorbenen Elimelech und den beiden Witwen Naomi und Rut neue Lebensperspektiven eröffnet.

Mit der negativen Typologie der Kultgründung Jerobeams (Jdc 17 f.) und dem schlechten Licht, das im Gegensatz zu Bethlehem auf Sauls Heimat Gibea und seine Abstammung aus Benjamin fällt (Jdc 19–21), deutet sich am Ende des Richterbuches an, dass Israel nicht irgendein Königtum fehlt, sondern das Königtum Davids, der seinen Ausgang von Bethlehem in Juda nehmen wird. Das Buch Rut, das als Vorgeburtsgeschichte Davids nicht nur an David als Individuum, sondern am davidischen Königtum interessiert ist[389], erscheint daher wie die konsequente Fortsetzung der Schlusskapitel des Richterbuches, und es wird verständlich, dass das Rutbuch in der Antike als Teil des Richterbuches gelten

---

389 Vgl. dazu oben S. 82 f.

konnte.[390] C. A. Auberlen, ein Gelehrter des 19. Jh.s, behandelt es als dritten Anhang des Richterbuches nach Jdc 17f. und Jdc 19–21, wozu er feststellt: „Es werden also in allen drei Anhängen des Buches der Richter dem theokratisch-messianischen Königthum des Hauses David's die beiden untheokratischen Königthümer gegenübergestellt, das vordavidische Saul's und das nachdavidische des Zehnstämmereichs; bei allen dreien wird der Blick auf ihre Vergangenheit in der Richterzeit zurückgelenkt und in dieser der typische Nachweis gefunden, daß aus dem Gebirge Ephraim mit Dan, wie aus Gibea und Benjamin, die sich beide so schwer versündigt haben, auch nur sündhafte, untheokratische (...) Könige hervorgehen konnten, während Bethlehem-Juda nicht nur göttlich prädestinirt, sondern auch menschlich prädisponirt war, den echten König Israels zu erzeugen".[391]

Damit ist richtig beschrieben, was sich im Nacheinander der Schlusskapitel des Richterbuches und des Rutbuches erschließt: Hintereinander gelesen zielen Jdc 17f.; 19–21 und Rt auf David als den König nach Gottes Herzen, als der er im Ersten Samuelbuch die Bühne betritt (I Sam 13,14; 16,7.12). Es bleibt aber zu ergänzen, dass dem Leser, der mit der weiteren kanonischen Geschichtsdarstellung vertraut ist, bewusst sein muss, dass auch David und die von ihm abstammende Dynastie das Königtum im Sinne Gottes, das „theokratische Königtum" (Auberlen), während ihrer politischen Herrschaft nicht verwirklicht haben. Daher wird nun entscheidend wichtig, dass das Buch Rut zwei Bedeutungsebenen enthält: nicht nur die geschichtliche, die auf das davidische Königtum als Überwinder des vorstaatlichen Chaos hinweist, sondern auch die typologisch-messianische, die eine Hoffnung erschließt, die über das moralisch-religiöse Scheitern und das historisch-politische Ende der davidischen Dynastie hinaus aktuell bleibt.

Auf diese beiden Bedeutungsebenen, die bereits in 3.3.3.1 unterschieden wurden, ist in den folgenden Unterkapiteln 6.2 und 6.3 noch einmal, nun aber im Licht der Ausführungen des vierten und fünften Kapitels, einzugehen.

---

[390] Entsprechende Belege bei Josephus und Hieronymus wurden oben besprochen S. 48; 51f.

[391] Auberlen, ThStKr 33 (1860), 550f.

6.2. Die Charakteristika des davidischen Königtums

Auf der geschichtlichen Bedeutungsebene des Buches Rut wird der Sinn des Königtums darin vorweggenommen, dass die kinderlosen Witwen Naomi und Rut unter den Bedingungen der Richterzeit (Rt 1,1) – das heißt aber vor dem Hintergrund von Jdc 17–21: unter den Bedingungen der von Unfriede und Rechtlosigkeit geprägten königslosen Zeit – in Boas einen „Löser" im weitesten Sinn des Wortes finden (Rt 3,9), der für ihre Versorgung eintritt und ihnen als „Erlöser" neue Lebensperspektiven eröffnet.

In seiner Fürsorge gegenüber den beiden Witwen handelt Boas wie ein gerechter König. Indem er dafür sorgt, dass Rut kein Opfer von möglicher sexueller Gewalt von Seiten seiner Knechte wird (2,9)[392], wirkt er einer Gefahr entgegen, die nach Jdc 19 in der recht- und friedlosen vorköniglichen Zeit lebensbedrohende Wirklichkeit war. Indem er Rut heiratet, mit ihr einen Sohn zeugt, der auch als Nachkomme der Familie Elimelechs gilt, sorgt er für den Fortbestand dieser Familie und damit für die Unversehrtheit Israels. Darin unterscheidet sich sein Handeln nicht nur von dem des anderen Lösers (Rt 4,6), sondern auch von dem Vorgehen der Stämme in der königslosen Zeit, das fast zum Verlust eines ganzen Stammes geführt hätte (Jdc 21,3).

Mit der Gestalt des Boas schreibt das Rutbuch David also einen Vorfahren zu, der königliche Pflichten übernimmt, indem er Frieden und Lebensmöglichkeiten dem Chaos entgegensetzt, das dort herrscht, wo es keinen König gibt. Ebenso wichtig wie Boas ist aber die Urgroßmutter, die David in Gestalt der Rut zugeschrieben wird. Sie bricht nicht nur in eine ihr unbekannte Fremde auf – vorbehaltlos, unter Verzicht auf soziale und religiöse Sicherheit (Rt 1) –, sie bittet auch in einer wagemutigen Inszenierung, die Naomi in neugewonnenem Gottvertrauen geplant hatte, Boas um die Ehe (Rt 3). Damit entspricht Ruts Handeln einerseits

---

[392] Vgl. dazu Fischer, Rut, 172 f.: „Boas (...) ist sich der Geschlechterdifferenz bei seinen Erntearbeitern bewußt. Eine junge, alleinstehende Frau hat auf den Erntefeldern mit sexueller Belästigung oder gar Vergewaltigung zu rechnen". Nach 2,22 befürchtet auch Naomi entsprechende Gewalt auf den Feldern und warnt Rut daher, auf das Feld eines anderen zu gehen. Fischer verweist auch auf die Vorschrift über die Sühne einer Vergewaltigung auf dem Feld in Dtn 22,25–27.

dem Aufbruch Abrahams, andererseits aber auch dem Handeln, das David bei seinem ersten öffentlichen Auftreten, dem Kampf gegen Goliat (I Sam 17), unter Beweis stellen wird. Ein Bezug zur David-Goliat-Geschichte wird schon in Rt 1,1 f. hergestellt[393]; die Parallele reicht aber tiefer: Wie Rut unter Einsatz ihrer ganzen Person auf der nächtlichen Tenne die Nähe des Boas sucht, wobei sie sich der Gefahr sozialer Ächtung und, je nachdem wie Boas reagiert, vielleicht sogar physischer Vernichtung aussetzt, so tritt David ohne Kampferfahrung und ohne den Schutz einer Rüstung Goliat entgegen (vgl. I Sam 17,33.38 f.). Damit setzt auch er in einem Wagemut, der im Vertrauen auf Gott gegründet ist (vgl. I Sam 17,26.36.45), seine ganze Person aufs Spiel. David zeichnet sich dabei vor seinen sieben älteren Brüdern aus (vgl. I Sam 16,1–13; I Sam 17,12–14.28 f.), wie Rut für Naomi besser ist als sieben Söhne (Rt 4,15), und er rettet Israel damit vor der Vernichtung durch die Philister. Das an den Mut seiner Urgroßmutter erinnernde wagemutige Gottvertrauen, das David in I Sam 17 unter Beweis stellt, verbindet sich also mit dem Einsatz für den Erhalt Israels, für den im Rutbuch wiederum das Handeln des Urgroßvaters Boas steht.

In I Sam 17 erweist sich David also als würdiger Nachfahre von Boas und Rut und zugleich als der wahre König gegenüber dem bereits verworfenen Saul. David steht für ein Königtum, das durch Gottvertrauen und Sorge um Israels Existenz charakterisiert ist – die Fürsorge für Arme und Schwache, die im Rutbuch von zentraler Bedeutung ist, ist in I Sam 17 nicht erwähnt. Saul dagegen fehlt das entscheidende Moment des Gottvertrauens (vgl. I Sam 17,31–40[394]). Sein Einsatz für die Existenz Israels wird daher durch lähmende Angst (I Sam 17,11) verhindert. In diesem Gegensatz zwischen David und Saul kehrt für den Leser, der vom Richterbuch herkommt, der Gegensatz zwischen Bethlehem und Gibea wieder, der aus Jdc 19 bekannt ist, und der, was Bethlehem angeht, durch das Rutbuch bekräftigt wird: Während auf Saul schon wegen seiner Herkunft aus Gibea und dem Stamm Benjamin von Jdc 19–21 her ein schlechtes Licht fällt, entspricht das Handeln Davids, des Jungen aus

393 Vgl. dazu oben S. 77 f.

394 Zum Verständnis der Begegnung zwischen David und Saul in I Sam 17,31–39 vgl. Gerhards, Homer, 311–320.

Bethlehem (I Sam 17,12), dem, was in der Schilderung Bethlehems als Zufluchtsort und Ort der Gastfreundschaft in Jdc 19,2–9 vorweggenommen ist, vor allem aber im Handeln von Davids Urgroßeltern, das sich nach Darstellung des Rutbuches ebenfalls in Bethlehem ereignet hat.

6.3. Typologischer Ausblick auf die messianische Zeit

Nach dem vorhin Gesagten kann das Buch Rut auf der geschichtlichen Bedeutungsebene als politisches Plädoyer für ein Königtum gelesen werden, das durch Gottvertrauen, Sorge um Israels Existenz und einen entsprechenden Einsatz, darüber hinaus auch durch Fürsorge für Arme und Menschen, die sich selbst nicht helfen können, ausgezeichnet ist. Ein solches Königtum fand nach der kanonischen Erinnerung Israels in der Herrschaft Davids seine erste erfolgreiche Ausprägung. Damit stellt sich aber die Frage, was der (spät-)nachexilische Leser, an den sich der Rut-Erzähler wendet, daraus entnehmen sollte. Leser und Erzähler haben das mit David beginnende Königtum nicht mehr als aktuelle politische Größe vor Augen. Die Gründe dafür nennt die biblische Geschichtsdarstellung: Die Königebücher handeln nicht zuletzt davon, dass die davidische Dynastie wegen mangelnder Treue zu Jahwe als dem einzigen Gott Israels gescheitert ist; selbst David, dessen Herz so ungeteilt bei Jahwe war, dass seine Nachfolger an ihm gemessen werden (vgl. I Reg 11,4; II Reg 14,3; 16,2; 18,3; 22,2), erscheint schon im Zweiten Samuelbuch nur noch begrenzt als idealer Herrscher: Dem steht vor allem sein Sündenfall mit Batseba (II Sam 11) entgegen, auch wenn er danach durch den Propheten Natan zu Sündeneinsicht und Vergebung geführt wird (II Sam 12,13).

Trotz dem politischen Untergang des davidischen Königtums ist aber die Verheißung einer ewigen Dynastie an David in Erinnerung geblieben. So wird in Ps 89 angesichts von Untergang und Exil gefragt:

> Wo sind deine früheren Gnadenerweise (חֲסָדֶיךָ הָרִאשֹׁנִים), Herr,
> die du David geschworen hattest in deiner Treue? (Ps 89,50)

Der Glaube, dass Gott treu zu dem steht, was er David einst geschworen hat, dass er also die Dauerhaftigkeit der davidischen Dynastie garantiert (Ps 89,5.30), wird zur Grundlage der Messiashoffnung, durch die David auch für den nachexilischen Leser eine aktuelle Figur bleibt. Die Aktualität des Rutbuches beruht daher schon zu seiner Entstehungszeit auf der typologisch-messianischen Bedeutungsebene.

Als Vorgeburtsgeschichte Davids und damit zugleich Vorgeschichte des davidischen Königtums steht das Rutbuch dafür, dass die Einsetzung Davids zum König (I Sam 16,1–13; II Sam 2,1–4; 5,1–5) nicht das erste Wort ist, das über David und sein Königtum gesagt ist. Das aber ist für typologisches Denken, das sich an Vorbildern aus der Vergangenheit orientiert, von entscheidendem Gewicht. Für dieses Denken wird in der Fürsorge des Boas für die Witwen Naomi und Rut, in Boas' Sorge um den unversehrten Bestand Israels, im wagemutigen Gottvertrauen der Rut, das das ebenso wagemutige Gottvertrauen Davids in I Sam 17 vorwegnimmt, etwas sichtbar, das älter und damit größer ist als David selbst: ein „Urgrund", in dem David wurzelt. Dieser Urgrund bleibt über das historisch-politische Ende der Daviddynastie hinaus bedeutsam: Was dem Rutbuch zufolge in Bethlehem Ephrata (Rt 4,11) geschehen ist, in der Familie, aus der der Stamm Isais hervorgegangen ist (Rt 4,22), ist ein Urbild dessen, was in der künftigen Heilszeit durch den Messias aus Bethlehem Ephrata (Mi 5,1), den Spross aus dem Stamm Isais (Jes 11,1), Wirklichkeit werden wird. Dabei geht es um folgende Aspekte:

- Wie Naomi aus Moab zurückgekehrt und keine kinderlose Witwe geblieben ist, wird auch Israel wiederhergestellt werden. Es wird nicht unter der Vorherrschaft fremder Mächte bleiben oder gar untergehen, auch werden die Israeliten der Diaspora zurückkehren.
- Wie Boas Naomi und Rut als die Übriggebliebenen der Elimelech-Familie fürsorglich aufgenommen, wie er als Löser den Feldanteil Naomis aufgekauft und in Bethlehem Ephrata „Kraft geübt" (4,11), also ein Kind gezeugt, hat, das den Erhalt der fast vernichteten Familie sichert, so wird der aus Bethlehem Ephrata hervorgehende Messias den Rest der Brüder aufnehmen, die zu den Israeliten zurückkehren werden (Mi 5,2). Er wird dafür sorgen, dass Israel unversehrt erhalten bleibt und dass sie sicher im Land wohnen werden (Mi 5,3).
- Die weit über Israel hinausreichende Erwartung, dass dieser Messias bis an die Enden der Erde herrschen und Frieden bringen wird (Mi 5,3 f.), ist eng mit der Vorstellung verbunden, dass sich Angehörige anderer Völker in der künftigen Heilszeit Israel zuwenden werden (Jes 45,14; Sach 8,23) – diese Zuwendung ist erzählerisch in der Entscheidung Ruts für Israel und seinen Gott vorweggenommen. Die

Eheschließung von Boas und Rut steht typologisch dafür, dass der Messias diese Völker mit Israel verbinden und in sein Friedensreich aufnehmen wird. Boas übernimmt also typologisch die Rolle des messianischen Bräutigams für Israel und für die Völker (vgl. Ps 45). Die typologisch-messianische Bedeutungsebene des Buches Rut steht auch dafür, dass in der messianischen Heilszeit Feindschaft und Trennungen zwischen Israel und anderen Völkern aufgehoben sind. Die Figur der Rut bietet sich dafür als eindrückliches Beispiel an: Als Moabiterin stammt sie aus einem Volk, dessen Feindseligkeit gegenüber Israel dem Gesetz zufolge nie vergessen werden und eine bleibende Trennung zwischen Israel und Moab bedingen soll (Dtn 23,4–7).

Wenn wir davon ausgehen, dass auch die Chronik sowie das Esra- und das Nehemiabuch Teil der kanonischen Geschichtsdarstellung sind, in die sich das Rutbuch selbst einordnet, was dem dreizehn Prophetenbücher umfassenden Kanon des Josephus entspräche[395], dann kann die Torszene Rt 4,1–12 als Gegenszene zu Esr 9–10 gelesen werden: In Rt 4,1–12 wird die nach Dtn 23,4–7 eigentlich ausgeschlossene Ehe von Boas und Rut bei einer Versammlung im Tor verhandelt und öffentlich bekannt gemacht; umgekehrt wird in Esr 9–10 in einer öffentlichen Versammlung „auf dem Platz des Hauses Gottes“ (Esr 10,9) die Auflösung der Ehen mit fremden Frauen in die Wege geleitet. Die gemeinsame Szenerie einer öffentlichen Versammlung wird in Verbindung mit sprachlichen Übereinstimmungen als Argument dafür genannt, dass Esr 9–10 sogar „als literarisches Vorbild“ für Rt 4 gedient hat.[396] Dieses Vorbild wird in Rt 4 aber im Blick auf Anliegen und Ziel völlig umgekehrt. Wie

395 Vgl. dazu oben S. 48 f.

396 Köhlmoos, ATD 9/3, 70. Köhlmoos macht in dem Exkurs (a. a. O., 70 f.) folgende sprachliche Übereinstimmungen zwischen Rut- und Esrabuch geltend: die außergewöhnliche Verwendung von נָשָׂא zur Beschreibung einer Eheschließung (Esr 9,2.12; Rt 1,4) sowie die Selbstbezeichnung Ruts als נָכְרִיָּה (Rt 2,10), die ein Echo des Themas der Ausländerinnen in Esr 10,2.10.14 (jeweils נָשִׁים נָכְרִיּוֹת) sei. Dass Ruts Treueschwur, sich nur durch den Tod von Naomi trennen zu lassen (1,17) „ein sachlicher Reflex auf das Trennungsgebot Esr 10,3.11“ sei, scheint hingegen weniger passend, ist aber nicht ausgeschlossen. – Köhlmoos, Kanon, 271 hatte die Gemeinsamkeiten mit Esr 9–10 noch nicht als Hinweis „auf eine literarische Abhängigkeit des Ruth- vom Esrabuch“ gewertet, sondern als Belege für einen „gemeinsamen Diskurshintergrund“.

bereits angesprochen, steht dabei sicher nicht das Anliegen einer vorurteilsfreien Offenheit gegenüber Fremden im Hintergrund[397]; die Ablehnung von Dtn 23,4–7 und des in Esr 9–10 propagierten Mischehenverbots ist im messianischen Horizont zu verstehen. Dann hebt das Rutbuch mit seiner typologisch-messianischen Bedeutungsebene hervor, dass Bestimmungen des Gesetzes, die die eheliche Gemeinschaft mit Angehörigen anderer Völker verbieten (Dtn 7,3) und die Ammonitern und Moabitern die Aufnahme in die Gemeinde Jahwes verwehren (Dtn 23,4–7), nicht das letzte Wort haben, weil der Messias auch diese Völker unter seine Herrschaft nehmen wird bzw. weil diese Völker sich wie Rut Israel anschließen werden.

Zu beachten ist schließlich, dass nicht nur Boas, sondern auch Rut Mittlerin göttlicher Zuwendung zu Naomi / Israel ist: Ohne ihren Gang auf die Tenne, wo sie sich unter Einsatz ihrer ganzen Person an den Löser wendet, wäre es nicht zur Ehe mit Boas gekommen. Die Elimelech-Familie hätte also keine Zukunft gehabt. Damit fügt die typologisch-messianische Bedeutungsebene der Rut-Erzählung den prophetischen Verheißungen aus Jes 45,14 und Sach 8,23 einen Aspekt hinzu: Diese Verheißungen kennen die Erwartung, dass sich Angehörige anderer Völker Israel anschließen, indem sie bildlich gesprochen den Rockzipfel von Juden ergreifen (Sach 8,23); Rut steht aber darüber hinaus auch als Typos dafür, dass diese Nichtisraeliten, die sich Israel anschließen, dazu beitragen, dass Israel nach Untergang, Exil und Fremdherrschaft die Gnade Gottes neu erfährt.

Mit seiner typologisch-messianischen Bedeutungsebene implementiert das Buch Rut die messianische Hoffnung in die alttestamentliche Geschichtsdarstellung. Damit wird im kanonischen Bild der Geschichte Israels etwas von dem deutlich, was das eigentliche Ziel der Geschichte Gottes mit Israel und – in Gestalt der Moabiterin Rut vorweggenommen – mit der Menschheit überhaupt ist. Indem aber schon vor der Geburt Davids in Leben und Handeln von Naomi, Rut und Boas etwas von der messianischen Heilszeit aufleuchtet, unterstreicht die Rut-Erzählung, dass das Kommen des Messias kein „Plan B" ist, den Gott erst nach dem historisch-politischen Scheitern der Davidsdynastie gefasst hat. Zwar wird die Heilszeit ein Neuanfang sein – dieser Neuanfang greift aber

397 Vgl. dazu oben S. 161–163.

hinter die politischen Anfänge des Königtums zurück und entspricht dem, was Gott seit jeher wollte: Weil die Ursprünge des Messias „von Urzeit, von grauen Tagen“ her sind (Mi 5,1b), konnte schon „in den Tagen, in denen die Richter richteten“ (Rt 1,1a), etwas von der messianischen Heilszeit sichtbar werden.

7. Zum christlichen Verständnis des Buches Rut

Die christliche Auslegungstradition des Rutbuches ist als solche nicht Thema der vorliegenden Arbeit. Im Rahmen des in den Prolegomena umrissenen theologischen Diskussionshorizontes ist es jedoch notwendig, Einblicke in die christliche Verstehenstradition zu gewinnen und sie mit dem zu verbinden, was mit den Mitteln der historisch-philologischen Exegese am Buch Rut erkannt wurde. Dabei kann die einzige Erwähnung Ruts im Neuen Testament – in Mt 1,5, wo sie als Stammmutter Jesu genannt ist – nicht außen vor bleiben. Als Beispiel der altkirchlichen Auslegungstradition[398] soll zudem eine Passage aus dem Lukas-Kommentar des Ambrosius von Mailand herangezogen werden, die die Erwähnung Ruts im Stammbaum von Mt 1 kommentiert. Ambrosius vertritt im Kern ein Verständnis der Rut-Erzählung, das bis in die Frühe Neuzeit von vielen christlichen Auslegern geteilt wurde.

7.1. Rut im Stammbaum Jesu Christi (Mt 1,5)

In Mt 1,5 heißt es: „Salmon aber zeugte Boas mit der Rahab, Boas aber zeugte Jobed mit der Rut, Jobed aber zeugte Isai". Damit gehört Rut neben Tamar (1,3), Rahab (ebenfalls 1,5) und Batseba (1,6) zu den vier Frauen, die im Stammbaum Jesu in Mt 1,2–17 erwähnt sind.

Allerdings geht aus dem Text nicht hervor, worin „der gemeinsame Nenner gerade dieser vier Frauen" besteht.[399] Es ist aber mit guten Gründen zu vermuten, dass der Evangelist[400] die vier als Nichtisraelitinnen

---

398 Vgl. dazu ausführlicher Reemts, EuA 75 (1999).

399 Luz, EKK I/1, 133.

400 Inwieweit der Stammbaum Mt 1,2–17 vom Evangelisten selbst geschaffen und wieweit dabei ältere Tradition verwendet wurde, kann an dieser Stelle offen bleiben. Luz, EKK I/1, 130 f. nennt beachtliche Gründe dafür, dass der Evangelist eine Tradition aufnimmt und bearbeitet, aber auch er stellt fest, dass die Nennung der vier Ahnfrauen, die hier allein interessiert, am ehesten auf Matthäus

nennt, die sich Israel angeschlossen haben.[401] Auf diese Weise wird deutlich, dass der Messias Jesus (Mt 1,1)[402] schon seiner Abstammung nach mit der Völkerwelt verbunden ist. Die Nennung der vier Stammmütter deutet an, dass in „Jesus Christus, dem Sohn Davids, dem Sohn Abrahams" (Mt 1,1) die Verheißungen an David und Abraham mit ihrer jeweiligen universalen Perspektive erfüllt sind.

Die mit David verbundene messianische Verheißungstradition ist universal ausgerichtet. Der durch Davids Sohn Salomo repräsentierte Idealkönig von Ps 72 soll bis an die Enden der Erde herrschen (72,8),

---

selbst zurückgeht. Zur Diskussion vgl. auch Wiefel, ThHK 1, 26; Konradt, NTD 1, 28 f. nennt „Matthäus" als Verfasser des Stammbaums.

401 Luz, EKK I/1, 133–135 nennt drei Alternativen: 1. Die Frauen könnten als Sünderinnen erwähnt sein, „damit an ihnen die Gnade Gottes sichtbar wird". Diese Deutung sei aber für Rut unmöglich, für Tamar und Rahab unwahrscheinlich, allenfalls könnte sie für Batseba zutreffen. – 2. Eine „göttliche Irregularität" könnte der gemeinsame Nenner sein, die belege, dass „Gottes Heilshandeln (…) manchmal unerwartete Wege" geht, was auf das Wunder der Jungfrauengeburt hinweise. Allerdings sind die Frauen unter diesem Aspekt doch wieder sehr verschieden: „Aber sind etwa die Ehe der Rut, der Ehebruch der Batseba und gar die Verlobung Marias miteinander vergleichbar?" – 3. „Alle vier Frauen sind Nichtjüdinnen". Für Rut und Rahab gilt das zweifellos. Batseba wird in Mt 1,6 „(Frau) des Uria" genannt, Uria ist aber nach II Sam 11,3 (u. ö.) „Hethiter", so dass anzunehmen ist, dass auch seine Frau „Hethiterin" ist. Tamar gilt der antik-jüdischen Tradition als Aramäerin oder Syrerin: Philo (*De virtutibus* 221) nennt sie ein „Fräulein" (γύναιον) aus dem syrischen Palästina. Damit ist die dritte Alternative am wahrscheinlichsten: Die Erwähnung der vier Frauen unter den Vorfahren Jesu Christi verleiht dem Stammbaum „einen universalistischen Unterton" (Luz, a. a. O., 135). Sachlich ebenso Konradt, NTD 1, 30. Nach Wiefel, ThHK 1, 27 soll dagegen die Nennung der Frauen, die alle auf außergewöhnliche Weise zur Mutter wurden, „das Außergewöhnliche der Geisterzeugung vorbereiten". Hausmann, Rut, 117–120 verweist darauf, dass sich alle vier Frauen durch ein „außergewöhnliches Verhalten in der Paarbeziehung" auszeichnen (a. a. O., 118), daneben nennt auch sie die nichtisraelitische Herkunft (a. a. O., 119 m. Anm. 5).

402 Nach Luz, EKK I/1, 119 ist „Jesus Christus" in Mt 1,1 „wohl wie in 1,18; Mk 1,1 und häufig im griechischsprachigen Christentum Doppelname", da der Evangelist, wenn er Χριστός als Titel gebraucht, „in der Regel" den Artikel hinzusetzt. Die Verwendungsweisen lassen sich aber kaum streng voneinander trennen: Wenn Jesus Christus in Mt 1,1 zugleich „Sohn Davids" genannt wird, wird er deutlich als Messias bezeichnet.

der neue, aus Bethlehem erwartete Davidide von Mi 5, mit dem Jesus in Mt 2,5 identifiziert wird, soll groß sein bis an die Enden der Erde (Mi 5,3), der von Gott eingesetzte Zionskönig von Ps 2 soll bis an die Enden der Erden herrschen (2,8).

Zu den Verheißungen an Abraham gehört, dass von ihm Segen auf alle Völker ausgehen wird (Gen 12,3; 22,18). Wenn Jesus Christus in Mt 1,1 „Sohn Abrahams" genannt wird, geht es nicht allein darum, dass er wie alle Angehörigen des Volkes Israel Nachkomme Abrahams ist, vielmehr soll der Segen Abrahams durch ihn an alle Völker vermittelt werden (vgl. auch Apg 3,25; Gal 3,16).

Dass Jesus als Messias aus dem Geschlecht Davids bis an die Enden der Erde herrscht, ist mit seiner Auferstehung realisiert (Mt 28,19). Darin kommt auch die mit Abraham beginnende Segensgeschichte für alle Völker zum Ziel.

Die vier nichtisraelitischen Frauen im Stammbaum Jesu können als Urbilder aller Nichtisraeliten verstanden werden, die der Messias Jesus in das Gottesvolk eingliedert. Damit aktualisiert die Erwähnung der Rut in Mt 1,5 die typologisch-messianische Bedeutungsebene des Rutbuches unter der Voraussetzung, dass die in der Geschichte von Boas und Rut vorabgebildete Heilszeit mit dem Kommen Jesu Christi angebrochen ist. Die Zuwendung von Angehörigen nichtisraelitischer Völker zu Israel, die in den prophetischen Verheißungen angekündigt und im Handeln der Rut erzählerisch vorweggenommen ist, ist darin erfüllt, dass sich in der angebrochenen Heilszeit Nichtjuden dem Gottesvolk und seinem Messias anschließen. Das wiederum ist für das Selbstverständnis der entstehenden Kirche insofern essentiell, als sie sich in Kontinuität zum alttestamentlichen Gottesvolk sieht. Was diese Kontinuität angeht, so illustriert die Erwähnung der vier nichtisraelitischen Stammmütter in Mt 1,2–17, dass „die mit Abraham einsetzende Erwählungsgeschichte gerade in der für die Völker offenen Gemeinde der Christusgläubigen ihre wahre Fortschreibung findet"[403].

Ursprünglich war dies wohl eine Reaktion auf die Kritik anderer jüdischer Kreise[404], die „den mt Jesusanhängern – wohl gerade wegen ihrer

---

403 Konradt, NTD 1, 26.

404 Man wird hier von „anderen jüdischen Kreisen" sprechen müssen, weil sich die Gemeinde, in der das Matthäusevangelium entstanden ist, noch nicht als eine

programmatischen Öffnung für Menschen aus den Völkern" absprechen, „dass sie noch authentisches Judentum verkörpern"[405]. Gegenüber dieser Kritik zeigt der Verweis auf die vier Stammmütter, dass „Israel schon immer für Nichtjuden offen war, die sich der Verehrung des einen Gottes anschlossen. Wenn die in Jesu Wirken begründete Heilsgemeinde Juden und Nichtjuden einschließt, bedeutet dies daher keinen grundsätzlichen Bruch mit Israels Geschichte und Selbstverständnis; vielmehr kommt darin zur Erfüllung, was in der auf Jesus zulaufenden Geschichte Israels angelegt war"[406].

Diese Überlegungen sind dadurch zu vertiefen, dass drei der vier Frauen, Tamar, Rahab und Rut, Nichtisraelitinnen sind, die sich in einer mutigen Entscheidung Israel angeschlossen haben. Tamar begründet mit der unkonventionellen Weise, ihrem verstorbenen Mann Nachwuchs zu schaffen, die auf Juda zurückgehende Abstammungslinie, aus der auch David hervorgehen wird (Rt 4,18–22; Mt 1,3–6). Dass sie darin gerecht gehandelt hat, erkennt Juda selbst an, obwohl sie gerade ihn dabei hinters Licht führte (Gen 38,26). Eine mutige Entscheidung für Israel hat auch Rahab getroffen, die gegen ihr eigenes Volk, die Bewohner Jerichos, entschied, indem sie die israelitischen Kundschafter unterstützte (Jos 2,1–21; 6,25). In der Geschichte der Rut wird antitypisch wiederholt, was die beiden zuvor genannten Stammmütter, Tamar und Rahab, jeweils geleistet haben. Wie Tamar handelt Rut gerecht, aber höchst unkonventionell, um der Familie ihres verstorbenen Mannes Nachwuchs zu gewinnen – hinter Rt 4,12 ist dieser Zusammenhang greifbar. Wie Rahab entscheidet Rut gegen das eigene Volk und für Israel.

Die Geschichten dieser drei Frauen zeigen also noch etwas mehr als dass Israel seit jeher offen war für die Aufnahme von Nichtisraeliten: Sie zeigen, dass das Gottesvolk keineswegs allein – und vielleicht nicht einmal in erster Linie – durch leibliche Abstammung konstituiert ist, sondern durch eine Entscheidung für die Zugehörigkeit zum Gottesvolk und

---

vom Judentum getrennte Religionsgemeinschaft versteht, sondern – wie im Haupttext dargelegt – als wahre Fortführung des alttestamentlichen Gottesvolkes, d. h. als wahres Israel.

[405] Konradt, NTD 1, 25f., der dabei an die pharisäischen Gegner der Christusanhänger denkt.

[406] Konradt, NTD 1, 31.

zu Gott selbst. Ohne die mutigen Entscheidungen von Tamar, Rahab und Rut, die schon zu den Vorfahren Davids gehören, hätte es keinen David gegeben, ohne David keinen Messias Jesus.

Eine Entscheidung fällt schon der Stammvater des Gottesvolkes, Abraham, wenn er in Gen 12,4a auf Gottes Auftrag und Verheißung hin aufbricht. In Rt 2,11 f. wird Ruts Entscheidung, mit Naomi zu gehen, in das Licht dieses Aufbruchs Abrahams gestellt. Diese Verbindung wurde oben so erklärt, dass die gebürtige Moabiterin, indem sie in ihrer Entscheidung dem Stammvater gleicht, zur wahren Israelitin wird, obwohl sie leiblich gar nicht aus Israel stammt.[407] Dass alles das bei der Erwähnung Ruts in Mt 1 mitbedacht werden darf, ergibt sich daraus, dass es auf der theologischen Linie des Matthäusevangeliums liegt. Nur wenig später berichtet der Evangelist ja, dass Johannes der Täufer Pharisäer und Sadduzäer zur persönlichen Umkehr ermahnt: Es genüge nicht, Abraham zum Vater zu haben, weil Gott Abraham aus den Steinen der Wüste am Jordan Kinder erwecken könne (Mt 3,9).

Dass letztlich nicht die leibliche Abstammung über die Zugehörigkeit zum Gottesvolk entscheidet, kommt im Stammbaum von Mt 1,2–17 wohl auch darin zur Geltung, dass zwar vier nichtisraelitische Stammmütter Jesu genannt sind, wohingegen die leiblichen Erzmütter Israels, Sara, Rebekka, Rahel und Lea, unerwähnt bleiben.

7.2. Rut bei Ambrosius von Mailand

Ambrosius von Mailand (339–397) behandelt die Erwähnung Ruts aus dem Stammbaum des Matthäus im III. Buch seiner *Expositio euangelii secundum Lucam.* Dieser Lukaskommentar galt früher als Sammlung überarbeiteter Predigten[408], ist aber tatsächlich „ein komplexes Gewebe unterschiedlicher Textsorten, die auf verschiedene Arbeitsweisen und

[407] Vgl. dazu oben S. 101–104.

[408] So etwa Graf Reventlow, Epochen II, 58: „Es ist kein Zufall, daß Ambrosius Bibelauslegung vor allem und zuerst in der Predigt betrieb. Die meisten Kommentare, die wir von ihm besitzen, wie vor allem der Kommentar zu Psalm 118 (119) und der Lukaskommentar, sind in Wirklichkeit nichts anderes als überarbeitete Predigten“. Dass Ambrosius sich vor allem als Prediger und Seelsorger mit biblischen Texten beschäftigte, ist aber sicher richtig; ebenso, dass im Lukaskom-

Bearbeitungsgänge hinweisen“[409]. Das III. Buch behandelt auf der Grundlage von Eusebs *Quaestiones evangelicae* „in sich abgeschlossen die Vereinbarkeit der Genealogien von Matthäus und Lukas und ähnelt in der Form einem exegetischen Essay“[410]. In diesem Kontext geht es in III 30–35 um Rut, die für Ambrosius Urbild der nichtjüdischstämmigen Gemeinde ist, wobei er schon an die als eigenständige Organisation konstituierte, von Bischöfen geleitete Kirche denkt, deren Glieder zum allergrößten Teil nichtjüdischer Herkunft sind. Das geistliche Wachstum der Gläubigen im Rahmen der Kirche kann als das Hauptanliegen von Ambrosius' Denken bezeichnet werden.[411]

Es mag als problematisch empfunden werden, dass in einer Arbeit, der es um das Recht der Kirche auf das Alte Testament und das spezifisch christliche Verständnis alttestamentlicher Texte geht, positiv auf Ambrosius Bezug genommen wird. Das Thema der Arbeit betrifft letztlich das Verhältnis zwischen Kirche und Judentum – für dieses Thema könnte aber Ambrosius, der z.T heftig gegen Juden polemisiert hat, als Vorbild diskreditiert sein. Dass seine Polemik „im Rahmen des üblichen theologischen Antijudaismus“ bleibt und sich „vornehmlich als Teil der Ekklesiologie“ entfaltet[412], muss ihn nicht rehabilitieren. Allerdings besteht, seitdem Jesus von Nazareth eine Gemeinde gesammelt hat, die ihn als Messias verehrt, zwischen der Gemeinde der Christusgläubigen, also heute: der Kirche, und dem nichtchristusgläubigen, also auch dem heutigen Judentum tatsächlich ein Dissens in der Frage, ob die Kirche oder das Judentum theologisch als Nachfahren und Erben des alttestamentli-

---

mentar immer wieder „die erbauliche Absicht der Erklärung“ hindurchscheint (Graf Reventlow, ebd.).

409 Graumann, Christus interpres, 16; Zustimmung bei Dassmann, Ambrosius, 219f.

410 Graumann, Christus interpres, 18. Graumann weist auch darauf hin, dass dieser Essay den Briefen des Ambrosius an Bischofskollegen vergleichbar ist. Im letzten Kapitel des Buches (III 50) wird auch ein nicht namentlich genannter „Bruder“ angeredet.

411 Vgl. dazu Jacob, Reception, 691: „There is *one* centre of gravity directing his thought. It is the pattern provided by the Church to any spiritual progress, the different stages of Christian Initiation. (…) Whoever accepts the ecclesiastical reality as the starting-point and pattern that structures Ambrosian thinking will be able to follow its logic“ (Hervorhebung im Original).

412 So Dassmann, Ambrosius, 186.

chen Gottesvolkes zu verstehen ist. Die jeweilige Antwort auf diese Kernfrage der Ekklesiologie ergibt sich aus der Entscheidung darüber, ob Jesus der im Alten Testament verheißene Messias ist oder nicht. In diesen Fragen gibt es nur ein Entweder-Oder. Die typologische Auslegung des Rutbuches bei Ambrosius und anderen Kirchenvätern nimmt aus christlicher Sicht dazu Stellung. Daher widerspricht sie dem Judentum und kann insofern „antijüdisch" genannt werden.[413] Dabei darf aber nicht übersehen werden, dass jüdische Stellungnahmen zum Thema im gleichen Sinn „antichristlich" sind. Dieser Dissens muss ausgehalten werden. Dass diffamierende Polemik, die bis hin zu gruppenbezogener Menschenfeindlichkeit reichen kann, nicht statthaft ist, versteht sich von selbst.

Nun hat Ambrosius aber nicht nur theologisch, in Lehre und Predigt, gegen die Juden polemisiert. Bekannt ist, dass er Kaiser Theodosius I. in der Frage des Wiederaufbaus der von christlichen Mönchen zerstörten Synagoge von Kallinikum am Euphrat widersprochen hat. Obwohl Mönche die Synagoge in Brand gesteckt hatten, weil sie von den Juden beleidigt worden waren oder sich jedenfalls beleidigt sahen, duldete Ambrosius nicht, dass der Kaiser die Kirche zum Wiederaufbau der Synagoge verpflichtete.[414] Dieser Einspruch gegen die Durchsetzung des Verursacherprinzips wird nur vor dem Hintergrund der christlichen Staatsauffassung des Ambrosius verständlich. Nach dieser ist es dem Kaiser unmöglich, „die Gegenspieler des christlichen Glaubens in gleicher Weise wie die Kirche zu fördern, will er nicht die Wohlfahrt des Staates und sein eigenes Heil gefährden"[415]. Eine solche Staatsauffassung bzw. eine entsprechende Auffassung über die Amtsführung des Staatsoberhauptes ist aus heutiger Sicht in der westlichen Welt obsolet, nicht zuletzt als Folge der konfessionellen Kriege des 16. und 17. Jh.s.[416] An ihre Stelle ist die Religionsfreiheit getreten. Diese erlaubt jeder Religionsgemein-

413 So etwa Ebach, Fremde, 302 f., der ein Beispiel von Johannes Chrysostomos zitiert, in einer Fußnote aber ergänzend auch Ambrosius erwähnt (a. a. O., 303 Anm. 90).

414 Vgl. dazu Dassmann, Ambrosius, 182 ff.

415 Dassmann, Ambrosius, 186.

416 Allerdings ist sie nicht nur auf Grund der Erfahrungen, die aus den konfessionellen Kriegen gezogen wurden, obsolet. Sie ist auch theologisch problematisch, wenn man bedenkt, dass Jesus Christus kein politischer König im Sinn

schaft, der Kirche wie dem Judentum, die eigenen Positionen zu bedenken und in Lehre und Predigt zu vertreten – sie erlaubt aber niemandem, Taten zu fordern oder zu rechtfertigen, die das friedliche Zusammenleben unterminieren und die freie Religionsausübung behindern. Solange dieses pluralistische Zusammenleben nicht angetastet wird, erlaubt die Religionsfreiheit auch, in Lehre und Predigt Positionen zu vertreten, die anderen Gemeinschaften gegenüber kritisch sind und insofern „antijüdisch", „antichristlich" oder „antiislamisch" genannt werden können. Wäre das nicht mehr möglich, wäre die Religionsfreiheit im Prinzip abgeschafft. In Anerkennung der pluralistischen Gesellschaft und der in ihr geltenden Religionsfreiheit bleiben aber Überlegungen und Positionen des Kirchenvaters Ambrosius für Theologie und Kirche bedenkenswert. Sofern sie theologisch gerechtfertigt erscheinen, sind sie in diesem Rahmen legitim vertretbar.

Im Folgenden soll die Interpretation des Ambrosius aus sich heraus nachvollzogen werden, ohne seine Ausführungen mit den von ihm benutzten Quellen wie Euseb, *Quaestiones evangelicae* IX („Warum erinnert der Evangelist an Ruth?") und anderen möglichen Einflüssen zu vergleichen.

Ambrosius setzt bei dem Problem an, dass Rut als Moabiterin von Gesetzes wegen (Dtn 23,3) nicht in die Gemeinde Gottes *(in ecclesiam domini)* hätte eintreten dürfen. Da die Schrift die Schrift auslegt findet er eine Lösung von einer anderen Bibelstelle, von I Tim 1,9, her, wo es heißt: „Das Gesetz ist nicht den Gerechten gegeben, sondern den Ungerechten". Bei diesem Satz habe Paulus wohl an Rut gedacht, weil er die ruhmwürdige Berufung der Völker durch das Evangelium im Geist voraussah. Zwar trat Rut „über die Bestimmung des Gesetzes hinweg in die Gemeinde ein und wurde Israelitin und erwies sich als würdig, zu den Vorfahren des Geschlechts des Herrn gerechnet zu werden, erwählt wegen der Verwandtschaft des Geistes, nicht des Körpers" (III 30); allerdings war ihre Hochzeit mit einem Judäer nicht nur deshalb möglich, weil die Gesetzesbestimmung von Dtn 23 für Gerechte keine Geltung besitzt, sondern an der Gestalt der Rut war im Voraus ablesbar, dass durch das Evangelium

dieser Welt ist, was ihn von David oder Herodes unterscheidet, vgl. dazu unten S. 204 f.

Angehörige nichtisraelitischer Völker in die Gemeinde Gottes berufen werden.

Damit deutet sich bei Ambrosius eine Argumentation an wie sie auch in unseren exegetischen Überlegungen schon angedacht wurde[417]: Die dem Gesetz widersprechende Aufnahme Ruts in Israel ist zumindest nicht nur damit zu begründen, dass Rut gerecht war; vielmehr werden Gesetzesbestimmungen wie Dtn 23,4–7 obsolet, weil die prophetisch verheißene Zuwendung der Völker zur Gemeinde Gottes die Trennung zwischen Israel und den Völkern aufhebt. Diese endzeitliche Zuwendung der Völker, die in Rut vorabgebildet ist, ist aus der christlichen Perspektive des Ambrosius mit dem Kommen Jesu Christi, der Verkündigung des Evangeliums und der Entstehung der Kirche aus Juden und Heiden angebrochen.

Für Ambrosius, der in der Erwähnung der Frauen im Stammbaum Jesu einen historischen, moralischen und geistlichen Sinn *(historia, mores, mysterium)* findet (III 35), ist Rut auch moralisches Vorbild. Weil sie Typus *(figura)* der nichtjüdischstämmigen Christen ist, ist dem nachzueifern, was die *historia*, also das Buch Rut in seinem geschichtlichen Sinn, über seine Hauptperson berichtet, „damit, weil sie sich durch ihre Sitten den Vorzug verdient hat, in seine Gemeinschaft aufgenommen zu werden (…), auch wir auf Grund der Erwählung der Sitten *(propter morum electionem)* durch empfehlende Verdienste zur Gemeinde des Herrn hinzugewählt werden" (III 30).

Zur Erhebung des geistlichen Sinns *(mysterium)* setzt Ambrosius bei dem Segenswunsch der Ältesten in Rt 4,11 f. ein. Darin heißt es, Rut solle wie Rahel und Lea sein, die das Haus Israel erbaut haben; Boas solle Kraft in Ephrata üben und sein Name in Bethlehem berühmt sein. Das Haus des Boas solle wie das des Perez sein, den Tamar dem Juda geboren hatte. Dieser Wunsch, den Ambrosius ausführlich zitiert, geht im Rutbuch der Eheschließung und der Geburt von Davids Großvater Obed voraus (4,13).

Der Wunsch von Rt 4,11 f. stellt die Ehe von Boas und Rut in das Licht von Urbildern (Typen) der biblischen Geschichte: den Ehen Jakobs, aus denen die zwölf Stämme Israels hervorgegangen sind, und dem Haus

417 Vgl. dazu oben S. 157–163.

des Perez, das aus der Beziehung von Tamar und Juda hervorging und die von Juda ausgehende Abstammungslinie Davids begründete. Der Ehe von Boas und Rut kommt eine vergleichbare heilsgeschichtliche Bedeutung zu. Nach Ambrosius hat Matthäus, der mit seinem Evangelium Nichtjuden zur Kirche rufen wollte, zu Recht daran erinnert, dass schon der Urheber und Herr der aus vielen Völkern bestehenden Gemeinschaft dem Fleisch nach die Abstammung von nichtjüdischen Frauen annahm *(auctorem ipsum dominum gentiliciae congregationis alienigenarum generationem secundum carnem adsumsisse).* Dass nichtjüdische Frauen zu den Vorfahren Jesu gehören, versteht Ambrosius also als göttliche, vom präexistenten Christus geleitete Fügung; es ist wiederum ein Hinweis darauf, dass jene Abstammung den hervorbringen wird, der die Völker beruft *(indicium quod illa generatio ederet gentium uocatorem)* (III 33). Die Ehe von Boas und Rut weist so als Element des Stammbaums Jesu auf die Berufung der Völker voraus, die durch Jesus Christus verwirklicht werden soll. Der typologische Charakter dieser Ehe wird unterstrichen, wo Ambrosius ein weiteres Mal auf den Hochzeitswunsch der Ältesten zurückkommt (III 35). Dass diese wünschen, Boas möge Kraft in Ephrata üben und sein Name solle in Bethlehem berühmt sein, ist für ihn Ausdruck eines erhabeneren geistlichen Sinnes *(mysterii alterioris expressio):* Der Wunsch sei eine Prophezeiung darauf, dass Christus aus dem Geschlecht des Boas abstammen wird. „Nämlich welche ist die Kraft wenn nicht die, die durch Christus die nichtjüdischen Völker versammelt? Was aber ist der (berühmte) Name, wenn nicht jener, dass es die Heimat des Herrn geworden ist, als er nach dem Fleisch geboren wurde?" Diese Prophezeiung wird aber nicht direkt ausgesprochen, sondern steckt als verborgener Sinn in dem Wunsch der Ältesten. Die Ehe von Boas und Rut, der dieser Wunsch gilt, weist damit über sich hinaus auf die Geburt Christi, der die Völker in seine Gemeinschaft beruft wie Boas die Moabiterin Rut in Israel aufgenommen und geheiratet hat. Was im Hochzeitswunsch der Ältesten noch ein *mysterium* ist, wird im Prophetenwort Mi 5,2 deutlich ausgesprochen, das Ambrosius ergänzend zitiert: „Von daher ist durch die Weissagung gesagt: ‚Und du, Bethlehem Juda, du bist nicht die kleinste unter den Fürsten Judas; denn aus dir wird hervorgehen der Fürst, der mein Volk Israel regieren wird (Mi 5,1)'" (III 35).

Rut und Boas haben nach Ambrosius auch als Einzelfiguren typologischen Charakter.

Indem sie sich in Rt 1,16 Naomi anschließt, ist Rut „wie Lea und Rahel, nachdem sie das Volk und Haus ihres Vaters vergaß, trat sie in die Gemeinde ein, indem sie die Fessel des Gesetzes löste" (III 33). An Rut wird deutlich, dass die Gläubigen aus den nichtjüdischen Völkern die väterlichen Sitten verlassen und „dem, der uns zur Verehrung des Herrn berufen hat, z. B. Paulus oder irgendeinem Bischof, sagen [*müssen*]: Dein Volk ist mein Volk, dein Gott ist mein Gott" (ebd.). Ambrosius sieht also in den Worten, mit denen sich Rut in 1,16 Naomi anschließt, ein Vorbild der Worte von Christen, die sich der Kirche anschließen. Ruts Abkehr von Moab wird also zum Urbild der Grunderfahrung der Christen, die sich, zur damaligen Zeit oft erst als Erwachsene, von ihrer heidnischen Umwelt abkehren und der Kirche anschließen: „Jeder Katechumene ist in derselben Situation wie Rut, er verläßt sein früheres Leben und wendet sich Gott zu, ohne schon zu wissen, ob dieser Gott ihn wirklich tragen wird"[418].

Dass Boas Typos Christi ist, ergibt sich, wie bei Rut, schon aus dem typologischen Charakter seiner Ehe. Dieser Ansatz wird aber von Ambrosius mit einer allegorischen Deutung der Schuhübergabe von Rt 4,7 f. vertieft: In dem in Rt 4,7 f. erwähnten Brauch, „dass der Nächste, wenn er seine Verwandte nicht zur Ehe nehmen will, seinen Schuh *(calciamentum)* ausziehen und dem anderen überlassen soll", liege „kein unbedeutendes Geheimnis *(non mediocre mysterium)*", also keine unwichtige allegorische Bedeutung, „weil der, der die Fremdstämmige urbildlich *(in typo)* zu sich nahm" – also Boas – „die Vollmacht zur Verkündigung des Evangeliums empfing" (III 32).

Diese Deutung der Schuhübergabe setzt Ambrosius' Auslegung von Lk 3,16 in II 80 f. voraus. An dieser Stelle weist Johannes der Täufer auf Jesus als den Kommenden hin, der stärker sei als er, so dass er nicht einmal würdig sei, seinen Schuhriemen zu lösen *(cuius non sum dignus solvere corrigiam calciamentorum eius)*. Damit begegnet auch hier das in Rt 4,7 f. belegte Stichwort „Schuh / Schuhwerk" *(calciamentum)*. Zur Erklärung zieht Ambrosius zum einen Eph 6,15 heran, wo es heißt, dass die Gläubigen zur Vorbereitung der Predigt des Evangeliums des Friedens an den Füßen beschuht sein sollen *(calciati pedes in praeparatione evangelii*

---

418 Reemts, EuA 75 (1999), 378 (zur besprochenen Stelle bei Ambrosius).

pacis), zum anderen Mt 3,11, die – in heutiger Terminologie – synoptische Parallele zu Lk 3,16, wo Johannes der Täufer feststellt, dass er nicht würdig sei, die Schuhe Christi zu tragen *(cuius non sum dignus calciamenta portare)*.

Die Aussage des Täufers, er sei nicht würdig, die Schuhe Christi zu tragen (Mt 3,11), ist nach Ambrosius ein Hinweis darauf, dass die Gnade, das Evangelium zu predigen, den Aposteln übertragen ist, die – wie er mit einer Anspielung auf Eph 6,15 sagt – „für das Evangelium beschuht sind" *(qui sunt calciati in evangelium)* (II 80). Nach Ambrosius repräsentiert Johannes der Täufer das jüdische Volk. Das Amt der Evangeliumsverkündigung ist ihm daher nicht aufgegeben. Dasselbe gilt für Mose, der zwar Schuhe trug, aber nicht die des Herrn, sondern seine eigenen, die er vor dem brennenden Dornbusch ausziehen musste. Ambrosius sieht in den Schuhen des Mose ein Bild für die Fesseln der Eigenbewegung der Seele und der Verbindung von Körper und Geist. Von diesen Fesseln musste Mose sich befreien, um den geistlichen Weg zu beschreiten (II 81).

Als Jesus sie vor seinem Tod aussandte, sollten die Apostel keine Schuhe tragen (Lk 10,4); allerdings sollten sie zu dieser Zeit auch noch niemandem von den Werken des Herrn erzählen (Lk 8,56). Erst nach der Auferstehung Jesu empfingen sie den Auftrag, das Evangelium in aller Welt zu verkündigen (Mk 16,15), was nach Ambrosius mit der in Eph 6,15 genannten Beschuhung verbunden ist. Nun tragen sie die Schuhe, die zu tragen Johannes nicht würdig war (Mt 3,11). Ambrosius nennt die Verkündigug des Evangeliums den „hochzeitlichen Schuh" *(est igitur calciamentum nuptiale evangelica praedicatio)* (ebd.). Im Hintergrund steht dabei die Bezeichnung Jesu als Bräutigam, die der Täufer in seinem letzten Zeugnis über Jesus (Joh 3,29) verwendet, wo er wie in Mt 3,11; Lk 3,16 auf dessen höhere Würde verweist.

In Fortführung dieser Auslegung zu Lk 3,16 kommt Ambrosius zu seiner Deutung der Schuhübergabe von Rt 4,7 f. So ist in III 32 vorausgesetzt, dass Boas Typos Christi ist, weil er mit der Heirat die Fremdstämmige urbildlich zu sich genommen hat. Da es um eine Heirat geht, kann der Schuh, den er von dem anderen Löser entgegennimmt, mit dem hochzeitlichen Schuh identifiziert werden, der nach II 81 für die Verkündigung des Evangeliums steht. Der Löser, der auf die Heirat mit Rut verzichtet, ist dagegen ein Typos der Vorläufer Christi, die nicht selbst Bräutigam der Gemeinde waren.[419] Hierzu gehören Mose, der vor dem brennenden Dornbusch die Schuhe ausziehen musste – „damit er nicht selbst für den Bräutigam der Gemeinde gehalten werde. Allein jener zieht (den Schuh) nicht aus, der der wahre Bräutigam ist" – und Johannes der Täufer, der in Lk 3,16 bekennt, dass er nicht würdig sei, die Schuhriemen Christi zu lösen (III 34).

Diese allegorische Deutung des Ritus der Schuhübergabe mag aus heutiger Sicht wie ein Spiel mit Bibelstellen wirken, zwischen denen nur eine äußere Verbindung durch das Stichwort *calciare / calciamentum* besteht. Um ihr gerecht zu werden, ist aber grundsätzlich zu beachten, dass eine allegorische Interpretation, wie Ambrosius sie vorträgt, auf anderen Voraussetzungen beruht und ein anderes Ziel verfolgt als eine methodisch abgesicherte historisch-philologische Exegese. Grundlegende Voraussetzung ist, dass die Heilige Schrift eine inspirierte Einheit bildet, in der sich im Heiligen Geist Zusammenhänge erschließen, die über das hinausgehen, was durch methodisch abgesicherte Exegese mit dem Anspruch der Eindeutigkeit erkannt werden kann; das Ziel einer allegorischen Auslegung ist nicht der Gewinn objektiver Erkenntnis, sondern die Stärkung des Glaubens.[420] Diesem Ziel dürfte Ambrosius' Deutung von Rt 4,7 f. gerecht werden. Indem die Übergabe des Schuhs als Empfang der Vollmacht zur Verkündigung des Evangeliums verstanden wird, zeigt sich eine Entsprechung zwischen Boas und Jesus Christus. Diese liegt darin, dass Boas mit seinem Lebensvollzug – konkret: durch die Heirat mit Rut – das Evangelium verkündigt. Seine Ehe ist insofern ein Stück alttestamentlicher Evangeliumsverkündigung, als sie die Berufung der Völker vorwegnimmt, die durch Jesus Christus, den „Berufer der Völker"

419 Zur Deutung des anderen Lösers und des Schuhritus in der Auslegung der Kirchenväter vgl. auch Reemts, EuA 75 (1999), 381.

420 Vgl. dazu die mit Zitaten belegte Charakterisierung der Bibelauslegung des Ambrosius in: Graf Reventlow, Epochen II, 58 f. Danach ist „eine uneingeschränkte Hochschätzung der Bibel", die im Anschluss an II Tim 3,16 als inspiriertes Gnadenwort Gottes verstanden wird, „unangefochtene Voraussetzung" von Ambrosius' Auslegung (a. a. O., 58). Ziel ist – auch bei der Auslegung des Alten Testaments, mit dem sich die meisten Exegesen des Ambrosius beschäftigen, eine geistliche Auslegung – die dem Text christliche Glaubenswahrheiten entnimmt, wozu sich Ambrosius einer u. a. an Philo geschulten allegorischen Auslegungsweise bedient. Vgl. auch oben Anm. 411.

(gentium vocator) schlechthin, verwirklicht werden wird (III 33). Die Erzählung über die Eheschließung von Boas und Rut steht damit für die Verwurzelung der Kirche, in der sich die Berufung der Völker durch Jesus Christus realisiert, in der alttestamentlichen Geschichte des Gottesvolkes.

7.3. Das Buch Rut, seine christliche Rezeption und das Selbstverständnis der Kirche als Gottesvolk

Eine zentrale theologische Frage, um die es bei der christlichen Rezeption des Buches Rut geht, ist die nach der Kontinuität der Kirche zum Gottesvolk des Alten Testaments. Die Kirche ist aus der ursprünglich innerjüdischen Gemeinschaft derer hervorgegangen, die an Jesus von Nazareth als den im Alten Testament verheißenen Messias, Menschensohn und Gottesknecht glaubten. Das Problem der Kontinuität zum alttestamentlichen Gottesvolk liegt darin, dass das Israel des Alten Testaments von der Genesis an weithin als genealogische Abstammungsgemeinschaft konzipiert ist. Dass sich das antike wie das heutige Judentum, das sich selbst als leibliche Abstammungsgemeinschaft versteht, in direkter Kontinuität zum alttestamentlichen Israel sieht, ist daher unmittelbar nachvollziehbar – die Kirche ist dagegen keine Abstammungsgemeinschaft, sondern konstiutiert sich über den gemeinsamen Glauben. Obwohl sie aus einer innerjüdischen Gruppierung hervorgegangen ist, können nur die wenigsten ihrer Glieder ihre leibliche Abstammung auf das antike Israel zurückführen. Dennoch sieht sich auch die Kirche in Kontinuität zum alttestamentlichen Gottesvolk – woran nicht weniger hängt als die Plausibilität des christlichen Bekenntnisses. Dessen Kern bildet ja die Überzeugung, dass Jesus von Nazareth der im Alten Testament verheißene und damit in der Geschichte des alttestamentlichen Gottesvolkes vorbereitete Messias ist. Diesen Messias kann die Kirche aber nur dann glaubhaft als ihren Herrn bekennen, wenn sie sich als sein Volk versteht – das heißt: wenn sie sich trotz fehlender genealogischer Abstammung in Kontinuität zum Gottesvolk des Alten Testaments sieht, aus dem dieser Messias hervorgegangen ist.

Dass das Rutbuch die Aufnahme einer Moabiterin in das alttestamentliche Israel berichtet, zeigt, dass schon das Gottesvolk des Alten

Testaments keine reine Abstammungsgemeinschaft war. Schon in der alttestamentlichen Erzählung ist dies mit einer typologisch-messianischen Bedeutungsebene verbunden, auf der Boas Typos des Messias und Rut Typos der Völker ist, die sich in der künftigen messianischen Heilszeit Israel anschließen werden, und die der Messias, dessen Herrschaft die ganze Welt umfassen soll, in das Gottesvolk aufnehmen wird. Aus christlicher Sicht ist Boas als Bräutigam der Rut nicht mehr Typos eines noch unbekannten, für die Zukunft erwarteten Messias, sondern Typos Jesu Christi, während Rut Typos der nichtjüdischstämmigen Christen ist, die durch Jesus Christus Teil des Gottesvolkes werden. Dass sich viele Nichtjuden der christusgläubigen Gemeinde, der späteren Kirche, anschlossen, bildet den Erfahrungshintergrund, vor dem sich dieses christliche Verständnis ergeben konnte: Die Zuwendung der Nichtjuden zur Gemeinde Christi konnte als erlebte Erfüllung dessen gelten, was im Buch Rut typologisch vorabgebildet war.

Wenn sich aber die Kirche aus Juden und Nichtjuden als Erfüllung dessen verstehen kann, was im Buch Rut typologisch vorweggenommen ist, ist das Rutbuch ein wichtiger Schriftbeleg dafür, dass diese Kirche in legitimer Kontinuität zum alttestamentlichen Gottesvolk steht. Allerdings ist dieser Schriftbeleg kein voraussetzungsloser, objektiver Beweis. Er setzt voraus, dass zumindest Offenheit für das kirchliche Bekenntnis besteht, dass Jesus von Nazareth der im Alten Testament vorbereitete Messias ist.[421] Wie das christliche Verständnis alttestamentlicher Texte überhaupt steht auch das Verständnis des Buches Rut in der Korrelation von Altem und Neuem Testament.[422] In diesem Rahmen wirkt aber die Deutung des Boas als Typos Christi, der die nichtjüdische Braut an sich bindet, keineswegs willkürlich. Sie knüpft ja an die typologisch-messianische Bedeutungsebene an, die der Erzählung unabhängig von der christlichen Rezeption innewohnt. Dass das christlich-typologische Verständnis, wie es unter anderem Ambrosius vertritt, in der kirchlichen Auslegungstradition „für lange Zeit bestimmend" war, ist von daher nachvollziehbar.[423]

---

[421] Vgl. dazu oben S. 20 f.

[422] Vgl. dazu oben S. 16.

[423] So Hausmann, Rut, 120, die als Beispiel für diese Auslegungstradition auf den Kommentar des Jesuiten Nicolaus Serarius aus dem Jahr 1611 verweist.

Die Kritik, dieses „Auslegungsmuster" der Väterexegese übersehe, „daß Ruth ihr ‚heidnisches' Elternhaus und Vaterland verließ, um *zu Israel zu gelangen*"[424] – also nicht: „um sich der Kirche anzuschließen" –, beruht auf zwei Voraussetzungen: Sie setzt „Israel" mit dem jüdischen Volk gleich, und sie argwöhnt offenkundig, dass die Kirchenväter bei ihrem Verständnis der Rut als Typos der nichtjüdischen Christen von einem antijüdischen Ressentiment geleitet waren. Nun können antijüdische Ressentiments bei den Kirchenvätern nicht generell bestritten werden. Im konkreten Fall ist aber darauf hinzuweisen, dass die Kirchenväter die Erfahrung voraussetzen, dass sich viele Nichtjuden der Gemeinde des Messias Jesus, also der Kirche, anschließen. Die Kritik übersieht daher, dass die Väter auf Grund dieser Erfahrung und auf Grund ihres Bekenntnisses zu Jesus Christus das Gottesvolk (= „Israel") gar nicht mehr mit dem jüdischen Volk gleichsetzen konnten. Zugleich übersieht sie, dass das Buch Rut tatsächlich eine typologisch-messianische Bedeutungsebene enthält, deren Erwartungen vor dem genannten Erfahrungshintergrund in der Entstehung der Kirche aus Juden und Nichtjuden nachvollziehbar als erfüllt gelten konnten.

Das Verständnis der Kontinuität zwischen alt- und neutestamentlichem Gottesvolk lässt sich vertiefen, wenn der Erwähnung Ruts neben anderen nichtisraelitischen Frauen im Stammbaum Jesu von Mt 1,2–17 ausführlicher nachgedacht wird. Dann ruft die Erwähnung der Frauen ihre Geschichten in Erinnerung, wie sie im Alten Testament erzählt sind. Die Geschichten von Tamar, Rahab und Rut zeigen, dass man sich dem Volk Israel und seinem Gott auf Grund einer Entscheidung zuwenden kann. Rut trifft diese Entscheidung in Rt 1,16 f., wobei sie einen Weg auf sich nimmt, der dem des Erzvaters Abraham entspricht (vgl. Rt 2,11). Die Entscheidung lässt die gebürtige Moabiterin zur wahren Israelitin werden. Wenn aber schon das Alte Testament erzählt, dass man auf Grund einer Entscheidung Teil des Gottesvolkes werden kann, ja – wenn sogar schon der Stammvater des Gottesvolkes aus einer Glaubensentscheidung heraus aufgebrochen ist und das Gottesvolk ohne Aufbruch und Glauben des Erzvaters gar nicht entstanden wäre, dann kann es letztlich nicht die leibliche Abstammung sein, die über die Zugehörigkeit zum Gottesvolk entscheidet. Dann kann aber – auch wenn das Gottesvolk im Alten Tes-

424 Ebach, Fremde, 303 (Hervorhebung im Original).

tament weithin als leibliche Abstammungsgemeinschaft konzipiert ist – die Kontinuität zwischen der Kirche und dem alttestamentlichen Gottesvolk nicht damit bestritten werden, dass die Kirche nicht als leibliche Abstammungsgemeinschaft genealogisch aus dem alten Israel hervorgegangen ist. Die Glaubensentscheidung, die die Zugehörigkeit zur Kirche begründet, wurde von Abraham, Tamar, Rahab und Rut vorweggenommen.

Ambrosius versteht zu Recht Ruts Anschluss an Israel als Urbild einer Zuwendung zum christlichen Glauben: Wie sich Rut in 1,16 f. Naomi sowie Naomis Volk und ihrem Gott anschließt und ihr eigenes Volk verlässt, muss sich der Gläubige der Kirche anschließen und sein ungläubiges („heidnisches") Umfeld verlassen (*Expos. euangel. sec. Lucam* III 33). Da damals „in der Regel Erwachsene bekehrt wurden und sich taufen ließen", war das Vorbild der Rut „unmittelbarer auf das eigene Leben zu übertragen und deshalb aktueller als für" heutige Christen[425] – sofern diese noch in ein christlich geprägtes Umfeld hineingeboren sind. Angesichts des gesellschaftlichen Bedeutungsverlustes von Kirche und christlichem Glauben wird aber der Anspruch, dass zum christlichen Glauben eine Entscheidung nötig ist, die die Abkehr vom angestammten Lebensumfeld oder von Teilen desselben einschließen kann, wieder an Aktualität gewinnen. So kann die Auslegung des Ambrosius dazu anregen, Rt 1,16 als geistlich anspruchsvollen Predigttext wiederzuentdecken.[426]

Als Schriftbeleg für die Kontinuität von alttestamentlichem Gottesvolk und Kirche kann das Rutbuch aber vor allem dann verstanden werden, wenn es im Kontext der biblischen Geschichtsdarstellung wahrgenommen wird – d. h.: wenn ihm der Ort zwischen dem Richterbuch

---

425 Reemts, EuA 75 (1999), 378.

426 In der seit dem Ersten Advent 2018 in der Evangelischen Kirche in Deutschland (EKD) gültigen „Ordnung der Lese- und Predigttexte" ist Rt 1,1–19 in Reihe III für den 3. Sonntag nach Epiphanias vorgesehen. An diesem Sonntag steht allerdings nicht die Entscheidung für den Glauben, sondern die Universalität des Heilshandelns des Gottes Israels im Vordergrund. Auch dazu passt das Rutbuch als Erzählung über eine Moabiterin, die sich Israel zuwendet und sogar zur Stammmutter Davids und damit des Messias wird. Vgl. dazu Deeg / Schüle, Perikopentexte, 160–162. Der im Haupttext vorgeschlagene und der von der kirchlichen Ordnung angeregte Predigtansatz können beide je zu ihrer Zeit gewählt werden.

und den Samuelbüchern zuerkannt wird, den das Buch selbst für sich beansprucht. An diesem Ort ist die Rut-Erzählung „in den Gesamtduktus der Führung des Gottesvolkes" hineingestellt[427] und erzählt damit ein „Stück Gottesgeschichte mit der Welt"[428], indem es am Übergang von der Richter- zur Königszeit die messianische Hoffnung in das alttestamentliche Geschichtsbild implementiert und etwas von dem deutlich werden lässt, was das eigentliche Ziel der Geschichte Gottes mit Israel und – am Beispiel der Moabiterin Rut und ihrer Zuwendung zu Israel vorabgebildet – mit der Menschheit überhaupt ist.[429] Mit der Verdeutlichung dieses Ziels ragt das Rutbuch aber über das in den Samuel- und Königebüchern geschilderte Scheitern der davidischen Dynastie hinweg aus der alttestamentlichen Geschichtsdarstellung heraus.[430] Im Anschluss an Fabry lässt sich diese Stellung des Buches mit einem Brückenbogen vergleichen[431], der innerhalb des Alten Testaments nicht mehr geschlossen wird. Das Neue Testament und die christliche Rezeption greifen diesen Bogen auf und vollenden ihn, indem sie in der Entstehung der christlichen Gemeinde bzw. der Kirche aus Juden und Nichtjuden die Erfüllung dessen erkennen, was über Boas und Rut erzählt wird. Damit bildet der Brückenbogen eine geschlossene Verbindung von Altem und Neuem Testament.

7.4. Zum übertragenen Verständnis von Land und Landbesitz

In 7.3. wurde die Entstehung der Kirche aus Juden und Nichtjuden als Erfüllung der Zuwendung anderer Völker zu Israel beschrieben, die die typologisch-messianische Bedeutungsebene des Buches Rut andeutet. Daraus ergibt sich die wichtige Kontinuität zwischen Kirche und Gottesvolk des Alten Testaments.

In 6.3. waren aber auch noch andere Aspekte genannt worden, die auf dieser Bedeutungsebene angesprochen werden: So ist darin, dass

427 Hertzberg, ATD 9, 283.
428 Hertzberg, ATD 9, 283; vgl. schon a. a. O., 259 f.
429 Vgl. dazu oben S. 17; 184.
430 Vgl. dazu oben S. 182.
431 Vgl. dazu oben S. 35.

Naomi aus Moab zurückkehrt und keine kinderlose Witwe bleibt, die Wiederherstellung Israels nach Gericht und Exil dargestellt – Israel soll nicht bleibend unter der Vorherrschaft fremder Großmächte stehen oder gar untergehen; in Boas' Wirken als Löser, der Rut nicht nur heiratet, sondern auch ein Kind mit ihr zeugt, das die Zukunft der Elimelech-Familie sichert, ist dargestellt, wie der Messias für die Aufnahme der Diaspora und den Erhalt Israels im Land sorgt. Bei diesen Aspekten geht es letztlich um die freie, auf Zukunft ausgerichtete und mit allem Lebensnotwendigen versorgte Existenz Israels in seinem Land. Da aber Jesus Christus kein politischer König im Sinn dieser Welt ist, und da die Heilsgaben, die die Gläubigen von ihm erwarten, nicht – zumindest nicht in erster Linie – realer Landbesitz und materielles Versorgtsein sind, sind diese Aspekte in christlicher Rezeption nicht so bruchlos aufzunehmen wie die Darstellung Ruts als Typos der Völker, die sich in der messianischen Zeit Israel anschließen werden. Die physischen Heilsgüter Landbesitz und leibliche Nachkommenschaft sind in einer christlichen Auslegung im übertragenen Sinn aufzunehmen. Die Notwendigkeit zur übertragenen Rezeption von Elementen alttestamentlicher Texte ist in der christlichen Auslegungstradition seit jeher akzeptiert und wird auch von Luther betont, wenn er etwa ein innerliches und geistliches Verständnis dessen fordert, was die Israeliten des Alten Testaments äußerlich und körperlich erfahren haben[432].

Dass der Messias Jesus kein politischer König im Sinn dieser Welt sein kann, weil politische Herrscher stets korrumpierbar sind, so dass die heilvolle Zukunft, die vom Messias erwartet wird, nicht von ihnen bewirkt werden kann, wird ebenfalls im Stammbaum von Mt 1,2–17 angedeutet.

Dass David als politischer Herrscher nicht das Ideal einer Königsherrschaft realisieren konnte wie es im Buch Rut im Handeln seines Urgroßvaters Boas und im Wagemut seiner Urgroßmutter Rut vorweg-

---

432 Vgl. dazu oben S. 18 f. Der Hinweis darauf soll der verbreiteten, aber falschen Meinung entgegenwirken, dass in der reformatorischen Tradition nur noch der wörtliche Textsinn Beachtung gefunden hätte und übertragene, allegorische und typologische Deutungen ausgeschlossen worden seien. Luther und die Exegeten der altprotestantischen Orthodoxie vertraten eine differenzierte Haltung zu diesen Fragen, vgl. dazu ausführlicher Steiger, ZKG 110 (1999); ders., Exegese.

genommen ist, kommt in Mt 1 insofern zur Geltung, als Batseba als einzige der vier Stammmütter Jesu nicht mit ihrem eigenen Namen, sondern „Frau des Uria“ genannt wird (Mt 1,6b). Damit wird auf die düsterste Episode seiner Herrschaft angespielt (II Sam 11 f.), in der David zum Ehebrecher und Anstifter eines Mordes wird. Es wird also in Erinnerung gerufen, dass auch unter der Herrschaft Davids Verhältnisse eintreten konnten, wie sie für die in Jdc 17–21 geschilderte königslose Zeit bestimmend waren. Als Vorgeburtsgeschichte Davids hebt sich das Rutbuch vom düsteren Hintergrund der Schlusskapitel des Richterbuches ab – die Geschichte von David und der „Frau des Uria“ schildert aber einen Rückfall hinter das, wofür David eigentlich steht.

Die Geschichte von David und Batseba zeigt exemplarisch, dass sich das Ideal eines Königtums, wie es im Rutbuch in den Figuren von Davids Urgroßeltern aufscheint, unter den Bedingungen der vorfindlichen Welt nicht in einer politischen Herrschaft realisiert. Dass Repräsentanten politischer Herrschaft verführbar sind und sich leicht des Machtmissbrauchs schuldig machen, gilt nicht nur für David und seinen Sündenfall; nach dem weiteren Verlauf des Matthäusevangeliums gilt es auch für Herodes, der aus Angst um seine Macht zum Kindermörder wird (Mt 2,16–18) und darin Züge des Pharaos von Ex 1 annimmt.

Auf der anderen Seite zeigt das Evangelium, dass Jesus als der wahre „König der Juden“ (Mt 2,2; 27,37) kein Herrscher nach dem politischen Verständnis dieser Welt ist.[433] Dementsprechend ist auch das Volk des

[433] Im Matthäusevangelium wird „König der Juden“ von Angehörigen nichtjüdischer Völker zur Bezeichnung des Messias verwendet (vgl. Schlatter, Matthäus, 30; 770), zunächst von den Weisen aus dem Osten (Mt 2,2). Dass die Frage der Weisen bei dem politischen König Herodes Angst um seinen Thron auslöst, ist ein grandioses Missverständnis. Man könnte es für Satire halten, wenn es nicht den bethlehemitischen Kindermord (Mt 2,16–18) zur Folge hätte. Gegen Ende des Evangeliums sind es Römer, die Jesus als „König der Juden“ ansprechen (Mt 27,11) und ihn, den Machtlosen, mit diesem Namen verspotten (Mt 27,29). Die Römer als Vertreter der Supermacht der damaligen Zeit proklamieren ihn schließlich vor aller Welt am Kreuz als „König der Juden“ (Mt 27,37). Was als Spott gemeint ist, der auch potentielle Aufrührer gegen die römische Herrschaft abschrecken soll, zeigt im Kontext des Evangeliums, dass der Davidsohn Jesus erst als der zum Kreuzestod Verurteilte als Messias erkennbar wird. Hier bewährt sich, was der Name „Jesus“ bedeutet: Er rettet sein Volk von ihren Sünden (Mt 1,21).

Messias, das Gottesvolk, keine politische Größe, sondern die Gemeinde der Jünger Jesu, die aus der Rettung von den Sünden lebt (Mt 1,21), die er am Kreuz erworben hat, und der der Auferstandene seine bleibende Gegenwart verheißt, die nach dem Ende aller Welt offenbar sein wird (Mt 28,18–20).

Bei einer übertragenen Rezeption der physischen Heilsgüter Land bzw. Landbesitz und Nachkommenschaft ist das, was das Rutbuch erzählt, nicht auf den realen Besitz von Feldern oder leibliche Nachkommen zu beziehen, sondern auf die von Gott gewährte Lebensfülle, die die Gläubigen von Jesus Christus erwarten. Diese ergibt sich aus der mit Gott versöhnten, auf das ewige Leben ausgerichteten christlichen Existenz. Entscheidend ist dabei, dass ein entsprechendes übertragenes Verständnis den Text ebensowenig verfremdet wie das Verständnis des Boas als Typos Christi: Wie das typologische Verständnis des Boas und anderer Figuren kann das übertragene Verständnis von Land und Nachkommenschaft an Aspekte anknüpfen, die im Buch Rut selbst angelegt sind; außerdem wird es durch andere späte Texte des Alten Testaments gestützt.

Ein Beispiel für einen Text aus der Spätzeit des Alten Testaments, der das Land im übertragenen Sinn versteht, bildet der bekannte Vers Ps 37,3: „Hoffe auf Jahwe und tu Gutes, wohne im Land und pflege Treue (אֱמוּנָה[434])“. Die zweite Vershälfte – die in Luthers Übersetzung „bleibe im Lande und nähre dich redlich“ im Deutschen sprichwörtlich geworden ist – bezieht sich sicher nicht im wörtlichen Sinn auf das Wohnen im Land. Vielmehr zeigt der Parallelismus zu dem „Hoffe auf Jahwe!“ in der ersten Vershälfte, dass die Rede vom „Land“ an dieser Stelle „spiritualisierend verwendet“ ist: „In der Kombination mit dem Vertrauen auf Gott bedeutet es die ‚Lehre‘, in Verbindung mit dem Tun des Guten das Reich der Wahrheit“[435]. Allgemeiner gesagt: Wohnen im Land ist an dieser Stelle ein Bild für das Leben des Frommen mit Gott. Das gilt auch für die Zukunftsperspektive, die der Psalm etwas später, in den VV. 9–11, ausmalt. Danach sollen die Täter des Bösen ausgerottet werden, die aber, die

434 אֱמוּנָה („Treue“) bezeichnet hier im Parallelismus zu „tu Gutes“ wie in Hab 2,4 das Verhalten, das das Leben des Gerechten bestimmt, etwa: „Treue / Verlässlichkeit / Beständigkeit“. Die Übersetzung „pflege Treue“ mit Delitzsch, Psalmen, 289; 292.

435 Oeming, NSK.AT 13 / 1, 207.

auf Gott hoffen, die „Armen" (עֲנָוִים), sollen das Land in Besitz nehmen (VV. 9b.11a). Auch hierbei geht es um „mehr als das Stückchen Erde ‚Israel'; als ‚Israel' wird ‚das Land' auch nirgendwo im Psalm benannt"; es geht wohl um „das endzeitliche ‚Gottesreich', eine eschatologische Größe, in der keine Frevler mehr wohnen sollen".[436]

Schon Ps 37 versteht also das Gut des Landbesitzes als Bild eines heilerfüllten Lebens mit Gott. Diese Linie wird aber nur ausgezogen, wenn man aus christlicher Perspektive das Land als Bild eines Lebens aus der Fülle des von Jesus Christus gewährten Heils versteht. In der Zukunftsperspektive der VV. 9b.11a, nach der die auf Gott hoffenden Armen das Land in Besitz nehmen werden, kommt schon in Ps 37 die eschatologische Hoffnung in den Blick, die unabdingbar zur christlichen Existenz gehört.

Wenn aber alttestamentliche Texte wie Ps 37 ein übertragenes Verständnis von Land und Landbesitz vertreten, liegt es nicht fern, dass ein entsprechendes Verständnis auch schon dem Rut-Erzähler geläufig war. Tatsächlich bietet das Rutbuch einen Ansatzpunkt für ein übertragenes Verständnis des Landes: Dass Elimelech mit seiner Familie Bethlehem verlässt und nach Moab geht, erscheint im Licht von Parallelen aus den Erzvätergeschichten, insbesondere im Licht von Gen 26,1–5, als eigenmächtiger Schritt, mit dem sich die Familie von Gott und von dem durch ihn gewährten Heilsgut des Landes entfernt. Dem entspricht es, dass die Familie in Moab von schrecklichen Todesschicksalen heimgesucht wird: Elimelech und beide Söhne sterben (Rt 1,3.5). Moab ist demnach mit Erfahrungen der Gottferne und des Todes verbunden; umgekehrt ist Israel damit verbunden, dass die Daheimgebliebenen (Rt 1,6), dann aber auch Naomi und Rut, Gottes Zuwendung und Barmherzigkeit neu erfahren (Rt 2,20). Mit Israel sind also Assoziationen der Erfahrung von Gottesnähe und – obwohl es auch von Hungersnöten geplagt werden kann (Rt 1,1) – mit der Erfahrung göttlicher Gnade und dem Geschenk erfüllten Lebens assoziiert. Das übertragene Verständnis des Landbesitzes als Ausdruck gottgeschenkter Lebensfülle kann daran nachvollziehbar anknüpfen.

---

436 So Oeming, NSK.AT 13 / 1, 208, wo sich auch das zuvor genannte Zitat findet. Auf das „Gottesreich der Endzeit" wird die Aussage auch von Zenger, in: Hossfeld / Zenger, Psalmen I, 235 bezogen.

Die Assoziationen, die im Rutbuch mit Moab und Israel verbunden sind, hat auch einer der großen Vertreter der alttestamentlichen Wissenschaft im 20. Jh., G. v. Rad, in einer Predigt über Rt 1 für eine übertragene Deutung fruchtbar gemacht: Danach sei Rut mit dem Entschluss, Naomi nach Israel zu folgen (Rt 1,16f.) „in das Volk des lebendigen Gottes eingetreten" und habe so „die große Grenze zwischen Tod und Leben überschritten"[437]. Bei einem wörtlichen Verständnis der Erzählung liegt es nahe, sich die Entscheidung Ruts auf der Grenze zwischen Moab und Israel vorzustellen[438], wie auch v. Rad bei Gunkel gelesen haben dürfte – in der Predigt spricht er aber von der „großen Grenze zwischen Tod und Leben", an der die christlichen Predigthörer ihre Entscheidung für oder gegen ein Leben mit Gott, für oder gegen die Zugehörigkeit zum „Volk des lebendigen Gottes" fällen müssen. Wie schon Ambrosius versteht auch v. Rad Rt 1,16 als alttestamentliches Vorbild für eine christliche Glaubensentscheidung und verbindet diese mit einer übertragenen Deutung des Landes.

Das Bekenntnis zu zu dem nicht-politischen Weltenkönig Jesus Christus und das übertragene, nicht-geographische und nicht-politische Verständnis des Landes wirken auch insofern auf den christlichen Umgang mit dem Rutbuch zurück als vor diesem Hintergrund bei ethischen Lesarten die Situation der noch unerlösten Welt, also der Welt, in der die Herrschaft Christi noch nicht sichtbar verwirklicht ist, zu berücksichtigen bleibt. Wenn das Rutbuch als „narrative Ethik" gelesen wird, die „ein

---

437 V. Rad, EvTh 12 (1952/53), 3. Die Predigt, die v. Rad am 27. Januar 1952 im Heidelberger Universitätsgottesdienst gehalten hat, wurde in dem der alttestamentlichen Hermeneutik gewidmeten Themenheft der Zeitschrift „Evangelische Theologie" veröffentlicht, in dem bedeutende Vertreter der Gründergeneration des „Biblischen Kommentars zum Alten Testament" (BK) (neben v. Rad, M. Noth, W. Zimmerli, H.-J. Kraus und H. W. Wolff) das Projekt der Kommentarreihe vorstellten. Im hinteren Deckblatt des Heftes sind die Grundsätze dargelegt, denen die Kommentarreihe nach ihrer Gründergeneration verpflichtet sein sollte. Dazu gehört, „daß in der christlichen Kirche das Alte Testament nur gelesen werden kann als ein Buch, das die Kirche aus der Hand Jesu Christi empfangen hat, daß darum die Auslegung nicht in einer unverbindlichen religionsgeschichtlichen Erklärung steckenbleiben darf". V. Rads Predigt ist ein diesen Grundsätzen verpflichtetes Beispiel einer exegetisch fundierten, kirchlich orientierten, verbindlichen Auslegung des Rut-Textes.

438 Vgl. dazu oben S. 100.

Handlungsideal" entwirft, nämlich „ein Handeln gemäß חֶסֶד"[439], und wenn aus der Beschäftigung mit dem Buch ein „konstruktives Unbehagen" angesichts des zunehmenden Auseinandergehens der „so viel zitierten ‚Schere' im sozialen Gefüge" oder andere politische Motivationen gewonnen werden[440], bleibt anzuerkennen, dass das messianische Reich, das im Handeln des Boas vorabgebildet ist, in dieser Welt noch nicht verwirklicht werden wird. Boas als Typos Jesu Christi zu verstehen, lässt eine moralische Lesart zu, die sein Handeln als Ideal auslegt, dem es nachzustreben gilt; insofern er aber Typos Jesu Christi [*!*] und nicht allein Vorbild eines moralisch handelnden Bürgers ist, bleibt zu bedenken, dass das in seinem Handeln dargestellte Ideal nur in gewissen Grenzen verwirklicht werden kann, da alle, die ihm nachstreben, durch Sachzwänge eingeschränkt sind und in der Gefahr stehen, Verführungen zu erliegen wie es Boas' Enkel David geschehen ist (II Sam 11; vgl Mt 1,6b). Die Anerkennung der Unerlöstheit der Welt, über die die messianische Hoffnung hinausweist, gehört zu den Voraussetzungen theologischer Vernunft.[441] Sie bewahrt ethische Ansprüche vor dem Abgleiten in Ideologie und Hypermoral und den Glauben davor, das Gottvertrauen zu verlieren und mit einer überhöhten moralischen Grundeinstellung verwechselt zu werden, die zu naiver Selbstgerechtigkeit oder zum Verzweifeln an den eigenen Ansprüchen führt.

---

439 Beyer, Hoffnung, 224.

440 Vgl. Hausmann, Rut, 9 f.; vollständiger oben in Anm. 29.

441 Vgl. als Beitrag zu aktuellen Debatten, die vielfach (theologische) Vernunft vermissen lassen, Körtner, Vernunft, v. a. 91–101 („Theologische Vernunft"); 143–151 („Die Welt verschonen").

8. Das Buch Rut im Alten Testament und in der Hebräischen Bibel

8.1. Das Buch Rut im Alten Testament – zur Plausibilität von Fabrys These

In den vorhergehenden Kapiteln wurde besprochen, dass das Buch Rut mit seiner typologisch-messianischen Bedeutungsebene die messiansiche Hoffnung in die alttestamentliche Geschichtsdarstellung implementiert und so einen Anknüpfungspunkt für das Selbstverständnis der Kirche bietet, in Kontinuität zum alttestamentlichen Gottesvolk zu stehen. Damit kann es mit Fabry als „Brückenbogen" zwischen Altem und Neuem Testament gelten.

Was die Implementierung der messianischen Hoffnung in die alttestamentliche Darstellung der Geschichte Israels konkret bedeutet, zeigt sich, wenn man vergleicht, wie sich das Verständnis der Einführung des Königtums (I Sam 8–12) ändert, je nachdem ob das Erste Samuelbuch direkt auf das Richterbuch folgt oder ob zwischen Richterbuch und Erstem Samuelbuch das Buch Rut steht.

Das Erste Samuelbuch kann in seiner vorliegenden Fassung wie das Richterbuch und das Buch Rut als abgegrenzte Einheit gelten, die für sich gelesen und sinnvoll ausgelegt werden kann[442], die aber auch als Teil der alttestamentlichen Geschichtsdarstellung gelesen werden kann. Für den

---

[442] Vgl. dazu Gerhards, Homer, 59–61. Das Erste Samuelbuch, das sich grob in drei Abschnitte gliedern lässt (I Sam 1–7: Vor dem Königtum; I Sam 8–12: Einführung des Königtums; I Sam 13–31: Herrschaft Sauls), kommt zuerst in der Septuaginta als abgegrenzte Größe vor (dort: „Erstes Buch der Königtümer"). Die hebräische Tradition behandelt die beiden Samuelbücher bis ins Mittelalter als Einheit; ab dem 15. Jh. wird aber auch dort zwischen Erstem und Zweitem Samuelbuch unterschieden. Dass das Erste Samuelbuch wie auch das Richterbuch verschiedene Quellen und redaktionelle Schichten enthält, die teilweise die Buchgrenzen überschreiten, ist damit unbestritten. Wie im Haupttext angesprochen, stehen die literargeschichtlichen Vorstufen nicht im Interesse der vorliegenden Arbeit.

Wunsch nach Einführung des Königtums, wie er in dem zentralen Kapitel I Sam 8 erzählt ist, ergibt sich aber ein unterschiedliches Verständnis je nachdem, ob das Erste Samuelbuch für sich gelesen wird, ob es als Fortsetzung des Richterbuches oder als Fortsetzung des Rutbuches gelesen wird.

Wird das Erste Samuelbuch für sich gelesen, ist es von einer theokratisch begründeten Kritik am Königtum als Verwerfung Gottes bestimmt (I Sam 8,7; 12,12.16–19). Dennoch gibt Jahwe dem Wunsch des Volkes nach einem König statt. Ein Ausgleich zwischen dem Anspruch Gottes, Israels eigentlicher König zu sein, und dem menschlichen Königtum wird hergestellt, indem das Volk einschließlich des Königs auf den Gehorsam gegen Gott verpflichtet wird (I Sam 12,13–15). Israels erster König Saul scheitert, weil er diesen Gehorsam nicht bis ins Letzte erfüllt. Er orientiert sich nicht nur an dem ihm verpflichtenden Gotteswort, sondern auch an militärischer und politischer Vernunft (I Sam 13,7b–15a; I Sam 15).[443]

---

[443] Bei diachroner Betrachtung wird diese theokratische Königtumskritik in der sichtlich uneinheitlichen Schilderung der Einführung des Königtums (I Sam 8–12) von der königtumskritischen Schicht (I Sam 8; 10,17–27; 12) vertreten. Deren Texte bilden aber einen Rahmen um die königtumsfreundlichen Texte (I Sam 9,1–10,16; 11) und sind daher dominant. Da der Abschnitt I Sam 8–12 als das sachliche Zentrum des Ersten Samuelbuches gelten kann, ist das ganze Buch von der theokratischen Königtumskritik bestimmt. Das wird in den Erzählungen über die Verwerfung Sauls (I Sam 13; 15) sowie in der David-Goliat-Geschichte mit der Schilderung des ersten öffentlichen Auftretens Davids (I Sam 17) konkret: Die theokratische Königtumskritik ist hier der entscheidende Beurteilungsmaßstab. Saul scheitert in I Sam 13,6–15 daran, dass er angesichts der drohenden Auflösung seines Heeres das Opfer darbringt, das sich Samuel vorbehalten hatte, dessen Kommen sich jedoch verzögert, in I Sam 15 scheitert er, weil er auf Grund des Wunsches, dem Volk ein Opferfest in Gilgal zu gönnen, den Strafwillen Gottes gegenüber Amalek nicht konsequent vollstreckt. In beiden Fällen handelt Saul unter militärisch-politischen Gesichtspunkten vernünftig: Er will gegen die Philister losschlagen, bevor sich sein Heer aufgelöst hat (I Sam 13) bzw. er will seine Soldaten mit der Aussicht auf ein Opferfest bei Laune halten (I Sam 15). Der König von Israel, also der menschliche Herrscher des Volkes, dessen eigentlicher König Jahwe selbst sein will, darf solche Erwägungen allerdings nicht anstellen, wenn sei dem strikten Gehorsam gegen Gott zuwiderlaufen (vgl. dazu Gerhards, Homer, 342–383). Das Erste Samuelbuch endet mit Sauls Tod, der die Folge seiner Verwerfung ist (I Sam

Wird das Erste Samuelbuch als Fortsetzung des Richterbuches gelesen, wird das Verständnis des Königswunsches durch die Schilderung der gesetz- und friedlosen vorköniglichen Zeit in Jdc 17–21 gelenkt. Vor diesem Hintergrund beginnt die Lektüre des Ersten Samuelbuches „not only expecting a monarchy, but expecting monarchy to improve things"[444]. Zwar geht noch immer aus I Sam 8,7 hervor, dass der Königswunsch des Volkes eine Verwerfung Gottes als des eigentlichen Königs war. Vor dem Hintergrund von Jdc 17–21 kann dies aber nicht mehr als grundsätzliche Kritik am Königtum gelesen werden: Die königslosen Verhältnisse, von denen die Schlusskapitel des Richterbuches erzählen, waren tatsächlich untragbar, sogar lebensfeindlich; das Königtum erscheint danach als notwendige Ordnungsmacht. Dennoch war der Wunsch des Volkes nach einem König Ausdruck mangelnden Vertrauens in Gott. Unmittelbarer Anlass des Wunsches ist die Korruptheit der Söhne Samuels (I Sam 8,3–5). Der tiefere Grund liegt aber darin, dass Israel wie alle anderen Völker sein und anstelle des unsichtbaren und unverfügbaren göttlichen Souveräns einen menschlichen König als Richter und Heerführer haben will (I Sam 8,5f.19f.). Dabei könnte gerade der Philistersieg, den Samuel soeben allein durch Gebet und Opfer errungen hatte (I Sam 7,2–14), das Vertrauen in die Führung Gottes gestärkt haben. Allerdings besteht die Voraussetzung dieses Vertrauens darin, dass das Volk Jahwe treu bleibt bzw. im Fall einer Abkehr bußfertig zu ihm zurückkehrt (vgl. I Sam 7,2–5). Nach der langen Geschichte des ständig wiederholten Abfalls, die in Jdc 3–16 erzählt wurde, ist in der Tat nicht zu erwarten, dass Israel so treu zu Jahwe hält, dass es keine Zeiten der Feindbedrückung (wie in Jdc 3–16; I Sam 4–7) und des internen Chaos (wie Jdc 17–21) mehr zu durchleben hat. Von daher wird verständlich, dass Gott sich auf den Königswunsch des Volkes einlässt, obwohl dieser Wunsch die Geschichte des Abfalls Israels von seinem einzigen Gott fortschreibt

---

28) und durch den der Weg für den Herrschaftsantritt Davids frei wird. Anders als Saul zeichnet sich David in I Sam 17, der Schilderung seines ersten öffentlichen Auftretens, durch ein Gottvertrauen aus, das über militärisch-taktischen Erwägungen steht, während Saul auch hier entsprechend Erwägungen in den Vordergrund stellt (v.a. I Sam 17,31–40) (zum Vergleich von David und Saul vgl. auch Gerhards, Homer, 311–319; 380–383).

[444] Jobling, Ruth, 127.

(I Sam 8,7–9). Gott kommt damit dem mangelnden Gottvertrauen des Volkes entgegen.

Dieses Entgegenkommen erinnert im weiteren Kontext des Alten Testaments daran, wie Gott in der erneuerten Schöpfungsordnung nach der Sintflut den Fleischgenuss erlaubt (Gen 9,2–6). Dabei handelt es sich um eine Abkehr vom ursprünglichen Vegetarismus-Gebot (Gen 1,29 f.), mit der Gott dem gewalttätig gewordenen Menschen (vgl. 6,11 f.) entgegenkommt: Gewalt ist nun in bestimmten Grenzen erlaubt (9,4 f.), um fleischliche Nahrung zu gewinnen. Auch die Gewährung des Königswunsches in I Sam 8 ist mit einer Grenze verbunden: Diese besteht in dem in I Sam 12,13–15 verordneten Gehorsam gegenüber Gott, in den auch der König einbeschlossn ist. An diesem Gehorsam scheitert Saul. Dabei wird es den vom Richterbuch herkommenden Leser, der den Vorblick auf die Sünde Jerobeams in Jdc 17 f. und die kritische Sicht Gibeas und Benjamins in Jdc 19–21 verstanden hat, nicht überraschen, dass nicht der aus Gibea stammende Benjaminit Saul König nach Gottes Herzen ist, sondern erst der Judäer David (vgl. I Sam 13,14; 16,7), dessen Heimatstadt Bethlehem in Jdc 19–21 positiv gegenüber Gibea hervorgehoben ist.[445]

Wird das Erste Samuelbuch also als unmittelbare Fortsetzung des Richterbuches gelesen, kann I Sam 8 nicht mehr als grundsätzliche theokratisch begründete Ablehnung des Königtums gelesen werden, wohl aber bleibt eine kritische Sicht des Königswunsches als Ausdruck mangelnden Vertrauens in Gott, dem Gott aber entgegenkommt. Diese Tendenz, das Königtum positiver zu sehen als bei einer isolierten Lektüre des Ersten Samuelbüches, wird aber bekräftigt, wenn dem Ersten Samuelbuch nicht das Richterbuch, sondern das Buch Rut unmittelbar vorausgeht. „The inclusion of the book of Ruth“ dient dazu „to legitimize kingship, and specifically David’s kingship“[446]. Die drei aufeinanderfolgenden Bücher Richter-, Rut- und Erstes Samuelbuch enden „with (a) the urgent need for monarchy (Judges), (b) the announcement of the coming of David, founder oft he ‚true‘ monarchy (Ruth), and (c) the resolution (through Saul’s death) of the complication of an alternative monarchy to the true one (1 Samuel)“[447]. Wenn das Buch Rut dem Ersten Samuel-

[445] Vgl. dazu oben S. 175–177.

[446] Jobling, Ruth, 130.

[447] Jobling, Ruth, 131.

buch unmittelbar vorangeht, geht der Einführung des Königtums (I Sam 8–12) nicht nur die Schilderung von Gesetz- und Friedlosigkeit der königslosen Zeit (Jdc 17–21) voraus; vielmehr werden in der Geschichte von Davids Urgroßeltern Boas und Rut schon vor der Einführung der Institution Elemente eines Königtums sichtbar, das das Chaos der königslosen Zeit überwindet.

Die Abfolge Jdc, Rt, I Sam steht dafür, dass das Königtum in der Geschichte Gottes mit Israel schon vorgesehen war, bevor das Volk den Königswunsch äußert (I Sam 8). Zwar bleibt dieser Wunsch ein Akt mangelnden Gottvertrauens – I Sam 8,7 ist ja nicht gestrichen –; ist aber das Rutbuch als Vorgeburtsgeschichte Davids vorausgesetzt, ergibt sich jedoch der Eindruck, dass Gott diesen Akt mangelnden Vertrauens benutzt, um das zum Ziel kommen zu lassen, was er längst für Israel vorgesehen hat. Gott, der schon in der Rut-Erzählung die Geschicke im Hintergrund lenkt, nutzt sogar Israels Unglauben, um das Königtum einzuführen. Er lenkt die Geschichte auf verschlungenen Wegen. Das gilt auch für das Königtum Sauls. Der vom Rutbuch herkommende Leser weiß, dass der von Gott erwählte König aus Bethlehem kommen muss; daher kann Saul nicht der Richtige sein. Da Gott Geschichte aber auch über Umwege lenkt, wirkt die Königserhebung Sauls so, als solle dieser den Platz freihalten, der eigentlich für David vorgesehen ist: Als das Volk seinen Königswunsch äußert, kann David die Stelle noch nicht einnehmen; er ist nach I Sam 16,1–13; 17 noch zu jung.

Als Vorgeburtsgeschichte Davids stellt das Buch Rut der theokratischen Königtumskritik des Ersten Samuelbuches ein starkes positives Vorzeichen voran. Dadurch erhält die in der nachexilischen Zeit aktuelle messianische Hoffnung überhaupt erst eine Grundlage im Rahmen des kanonischen Geschichtsbildes.

Wenn also das Rutbuch an der Stelle im Rahmen der Geschichtsbücher steht, die es selbst beansprucht, wie es in der Septuaginta und den christlichen Bibelausgaben der Fall ist, dann hat das alttestamentliche Geschichtsbild diese messianische Note. Auch steht David als der ideale Repräsentant des Königtums, an den die messianische Hoffnung anschließt, auf Grund seiner (Vor-)geburtsgeschichte auf einer Ebene mit Mose.[448]

[448] Zum Verhältnis des Rutbuches als Vorgeburtsgeschichte Davids und der Geburtsgeschichte des Mose vgl. oben S. 81–83.

Steht das Rutbuch hingegen nicht an dieser Stelle, sondern ist, wie im Judentum üblich, unter die Ketubim eingeordnet, ist die messianische Hoffnung weniger stark im kanonischen Geschichtsbild verankert, die Figur Davids verliert gegenüber Mose ein Stückweit an Bedeutung, schließlich fehlt der christlichen Rezeption ein wichtiger Anknüpfungspunkt, um einen Brückenbogen zwischen Altem und Neuem Testament herzustellen und die Kontinuität zwischen alttestamentlichem Gottesvolk und christlicher Kirche aus der Schrift zu belegen.

Fabrys Erklärung für die unterschiedlichen Einordnungen des Buches Rut im christlichen Alten Testament und in der jüdischen Hebräischen Bibel ist damit im Kern nachvollziehbar: Der merkwürdige Umstand, dass das Buch Rut in der nachantiken jüdischen Tradition – entgegen dem eigenen Anspruch und abweichend von Zuordnungen, die im Judentum der ersten Jahrhunderte nach Christi Geburt noch üblich waren! – nicht mehr unter den Geschichtsbüchern erscheint, sondern nur noch unter den Ketubim, ist plausibel damit begründet, dass dem Judentum daran gelegen war, den „Brückenbogen" abzubrechen, der sich vom Rutbuch als Teil der kanonischen Geschichtsdarstellung zum Neuen Testament hin öffnet.[449]

8.2. Das Buch Rut in der Hebräischen Bibel

Der David-Bezug des Rutbuches wird auch in der jüdischen Exegese noch beachtet. So vermutet eine frühneuzeitliche Auslegung, die es als Festrolle (Megilla) behandelt, dass das Rutbuch verfasst wurde, um den Stammbaum des Hauses David nachzutragen.[450] Auch scheint der David-Bezug für eine bestimmte Einordnung des Buches in den Kontext der Ketubim grundlegend zu sein: Die Einordnung vor den Psalmen, die sich in Teilen der hebräischen Handschriftenüberlieferung findet, lässt sich damit erklären, dass das Buch als Einleitung zum Psalter verstanden wird, dessen wichtigster Dichter David ist.[451] Alles das ändert

---

449 Vgl. dazu Fabry, Beitrag, 597 (das vollständige Zitat oben S. 35).

450 Zakovitch, Rut, 39 zitiert dieses Votum nach der mystischen Schrift Zohar Chadasch, die 1603 erstmals gedruckt wurde.

451 Vgl. dazu oben Anm. 109.

aber nichts daran, dass die Einordnung des Rutbuches unter die Ketubim die Bedeutung der Person Davids im kanonischen Geschichtsbild mindert – auch und gerade gegenüber Mose. Aber auch der Davidbezug des Rutbuches selbst wird weniger ernst genommen, wenn es zu den Ketubim gerechnet wird. Stattdessen liegt die Wahrnehmung als abgeschlossene Geschichte mit ethischer Intention näher.[452]

Dass exegetische Positionen, nach denen die David-Perspektive der Schlussgenealogie dem Buch erst sekundär hinzugefügt wurde, obwohl schon die ursprüngliche Erzählung Anknüpfungspunkte dafür bot (Zenger), oder nach denen David nur eine Randfigur des Buches ist, obwohl von Anfang an vielfach auf ihn Bezug genommen wird (Beyer)[453], überhaupt Anhänger finden, hat ohne Zweifel damit zu tun, dass ihre Vertreter von der Zuordnung des Rutbuches zu den Ketubim ausgehen und damit die Verbindungen zu den Geschichtsbüchern, in denen der Davidbezug eigentlich erst Sinn macht, nicht mehr hinreichend in den Blick bekommen. Manche Exegeten, die trotz Zuordnung zu den Ketubim im Davidbezug ein wichtiges Thema des Rutbuches sehen, sind genötigt, auf die Bedeutung des Richterbuches als Hintergrund des Rutbuches zu verweisen, obwohl sie eine Anordnung des Kanons voraussetzen, die die beiden Bücher weit voneinander getrennt aufführt. Wenn aber anerkannt wird, dass das Richterbuch für das Verständnis der Rut-Erzählung wichtig ist – wäre dann nicht zumindest zu bedenken, ob dem Rutbuch nicht auch in der kanonischen Ordnung der Platz zwischen Richterbuch und Erstem Samuelbuch zuerkannt werden sollte, den es selbst beansprucht?[454]

---

452 So lässt der hebräische Kanon auch nach Hausmann, Rut, 116f. „die Rut-Geschichte als eine sehr viel eigenständigere erscheinen als die Septuaginta-Version, die eher vorbereitenden Charakter hat und Rut vor allem als Hinführung auf die David-Geschichte und damit als Geschichte des Hauses David liest". Zu dieser grundsätzlich richtigen Stellungnahme bleibt aber zu ergänzen, dass der Eindruck einer Parität von hebräischem Text und Septuaginta, wie er ihn Hausmann erweckt, vom Rutbuch selbst nicht gedeckt ist: Die Stellung, die die Septuaginta dem Rutbuch zuweist, ist die, die das Buch selbst beansprucht!

453 Vgl. dazu oben S. 74–77.

454 Schon Keil, Ruth, 381f. versteht das Rutbuch im Grunde als Vorgeburtsgeschichte Davids. Es liefere „sowol eine Ergänzung zu dem Buche der Richter als eine Einleitung zu den Büchern Samuels", so dass das Rutbuch in der Septua-

Mit dem Zurücktreten der David-Perspektive durch die Zuordnung zu den Ketubim geht die Neigung zu vorwiegend oder rein ethischen Lesarten einher. Ein kanonischer Kontext, der eine solche Lesart fördert, entsteht etwa, wenn das Buch Rut unmittelbar hinter dem Proverbienbuch eingeordnet wird, so dass Rut als Beispiel der tüchtigen Frau (אֵשֶׁת חַיִל) erscheint, von der in Prov 31,10–31 die Rede ist.[455] Im jüdischen Kontext liegt auch dem Gebrauch des Rutbuches als Megilla des Wochenfestes (Schawuot) ein ethisches Verständnis zu Grunde. Die seit der Spätantike belegte Verbindung des Buches mit diesem Fest hängt vordergründig damit zusammen, dass Schawuot ursprünglich ein Erntefest ist und die Rut-Erzählung zur Erntezeit spielt. Da aber das Wochenfest seit der Antike auch schon an die Gabe der Tora erinnert, passt das Buch Rut auch dazu, sofern man die ihm zu entnehmende Ethik als Beachtung der Tora versteht.

---

ginta und in christlichen Bibelausgaben „auf seinen Inhalt gesehen (...) die richtige Stelle" einnehme. Dennoch hält Keil die Stellung im masoretischen Kanon für ursprünglich (a. a. O., 382 f.). Das wiederum hindert ihn nicht daran, in seinem Biblischen Commentar die Auslegung des Rutbuches unmittelbar auf die des Richterbuches folgen zu lassen, da dieses Vorgehen „zweckmäßig" sei (a. a. O., 381 Anm. 1). Die Widersprüche in Keils Position lösen sich, wenn man bereit ist, von der Priorität der Zuordnung zu den Ketubim abzugehen. – Auch Steinberg behandelt das Buch Rut als Teil der Ketubim. Wo er aber auf die „Erlösung der Nation" als Thema des Buches zu sprechen kommt, hebt er die Relevanz der Einordnung in die Richterzeit (Rt 1,1) und der David-Genalogie (Rt 4,18–21) hervor und schließt vor dem Hintergrund der Schlusskapitel des Richterbuches, in denen mehrmals (Jdc 17,6; 18,1; 19,1; 21,25) festgestellt wird, dass die Zeiten chaotisch waren, weil Israel keinen König hatte: „Wenn im Richterbuch also das wahre Königtum als Ausweg aus den Problemen der Richterzeit angesehen wird, so ist umso bemerkenswerter, dass das Buch Ruth mit einem Geschlechtsregister Davids endet. Von der biblischen Davidsdarstellung ausgehend kann David als der alttestamentliche Erlöser Israels aus der Richterzeit bezeichnet werden" (Steinberg, Ketuvim, 221). Das alles ist zweifellos richtig – wenn darin aber eine wichtige Thematik des Buches Rut erkannt ist, sollte man ihm dann nicht den Ort im Anschluss an das Richterbuch zuerkennen, den es selbst mit seiner Davidthematik verlangt? Steinberg lehnt dies ab, vgl. a. a. O., 127–129. Er geht dabei aber wohl zu sehr von einer literarischen Einheitlichkeit „des Geschichtswerkes Jos bis Kö" aus, in die das Buch Rut nicht hineinpasse.

455 Vgl. dazu oben S. 56 f.

Die Verbindung des Rutbuches mit dem Wochenfest begründet Zakovitch unter Verweis auf den Midrasch Leqach Tov: „Und warum liest man das Buch Rut am Wochenfest? Weil das ganze Buch nur von Güte handelt, und weil auch die Tora nur Güte ist".[456] Danach ist das Rutbuch wegen der zetralen Bedeutung des חֶסֶד auf Seiten der Menschen (Rt 1,8; 3,10) und Gottes (2,20) mit dem Wochenfest verbunden; חֶסֶד („Liebe", „Güte", „Gemeinschaftspflicht / Loyalität") ist aber zugleich der Sinn der Einhaltung der Tora. Jesu Lehre, dass die Tora im Liebesgebot zusammengefasst werden kann (Mk 12,28–34 par.) ist als jüdische Position durchaus möglich wie auch die Reaktion des Schriftgelehrten im Evangelium zeigt (Mk 12,32 f.).

Auch der Targum zu Rut, der auf Grund mancher Erweiterungen gegenüber dem hebräischen Text Züge eines Kommentars hat[457], spiegelt den Gebrauch beim Wochenfest[458] und betont die Bedeutung der Einhaltung der Tora. So ist Ruts Entscheidung, Naomi zu folgen und sich Israel anzuschließen, als Proselytenbekehrung dargestellt: Rut verpflichtet sich, die Gebote der Tora einzuhalten (Targ Rt 1,16 f.). Boas ist mit Zügen eines Propheten gezeichnet: Seine Fürbitte hat die Hungersnot beendet (Targ Rt 1,6; 3,7; 4,21), und er empfängt Offenbarungen (Targ Rt 2,11; Targ Rt 3,15). In Verbindung damit wird ihm aber strenge Tora-Observanz zugeschrieben: In Rt 2,1 wird Boas als גִּבּוֹר חַיִל eingeführt; in Teilen der Targum-Überlieferung wird daraus ein „Starker im Gesetz", also ein Toragelehrter.[459] Als solcher löst er das Problem der Aufnahme der Moabiterin Rut in die Gemeinde Gottes, die auf Grund von Dtn 23,4–7 ausgeschlossen scheint, unter Verweis auf eine Auslegungstradition, nach der sich die Gesetzesbestimmung nur auf moabitische Männer bezieht, nicht aber auf Frauen (Targ Rt 2,11).

Zwar fehlt auch im Targum der Ausblick auf das Kommen des Messias nicht: In Targ Rt 1,1 wird die Hungersnot, die Elimelech zur Emigra-

---

456 Zakovitch, Rut, 70.

457 Beattie, Exegesis, 17: „While the work in its finished form may be viewed as a midrash rather than a version, the commentary is intervowen with the words of the text to produce a greatly expanded version of the biblical story more than twice as long as the original".

458 Vgl. dazu Levine, Version, 2 f.

459 Vgl. dazu Levine, Version, 66; auch a. a. O., 2; Beattie (Hrsg.), Targum of Ruth, 22.

tion nach Moab bewegt, in eine Reihe von zehn Hungersnöten seit Anbeginn der Welt bis zur Zeit des Messias eingeordnet; nach Targ Rt 3,15 wird der Messias einer breiteren exegetischen Tradition des Judentums entsprechend ein Nachkomme Ruts sein.[460] Aber anders als im hebräischen Rutbuch, wo Boas auch deshalb als Typos des Messias erscheint, weil er Rut gegen die Bestimmung des Gesetzes, aber in Vorwegnahme der messianischen Heilszeit in Israel aufnimmt, ist die messianische Hoffnung im Targum ganz von der Gesetzesfrömmigkeit bestimmt: Es wird ja betont, dass Boas ein Toragelehrter ist, der auch in der Heirat mit Rut torakonform handelt. Darüber hinaus soll Rut nach Targ Rt 3,15 Mutter von sechs Gerechten werden, darunter des Messias, weil sie selbst in besonderer Weise gerecht ist.[461] Ihre Gerechtigkeit ist aber, wie ihre Proselytenbekehrung in Targ Rt 1,16 f. zeigt, ebenfalls Toragehorsam.

Als Modell einer Proselytin und Vorbild von Loyalität und Bescheidenheit[462] kann Rut wohl auch im jüdischen Kontext als Typos von Nichtisraeliten verstanden werden, die sich in der künftigen Heilszeit Israel zuwenden. Nach dem Targum dürfte dabei aber im Vordergrund stehen, dass die Völker die Tora Israels annehmen, und nicht, dass im Horizont der universalen Herrschaft des Messias die Grenzen zwischen Israel und den Völkern und damit trennende Gesetzesbestimmungen wie Dtn 23,4–7 ihre Geltung verlieren. Damit scheint das Judentum andere Akzente zu setzen als die christliche Rezeption, die von der Überzeugung bestimmt ist, dass in der mit dem Kommen Jesu Christi angebrochenen Heilszeit die Trennung von Juden und Nichtjuden aufgehoben ist und Christen jedenfalls nicht verpflichtet sind, Gesetzesbestimmungen zu übernehmen, die, wie Beschneidung oder Speisegebote, für das Judentum den Charakter von Identitätsmerkmalen haben.

---

460 Vgl. dazu Levine, Version, 96 Anm. 5; Beattie, Exegesis, 182.

461 Zum Targ Rt 3,15 vgl. Levine, Version, 96: „The underlying principle being propounded is the doctrine of זכות אבות (lit. ‚The Merit of the Fathers‘), which bestows accrued merit upon descendants. The targum dramatizes the recurrence of righteous descendants as constituting the reward for righteousness“.

462 Vgl. dazu Beattie, Exegesis, 190: „Ruth, as well as being treated as a model proselyte, was held up by the Rabbis as a perfect example of loyalty, modesty and integrity“.

8.3. Zur Vorgeschichte der Zuordnung zu den Ketubim

Wenn auch der Umstand, dass sich die Einordnung unter die Ketubim im Judentum als einzige Stellung des Rutbuches durchgesetzt hat, damit plausibel begründet ist, dass auf diese Weise der David-Bezug und die typologisch-messianische Perspektive relativiert werden, mit denen das Rutbuch einen Brückenschlag vom Alten zum Neuen Testament hin ermöglicht, so hat es im Judentum sicher nie einen autoritativen Beschluss gegeben, das Buch aus dem Kontext der Geschichtsbücher herauszunehmen und unter die Ketubim zu versetzen. Die eindeutige Zuordnung zu den Ketubim muss eine Vorgeschichte gehabt haben, vor deren Hintergrund sie sich schließlich durchsetzte, weil sie dem Bedürfnis einer Abgrenzung vom Christentum entgegenkam.

Zu dieser Vorgeschichte gehört wohl, dass manche Kreise des antiken Judentums dem Buch Rut seit jeher den von ihm selbst beanspruchten Platz im Kontext der Geschichtsschreibung verweigerten, weil der Kanon der Geschichtsbücher zu seiner Entstehungszeit bereits recht feste Formen angenommen hatte. Die Einordnung unter die Ketubim war dagegen noch eher möglich.[463]

Zur Vorgeschichte der eindeutigen Zuordnung zu den Ketubim gehört wohl auch, dass die Tendenz, das messianische Verständnis zugunsten einer ethischen Interpretation zurückzustellen, offensichtlich schon bestand, bevor sich das Judentum einer starken christlichen Mehrheit gegenübersah. M. Köhlmoos stellt diese Tendenz schon in der Rezeption der Rut-Erzählung in Josephus' *Antiquitates* (Ant V 318–337) fest.[464]

Obwohl das Buch Rut für Josephus Teil der prophetischen Geschichtsbücher ist – nach der Schrift *Contra Apionem* betrachtet er es ja offenbar als Teil des Richterbuches[465] – betont er nicht die davidisch-messianische Thematik, sondern die „ethisch-moralisch Qualität". „Josephus' Ruth wird zu einem Exempel für die jüdische Verfassung, was wiederum dazu dient, messianische Tendenzen der Ruth-Rezeption abzuwehren", wie sie sich „im Matthäusevangelium niedergeschlagen"

463 Vgl. dazu oben S. 33 f.

464 Vgl. dazu Köhlmoos, WO 39 (2009).

465 Vgl. dazu S. 48–50.

haben.[466] Das Publikum, vor dem Josephus die ethische Qualität der Rut-Erzählung gegenüber ihrer messianischen Bedeutungsebene hervorhebt, sind allerdings nicht die Christusgläubigen, an die sich das Matthäusevangelium richtet, sondern gebildete Griechen und Römer, vor denen er „das Widerstandspotential des jüdischen Glaubens und seiner Schriftgrundlage möglichst herunterspielen“[467] will. Rut und Boas repräsentieren in Josephus’ Darstellung die Juden als „hochmoralische, soziale und Gottes Willen konforme Gemeinschaft (...). Vorwürfen des unmoralischen Verhaltens der Juden, wie sie etwa Tacitus in seinen Historien erhebt (5,5,1), kann er so begegnen“[468].

Es ist davon auszugehen, dass der ethische Verstehensansatz der Rut-Erzählung, den schon Josephus vertritt, an Bedeutung gewann, als es nicht mehr darum ging, gegenüber den Römern das messianisch begründete Widerstandspotential des jüdischen Glaubens zu relativieren, sondern als die Abgrenzung der Juden von den Christen wichtig wurde. Da die Christen das Leben, Sterben und Auferstehen des David-Nachkommen Jesus als Erfüllung der messianischen Hoffnungen verstanden, die das Rutbuch als Vorgeburtsgeschichte Davids in die biblische Geschichtsdarstellung implementiert, lag es nahe, dass sich auf jüdischer Seite die ethische Interpretation verfestigte, die sich besser mit der in manchen Kreisen schon immer vertretenen Zuordnung zu den Ketubim verband, was dann dazu führte, dass die Zuordnung des Rutbuches zu den Geschichtsbüchern schließlich ganz aufgegeben wurde.

8.4. Anfragen an die Zuordnung zu den Ketubim

Gegen die Einordnung des Buches Rut unter die Ketubim spricht aber nach wie vor, dass sie außer Acht lässt, dass sich das Buch selbst innerhalb der Geschichtsschreibung verortet. Daraus ergibt sich nicht zuletzt, dass das Gewicht der David-Thematik entgegen einer Reihe von Hinweisen, die im Text selbst enthalten sind, unterschätzt wird.

---

466 Köhlmoos, WO 39 (2009), 59.
467 Köhlmoos, WO 39 (2009), 59.
468 Köhlmoos, WO 39 (2009), 67.

In welchen Zwiespalt man geraten kann, wenn man die Zuordnung des Rutbuches zu den Ketubim nicht mehr hinterfragt, zeigt neben anderen Kommentierungen[469] auch der im Untertitel der deutschen Ausgabe ausdrücklich als „jüdisch" bezeichnete Kommentar von Zakovitch. Für Zakovitch scheint die Zuordnung des Buches zu den fünf Megillot eine unhinterfragte Gegebenheit zu sein – obwohl er selbst breit darlegt, dass es eigentlich für den Ort zwischen dem Richterbuch und den Samuelbüchern geschaffen wurde[470]; seine Feststellung, dass die Schlusskapitel des Richterbuches „eine Art Prolog des Buches Rut" darstellen[471], wurde in der vorliegenden Arbeit mehrfach zitiert.

Dass dem Rutbuch der selbst beanspruchte Ort im Anschluss an das Richterbuch in der Septuaginta, bei Josephus und den jüdischen Gewährsleuten des Hieronymus zuerkannt wird, scheint für Zakovitch eine Besonderheit des hellenistischen Judentums zu sein, die die frühe Kirche rezipiert[472], die sich aber im hebräischsprachigen Judentum nicht durchsetzen konnte[473]. Dass dies so nicht zutrifft, weil Melito von Sardes, Josephus und Hieronymus wohl erkennen lassen, dass auch das hebräischsprachige Judentum der Antike das Rutbuch an der Stelle einordnen konnten, an der es selbst stehen will, wurde im zweiten Kapitel der vorliegenden Arbeit besprochen.

Für Zakovitch ist offenbar der Bibelkanon, wie er sich im mittelalterlichen Judentum durchsetzte, der eigentliche Kanon. Sonst wäre die undifferenzierte Feststellung „im Kanon der biblischen Schriften (…) zählt das Buch Rut zu den fünf Schriftrollen [= *Megillot*]"[474] nicht verständlich. Indem er die Zuordnung zu den Megillot nicht problematisiert, wird aber seine eigene, breit untermauerte Erkenntnis, dass der Rut-Erzähler „selbst durch zahlreiche Details" versucht, „sein Werk zwischen das Buch der Richter und die Bücher Samuel zu stellen"[475], faktisch irrelevant, da

---

469 Vgl. dazu oben Anm. 454.

470 Vgl. Zakovitch, Rut, 32–34.

471 Zakovitch, Rut, 32.

472 Vgl. Zakovitch, Rut, 32.

473 Nach Zakovitch, Rut, 34 hätte „es der Autor des Buches wegen des lang andauernden Prozesses der Kanonisierung nicht geschafft, sein Buch in die Nähe des Richterbuches zu stellen". Vgl. dazu schon oben S. 33 f.

474 Zakovitch, Rut, 31.

475 So Zakovitch, Rut, 32 ausdrücklich.

man von dieser Erkenntnis aus eigentlich den Traditionen zustimmen müsste, die das Rutbuch unter den Geschichtsbüchern aufführen.

Indem Zakovitch also überzeugend darlegt, dass der selbstbeanspruchte Ort des Buches Rut zwischen dem Richterbuch und den Samuelbüchern liegt, bildet sein „jüdischer Kommentar" ein unvoreingenommenes Zeugnis dafür, dass die Einordnung unter die Geschichtsbücher, die das antike hebräischsprachige Judentum in Teilen noch anerkannte und die für die christliche Kanonanordnung bestimmend wurde, der eigentlich angemessene Ort des Rutbuches innerhalb der Bibel ist. Dass sich im Judentum die Stellung unter den Ketubim durchsetzte, dürfte demgegenüber sekundär und, wie gesehen, plausibel damit erklärt sein, dass dem Judentum daran gelegen war, dass die davidische und messianische Perspektive, die das Rutbuch der alttestamentlichen Geschichtsschreibung implementiert, eine Reduzierung erfuhr, weil sie dem Christentum einen Anknüpfungspunkt bot, um Jesus Christus als Erfüllung von Hoffnungen der heiligen Schriften Alt-Israels zu verstehen und zu verkündigen. Dieses Anliegen ist aus jüdischer Sicht verständlich und legitim, Christen haben nicht darüber zu urteilen, wie Juden ihren Bibelkanon ordnen – es bleibt aber der Eindruck, dass durch die Einordnung des Buches unter die Ketubim Sinndimensionen wie der Davidbezug und die typologisch-messianische Bedeutungsebene in einer Weise unterdrückt werden, die der Erzählung unangemessen ist. In einem offenen christlich-jüdischen Gespräch über diese Fragen kann und muss dieser Eindruck nicht verschwiegen werden.

8.5. Theologische Folgerungen

Aus diesen Überlegungen ergeben sich aber wichtige theologische Folgerungen, die in den in den Prolegomena umrissenen theologischen Diskussionshorizont einzubringen sind:

1. Die unterschiedlichen Einordnungen des Buches Rut in den Kanon zeigen, dass das christliche „Alte Testament" und die jüdische „Hebräische Bibel" („Tenach" / „Miqra") nicht identisch sind – wenn mit diesen Begriffen ein mit theologischen Absichten geordneter Kanon bezeichnet werden soll.

2. Dabei kann die im heutigen Judentum übliche Einordnung des Buches Rut unter die Ketubim keineswegs das größere Recht beanspruchen als die im christlichen Kanon übliche Einordnung unter die Geschichtsbücher – im Gegenteil! Das wiederum zeigt, dass die Hebräische Bibel nicht ohne Weiteres als „Original" gelten kann, das erst nachträglich, womöglich durch eine Art Usurpation von Seiten der Christen, zum Alten Testament geworden wäre.
3. Dass die christliche Auslegungstradition, die Rut als Typos der Kirche und Boas als Typos Christi versteht, in nachvollziehbarer Weise an die typologisch-messianische Bedeutungsebene des Buches Rut anknüpft, zeigt, dass das Selbstverständnis der Kirche, in Kontinuität zum alttestamentlichen Gottesvolk zu stehen, einen Anhalt an den kanonischen Schriften Alt-Israels hat. Das aber bedeutet, dass der Kirche das Recht, diese Schriften als ersten Teil ihres Kanons („Altes Testament") zu betrachten und spezifisch christliche, auch christologische Zugänge zu ihnen zu wählen, nicht vorschnell bestritten werden kann. Allerdings steht und fällt das Recht der Kirche an den heiligen Schriften Alt-Israels mit der Wahrheit des Bekenntnisses zu Jesus von Nazareth als dem in diesen Schriften angekündigten und erwarteten Messias. Die Wahrheit dieses Bekenntnisses ergibt sich aber nicht aus den alttestamentlichen Texten selbst, sondern aus der kerygmatischen und historischen Überzeugungskraft des neutestamentlichen Zeugnisses. Die Kirche ist „apostolisch", das heißt auch: Sie ist durch die apostolische Sicht auf das Alte Testament mitkonstituiert. Das christliche Bekenntnis bestimmt daher die Rezeption der alttestamentlichen Texte mit, wie oben am Beispiel des Rutbuches besprochen[476]. Dass bei der christlichen Rezeption alttestamentlicher Texte eine im Bekenntnis zu Jesus als dem Christus begründete Brechung einzukalkulieren ist, bedeutet aber keinen prinzipiellen Nachteil gegenüber der jüdischen Rezeption. Denn es gilt weiter:
4. Die Differenz zwischen Kirche und heutigem Judentum ergibt sich daraus, dass beide Gemeinschaften eine unterschiedliche Antwort auf die entscheidende Frage geben, die Jesus in Mk 8,29 an seine Jünger richtet: „Ihr aber, wer sagt ihr, dass ich sei?" Während die Kirche mit Petrus antwortet: „Du bist der Christus" – d.h.: Jesus ist

---

476 Vgl. dazu oben S. 203–209.

der in den kanonischen Schriften Alt-Israels angekündigte Messias –, stimmt das Judentum nicht in dieses Bekenntnis ein. Nach dem, was die unterschiedlichen kanonischen Einordnungen des Buches Rut zeigen, bestimmt diese Differenz aber nicht nur auf der christlichen Seite den Umgang mit den heiligen Schriften Alt-Israels. Umgekehrt ist der Umgang des heutigen Judentums dadurch mitbestimmt, dass das Bekenntnis des Petrus nicht geteilt wird – obwohl es von einem Juden gesprochen ist und im Horizont des damaligen Judentums möglich war. Dass sich im nachantiken Judentum die Einordnung des Rutbuches unter die Ketubim wahrscheinlich auf Grund des Interesses durchgesetzt hat, das messianische Sinnpotential und die Bedeutung Davids innerhalb des kanonischen Geschichtsbildes zu relativieren, zeigt, dass auch das heutige Judentum kein ungebrochenes Verhältnis zu den heiligen Schriften Alt-Israels hat.

Nach alledem kann man das „Bewusstsein, dass das christliche Alte Testament die Heilige Schrift des Judentums ist", auf dem offizielle Stimmen in evangelischer Kirche und Theologie bestehen[477] – mit der Konsequenz, dass die kanonische Geltung des Alten Testaments in der Kirche zweifelhaft wird – allenfalls mit erheblichen Differenzierungen teilen.

Sicher gehören die Texte des Alten Testaments in ihrer hebräischen Fassung[478] *auch* zur Hebräischen Bibel des Judentums – wer wollte das bestreiten? Wenn aber Kirche und Theologie das Alte Testament als Teil

---

477 So S. 35 der Sonderseiten zur Jubiläumsausgabe der Lutherbibel 2017.

478 Wie immer mehr deutlich wird, kommt der christliche Kanon nicht ohne die Septuaginta aus, die schon für die Rezeption alttestamentlicher Texte im Neuen Testament prägend war. Auch wenn die alttestamentliche Exegese seit der Reformationszeit üblicherweise beim hebräischen Text ansetzt, muss auch die Septuaginta als Teil des „Alten Testaments" gelten, das somit keine einheitliche kanonische Grundgestalt hat. Die damit verbundenen Fragen können an dieser Stelle allerdings nicht angesprochen werden. Die Berücksichtigung der Septuaginta ist z. B. in der Hiob-Exegese interessant, weil der Septuagintafassung Antworten auf offene Fragen des hebräischen Hiobbuches entnommen werden können (vgl. dazu Gerhards, Gott und das Leiden, 245 ff.); bekanntlich ist die Septuaginta auch für die Auslegung einer der wichtigsten messianischen Verheißungen des Alten Testaments, der Ankündigung der Geburt des Immanu El durch die Jungfrau in Jes 7,14, von zentraler Bedeutung. Ein besonderes mit der Septuaginta verbundenes Problem ist die Apokryphenfrage, auf die an dieser Stelle ebenfalls nicht eingegangen werden kann.

ihres christlichen Kanons behalten und pflegen wollen, müssen sie es als Heilige Schrift im theologisch gehaltvollen, vom christlichen Bekenntnis getragenen Sinn ernst nehmen.[479] Dann kann es aber nicht, jedenfalls nicht in erster Linie, darum gehen, wie diese Texte im Judentum gelesen werden[480], zumal der jüdische Zugang zu den heiligen Schriften Alt-Israels keineswegs objektiver, sondern seinerseits von Brechungen bestimmt ist.

Sollten Kirche und Theologie nicht mehr bereit sein, das Alte Testament „von Christus her und auf das neutestamentliche Heilsgeschehen hin" zu lesen[481], werden sich über kurz oder lang sehr viel weitergehende Fragen stellen, nämlich ob das ökumenische Bekenntnis der Kirche nicht zur hohlen Phrase verkommt[482], ja, ob es nicht angemessen wäre, auch das Neue Testament als kanonische Grundlage aufzugeben[483]. Wären

---

479 „Heilige Schrift im theologisch gehaltvollen Sinn" bedeutet, dass die Kirche das Alte Testament als an sie gerichtetes Wort Gottes liest und auslegt (also nicht nur historisch-kritisch und nicht als ein primär an das Judentum gerichtetes Wort); „getragen vom christlichen Bekenntnis" bedeutet, dass sie es im Licht der Überzeugung liest, dass Jesus von Nazareth der in alttestamentlichen Texten verheißene Messias ist.

480 Das heißt nicht, dass Kirche und Theologie überhaupt kein Interesse am jüdischen Umgang mit den Texten der Hebräischen Bibel haben oder gar den Dialog mit dem Judentum abbrechen sollten. In erster Linie (!) haben sie sich aber um ein Verständnis zu bemühen, das dem christlichen Bekenntnis zu Jesus als dem Messias entspricht und das den christlichen Glauben fördert.

481 Wie schon in der Darstellung des theologischen Diskussionshorizontes zitiert, findet sich in den Sonderseiten der Jubiläumsausgabe der Lutherbibel 2017 die Feststellung, dass dieser traditionelle christliche Umgang mit dem Alten Testament auf Grund der historisch-kritischen Bibelwissenschaft und des „Bewusstseins, dass das christliche Alte Testament die Heilige Schrift des Judentums ist", mittlerweile problematisch geworden sei (S. 35 der „Sonderseiten").

482 Die Evangelische Kirche in Deutschland nennt in ihrem Internetangebot das *Nicaenum* (eigentl.: *Nicaeno-Constantinopolitanum*) als eines der Bekenntnisse, „die zentrale Glaubensinhalte zusammenfassen" (https://www.ekd.de/Glaubens bekenntnis-von-Nizaa-Konstantinopel-10796.htm; 01.03.2019). Das *Nicaenum* spricht aber vom Heiligen Geist, „der gesprochen hat durch die Propheten". Was sollte das noch heißen, wenn die Prophetenbücher nicht mehr auf Christus hin ausgelegt würden?

483 Das Alte Testament von Christus her zu lesen und dabei auch Sinndimensionen zu entdecken, die verdeckt bleiben, wenn man nicht zumindest für das Bekennt-

dann aber christlicher Glaube und christliche Kirche noch etwas anderes als entsubstantialisierte oder wohl besser: substanzlose[484] Traditionsrelikte?

---

nis zu Jesus als dem Messias offen ist, ist vom Neuen Testament selbst gefordert (vgl. u.a. Lk 24,25–27; Joh 5,39; Röm 1,2; I Cor 15,3–5; II Cor 3,12–16). Da dieser Bezug auf das Alte Testament für das Neue zentral ist – wie schon der erste Abschnitt des Neuen Testaments, der oben besprochene Stammbaum Jesu in Mt 1,2–17 zeigt – müssten sich Kirche und Theologie fragen, ob es nicht konsequent wäre, auch das Neue Testament als kanonische Schrift aufzugeben, wenn man nicht mehr bereit ist, das Alte Testament von Jesus Christus her und auf ihn hin zu lesen.

484 Ein „entsubstantialisiertes" Verständnis der christlichen Glaubensaussagen im Sinne eines Ausdrucks des gläubigen Selbstverständnisses wird in der gegenwärtigen evangelischen Theologie in der Tradition des liberalen Protestantismus vielfach vertreten, vgl. dazu Slenczka, Flucht. Dass die vorliegende Arbeit dieser Schule nicht angehört, sollte schon der Hinweis auf das substantielle Verständnis des kirchlichen Bekenntnisses zeigen (vgl. oben S. 20).

Literaturverzeichnis

I) Quellen und Quellenübersetzungen

1. Bibelausgaben

Hebräisch

BHS: Biblia Hebraica Stuttgartensia, hg. v. K. Elliger / W. Rudolph, Stuttgart 1969/ 1977.

BHQ: Biblia Hebraica quinta editione cum apparatu critico novis curis elaborato, hg. v. A. Schenker (u. a.). General Introduction and Megilloth, Stuttgart 2004.

Griechisch

Septuaginta. Id est Vetus Testamentum graece iuxta LXX interpretes ed. A. Rahlfs. Editio altera quam recognovit et emendavit R. Hanhart. Duo volumina in uno, Stuttgart 2014.

Novum Testamentum Graece (Nestle-Aland), Stuttgart ^{28}2015.

Lateinisch

Biblia Sacra iuxta vulgatam versionem, hg. v. R. Weber, bearb. v. R. Gryson, Stuttgart ^{5}2007.

Vetus Latina: Ruth, ed. B. Gesche, Vetus Latina. Die Reste der altlateinischen Bibel. Nach P. Sabatier neu gesammelt und herausgegeben von der Erzabtei Beuron unter der Leitung von R. Gryson, Band 4 / 5, Freiburg (Br.) 2005.

2. Kirchengeschichtliche Quellen

Ambrosius

Ambrosius, *Expositio evangelii secundum Lucan:* Sancti Ambrosii Opera IV, hrsg. v. K. Schenkl, CSEL XXXII, Wien (u. a.) 1902.

Augustinus

Augustinus, De doctrina Christiana, CC.SL 32, 1962.
Augustinus, Quaestiones in heptateuchum: Augustinus, Opera / Werke 57. Band. K: Exegetische Werke, Quaestiones in heptateuchum, Lateinisch / Deutsch, eingeleitet, übersetzt und kommentiert v. W. Groß, 2 Bde., Paderborn 2018.

Euseb

Eusèbe de Césarée, Histoire ecclésiastique, Griechisch / Französisch, herausgegeben, übersetzt und kommentiert v. G. Bardy, 1. Bd.: Livre I–IV, SC 31, Paris 2001 [korrigierter ND der Ausgabe Paris 1952].
Eusèbe de Césarée, Questions évangéliques, Griechisch / Französisch, herausgegeben, übersetzt und kommentiert v. C. Zamagni, SC 523, 2008.

Luther

WA 31/2: Vorlesung über Jesaias 1527–30 (Text), hrsg. v. G. Buchwald u. O. Brenner, WA 31/2, 1–585.

3. Jüdische Quellen

Targum zu Rut

Beattie, D. R. G., The Targum of Ruth, The Aramaic Bible 19, Edinburgh 1994.
Levine, E., The Aramaic Version of Ruth, AnBib 58, Rom 1973.

Babylonischer Talmud

Der Babylonische Talmud. Mit Einschluss der vollstaendigen Mišnah, hrsg. v. L. Goldschmidt, Sechster Band: Baba Qamma, Baba Meçiâ, Baba Bathra, Haag 1933.
Talmud Bavli. The Schottenstein Edition. Tractate Bava Basra I, elucidated by R. Y. A. Weiss, edited by R. H. Goldwurm, New York 1992.

Josephus

Flavius Josephus, Contra Apionem. Buch I, Einleitung, Text, Textkritischer Apparat, Übersetzung und Kommentar von D. Labow, BWANT 167, Stuttgart 2005.

Philo

Philo, De virtutibus, in: Philonis Alexandrinus opera quae supersunt, hg. v. L. Cohn / P. Wendland, Bd. 5, Berlin 1906, 266–335.

II) Hilfsmittel

G / D: Wilhelm Gesenius' Hebräisches und Aramäisches Handwörterbuch über das Alte Testament, begonnen von R. Meyer, bearbeitet und herausgegeben von H. Donner, 18. Auflage, Heidelberg 2013.

Jastrow, M., A Dictionary of the Targumim, the Talmud Babli and Yerushalmi, and the Midrashic Literature, 2 Bde., New York 1950.

KAHAL: W. Dietrich / S. Arnet (Hrsg.), Konzise und aktualisierte Ausgabe des Hebräischen und Aramäischen Lexikons zum Alten Testament, Leiden (u. a.) 2013.

III) Sekundärliteratur

Auberlen, C. A., Die drei Anhänge des Buchs der Richter in ihrer Bedeutung und Zusammengehörigkeit. Ein Beitrag zur theol. Charakteristik der biblischen Geschichtschreibung, ThStKr 33 (1860), 536–568.

Beattie, D. R. G., Jewish Exegesis oft he Book of Ruth, JSOT.S 2, Sheffield 1977.

Beckwith, R., The Old Testament Canon of the New Testament Church and its Background in Early Judaism, London 1985.

Berges, U., Jesaja 40–48, HThKAT, Freiburg (Br.) 2008.

Berlin, A., Legal Fiction: Levirate *cum* Land Redemption in Ruth, JAJ 1 (2010), 3–18.

Bertheau, E., Das Buch der Richter und Rut, KEH 6, Leipzig ²1883.

Beyer, A., Hoffnung in Bethlehem. Innerbiblische Querbezüge als Deutungshorizonte im Ruthbuch, BZAW 463, Berlin (u. a.) 2014.

Böhler, D., Das Hohelied und die Tochter Zion, in: L. Schwienhorst-Schönberger (Hrsg.), Das Hohelied im Konflikt der Interpretationen, ÖBS 47, Frankfurt (M.) 2017, 185–208.

Bons, E., Die Septuaginta-Version des Buches Rut, BZ 42 (1998), 202–224.

Braulik, G., Das Deuteronomium und die Bücher Ijob, Sprichwörter, Rut. Zur Frage früher Kanonizität des Deuteronomiums, in: E. Zenger (Hg.), Die Tora als Kanon für Juden und Christen, HBS 10, Freiburg (Br.) 1996, 61–138.

Budde, K., Vermutungen zum „Midrasch des Buches der Könige", ZAW 12 (1892), 37–51.

Campbell, E. F., Ruth. A New Translation with Introduction, Notes, and Commentary, AncB, Garden City (New York) 1975.

Dalman, G., ASP III: Arbeit und Sitte in Palästina III: Von der Ernte zum Mehl, Gütersloh 1933.

Dassmann, E., Ambrosius von Mailand. Leben und Werk, Stuttgart 2004.

Deeg, A. / Schüle, A., Die neuen alttestamentlichen Perikopentexte. Exegetische und homiletische Zugänge, Leipzig 2018.

Delitzsch, F., Genesis: Neuer Commentar über die Genesis, Leipzig 1887.

Ders., Iob: Biblischer Commentar über die poetischen Bücher des Alten Testaments, Zweiter Band: Iob, Leipzig [2]1876.

Ders., Psalmen: Biblischer Kommentar über die Psalmen. Fünfte, überarbeitete Auflage. Nach des Verfassers hinterlassenem Druckmanuskript hrsg. v. Friedrich Delitzsch, Leipzig 1894.

Duhm, B., Das Buch Jesaja, Göttingen [5]1968.

Ebach, J., Fremde in Moab – Fremde aus Moab. Das Buch Rut als politische Literatur, in: Ders. / R. Faber (Hgg.), Bibel und Literatur, München [2]1998, 277–304.

Eichhorn, J. G., Einleitung ins Alte Testament. Zweiter Theil, Leipzig 1781.

Ewald, H., Einleitung in die Geschichte des Volkes Israel, Göttingen [3]1864.

Fabry, H.-J., Der Beitrag der Septuaginta-Codizes zur Kanonfrage. Kanon-theologische Überlegungen zur Einheit und Vielfalt biblischer Theologie, in: S. Kreuzer (u. a.) (Hrsg.), Die Septuaginta. Entstehung, Sprache, Geschichte, WUNT 286, Tübingen 2012, 582–599.

Ders., Ein Gott – zwei Testamente – drei Kanones. Kanon-theologische Überlegungen zur Einheit und Vielfalt biblischer Theologie, in: R. Boschki / A. Gerhards (Hrsg.), Erinnerungskultur in der pluralistischen Gesellschaft. Neue Perspektiven für den jüdisch-christlichen Dialog, Paderborn (u. a.) 2010, 114–128.

Ders., „Leiden wir an einem Tunnelblick?" Überlegungen zu Textentstehung, Textrezeption und Kanonisierung von Text, in: K. Finsterbusch / M. Tilly (Hrsg.), Verstehen, was man liest. Zur Notwendigkeit historisch-kritischer Bibellektüre, Göttingen 2010, 18–33.

Fabry, H.-J. / Scholtissek, K., Der Messias, NEB.Themen 5, Würzburg 2002.

Fischer, A. A., Der Text des Alten Testaments, Stuttgart 2009.

Fischer, I., Rut, HThK.AT, Freiburg (u. a.) 2001.

Frevel, C., Geschichte Israels, Kohlhammer Studienbücher Theologie 2, Stuttgart [2]2018.

Ders., Das Buch Rut, NSK.AT 6, Stuttgart 1992.

Fürst, A., Hieronymus. Askese und Wissenschaft in der Spätantike, Freiburg (u. a.) 2003.

Geiger, A., Urschrift und Uebersetzungen der Bibel in ihrer Abhängigkeit von der innern Entwicklung des Judenthums, Breslau 1857.

Gerhards, M., Die Aussetzungsgeschichte des Mose. Literar- und traditionsgeschichtliche Untersuchungen zu einem Schlüsseltext des nichtpriesterschriftlichen Tetrateuch, WMANT 109, Neukirchen-Vluyn 2006.

Ders., Gott und das Leiden. Antworten der babylonischen Dichtung *Ludlul bēl nēmeqi* und des biblischen Hiobbuchs, BEATAJ 60, Frankfurt (M.) 2017.

Ders., Das Hohelied. Studien zu seiner literarischen Gestalt und theologischen Bedeutung, ABG 365, Leipzig 2010.

Ders., Homer und die Bibel. Studien zur Interpretation der Ilias und ausgewählter alttestamentlicher Texte, WMANT 144, Neukirchen-Vluyn 2015.

Ders., Protevangelium. Zur Frage der kanonischen Geltung des Alten Testaments und seiner christologischen Auslegung, SBS 237, Stuttgart 2017.

Ders., Die Windeln und die Krippen, darinnen Christus liegt. Evangelische Perspektiven alttestamentlicher Texte, in: Ders., Der undefinierbare Gott. Theologische Annäherungen an alttestamentliche und altorientalische Texte, Rostocker Theologische Studien 24, Berlin (u. a.) 2011, 11–92.

Gerleman, G., Ruth. Das Hohelied, BK XVIII, Neukirchen-Vluyn 1965.

Gertz, J. C., Die Gerichtsorganisation Israels im deuteronomischen Gesetz, FRLANT 165, Göttingen 1994.

Gese, H., Die Komposition der Abrahamserzählung, in: Ders., Alttestamentliche Studien, Tübingen 1991, 29–51.

Goethe, J. W., West-östlicher Divan. Teil 1, hg. v. H. Birus, J. W. Goethe, Sämtliche Werke, Briefe, Tagebücher und Gespräche, I. Abteilung: Sämtliche Werke Bd. 3/1, Bibliothek deutscher Klassiker 113, Frankfurt/M. 1994.

Goppelt, L., Typos. Die typologische Deutung des Alten Testaments im Neuen, Gütersloh 1939.

Grätz, S., Zuwanderung als Herausforderung. Das Rutbuch als Modell einer sozialen und religiösen Integration von Fremden im nachexilischen Judäa, EvTh 65 (2005), 294–309.

Graf Reventlow, H., Epochen der Bibelauslegung. Band II: Von der Spätantike bis zum ausgehenden Mittelalter, München 1994.

Ders., Die Propheten Haggai, Sacharja und Maleachi, ATD 25/2, Göttingen 1993.

Graumann, T., Christus interpres. Die Einheit von Auslegung und Verkündigung in der Lukaserklärung des Ambrosius von Mailand, PTS 41, Berlin 1994.

Groß, W., Richter, HThKAT, Freiburg (u. a.) 2009.

Gunkel, H., Ruth, in: Ders., Reden und Aufsätze, Göttingen 1913, 65–92.

Hanhart, R., Sacharja 1–8, BK XIV/7,1, Neukirchen-Vluyn 1998.

Hausmann, J., Rut. Miteinander auf dem Weg, Biblische Gestalten 11, Leipzig 2005.

Hengel, M., Die Septuaginta als „christliche Schriftensammlung“, ihre Vorgeschichte und das Problem des Kanons (unter Mitarbeit von R. Deines), in: Ders. / A. M. Schwemer (Hrsg.), Die Septuaginta zwischen Judentum und Christentum, WUNT 72, Tübingen 1994, 182–284.

Hertzberg, H. W., Die Bücher Josua, Richter, Ruth, ATD 9, Göttingen ³1965.

Hidal, S., Exegesis of the Old Testament in the Antiochene School with its Prevalent Literal and Historical Method, in: M. Sæbø (Hg.), Hebrew Bible / Old Testament. The History of Its Interpretation I / 1, Göttingen 1996, 543–568.

Hieke, T., Die Genealogien der Genesis, HBS 39, Freiburg (u. a.) 2003.

Ders., Jedem Ende wohnt ein Zauber inne … Schlussverse jüdischer und christlicher Kanonausprägungen, in: Ders., Formen des Kanons, SBS 228, Stuttgart 2013, 225–252.

Ders., „Biblische Texte als Texte der Bibel auslegen" – Dargestellt am Beispiel von Offb 22,6–21 und anderen kanonrelevanten Texten, in: G. Steins / E. Ballhorn (Hrsg.), Der Bibelkanon in der Bibelauslegung. Beispielexegesen und Methodenreflexionen, Stuttgart 2007, 331–345.

Hossfeld, F.-L. / Zenger, E., Die Psalmen I: Ps 1–50, NEB, Würzburg 1993.

Hossfeld, F.-L. / Zenger, E., Psalmen 51–100, HThKAT, Freiburg (Br.) 2000.

Humbert, P., En marge du dictionnaire hébraïque, ZAW 62 (1950), 199–207.

Jacob, C., The Reception of the Origenist Tradition in Latin Exegesis, in: M. Sæbø (Hg.), Hebrew Bible / Old Testament. The History of Its Interpretation I / 1, Göttingen 1996, 682–700.

Jepsen, A., Das Buch Rut, ThStKr 108 (1937/1938), 416–428.

Jeremias, J., Die Propheten Joel, Obadja, Jona, Micha, ATD 24/3, Göttingen 2007.

Ders., Theologie des Alten Testaments, GAT 6, Göttingen 2015.

Jobling, D., Ruth finds a Home: Canon, Politics, Method, in: J. C. Exum / D. J. A. Clines (Hgg.), The New Literary Criticism and the Hebrew Bible, JSOT.S 143, Sheffield 1993, 125–139.

Kaiser, O., Der eine Gott Israels und die Mächte der Welt. Der Weg Gottes im Alten Testament vom Herrn seines Volkes zum Herrn der ganzen Welt, FRLANT 249, Göttingen 2013.

Keil, C. F., Ruth: Biblischer Commentar über die prophetischen Geschichtsbücher des Alten Testaments. Erster Band: Josua, Richter und Ruth, Leipzig ^{2}1874.

Knauf, E. A., Richter, ZBK.AT 7, Zürich 2016.

Köhlmoos, M., „Es war nunmehr notwendig, dass ich dies von Ruth erzählt habe …". Beobachtungen zur Ruth-Erzählung des Flavius Josephus (Ant. V 318–337), WO 39 (2009), 58–71).

Dies., Ruth, ATD 9/3, Göttingen 2010.

Dies., Wo steht Ruth? Das Buch Ruth im alttestamentlichen Kanon, in: F. Schweitzer (Hrsg.), Kommunikation über Grenzen. Kongressband des XIII. Europäischen Kongresses für Theologie. 21.–25. September 2008 in Wien, VWGTh 33, Gütersloh 2009, 269–285.

Koenen, K., Art. „Efrata / Efrat", in: www.wibilex.de (erstellt: März 2018; gesehen 27.12.2018).

Ders., Klagelieder (Threni), BK XX/1, Neukirchen-Vluyn 2014.

Körtner, U. H. J., Für die Vernunft. Wider Moralisierung und Emotionalisierung in Politik und Kirche, Leipzig 2017.

Konradt, M., Das Evangelium nach Matthäus, NTD 1, Göttingen 2015.

Korpel, M. C. A., Theodicy in the Book of Ruth, in: A. Laato / J. C. de Moor (Hrsg.), Theodicy in the World of the Bible, Leiden (u. a.) 2003, 334–350.

Kraus, H.-J., Psalmen. 2. Teilband: Psalmen 60–150, BK XV/2, Neukirchen-Vluyn ^{5}1978.

Kreuzer, S., Codex Petropolitanus ist nicht Codex Leningradensis, ZAW 124 (2012), 107–110.

Lachemann, E. R., Note on Ruth 4,7–8, JBL 56 (1937), 53–56.

Lacocque, A., Le livre de Ruth, CAT XVII, Genf 2004.

Lemaire, A., Une inscription phénicienne decouverte récemment et le mariage de Ruth la Moabite, EI 20 (1989), 124*–129*.

Levin, C., Der Jahwist, FRLANT 157, Göttingen 1993.

Loretz, O., Gotteswort und menschliche Erfahrung. Eine Auslegung der Bücher: Jona, Rut, Hoheslied, Qohelet, Freiburg (u. a.) 1963.

Lowden, J., Illustrated Octateuch Manuscripts. A Byzantine Phenomenon, in: P. Magdalino / R. Nelson (Hgg.), The Old Testament in Byzantium, Washington D.C. 2010, 107–152.

Luz, U., Das Evangelium nach Matthäus. 1. Teilbd.: Mt 1–7, EKK I/1, Düsseldorf / Neukirchen-Vluyn 52002.

Millard, M., Die alten Septuaginta-Codizes und ihre Bedeutung für die Geschichte des biblischen Kanons, in: T. Hieke (Hrsg.), Formen des Kanons, SBS 228, Stuttgart 2013, 40–60.

Nielsen, E., Deuteronomium, HAT I/6, Tübingen 1995.

Niemeier, G., Christus in den Geschichtsbüchern des Alten Testaments, hrsg. v. Katechetischen Amt der Evangelischen Kirche von Westfalen, Gladbeck [o. J.].

Noth, M., Könige. 1. Teilband, BK IX/1, Neukirchen-Vluyn 1968.

Oeming, M., Das Buch der Psalmen. Ps 1–41, NSK.AT 13/1, Stuttgart 2000.

Ostmeyer, K.-H., Typologie und Typos: Analyse eines schwierigen Verhältnisses, NTS 46 (2000), 112–131.

Otto, E., Altersversorgung im Alten Orient und in der Bibel, in: Ders., Altorientalische und biblische Rechtsgeschichte. Gesammelte Studien, BZAR 8, Wiesbaden 2008, 367–393.

Ders., Dtn 12–34 I: Deuteronomium 12–34. Erster Teilband: 12,1–23,15, HThKAT, Freiburg (u. a.) 2016.

Ders., Dtn 12–34 II: Deuteronomium 12–34. Zweiter Teilband: 23–16–34,12, HThKAT, Freiburg (u. a.) 2017.

Ders., Gottes Recht als Menschenrecht. Rechts- und literaturhistorische Studien zum Deuteronomium, BZAR 2, Wiesbaden 2002.

Petermann, I. J., Das Buch Rut. Grenzgänge zweier Frauen im Patriarchat, in: L. Schottroff / M.-Th. Wacker (Hgg.), Kompendium feministischer Bibelauslegung, Gütersloh 21999, 104–113.

Rad, G. v., Predigt über Ruth 1, EvTh 12 (1952/53), 1–6.

Ratzinger, J. (Papst Benedikt XVI.), Jesus von Nazareth. Erster Teil: Von der Taufe im Jordan bis zur Verklärung, Freiburg (u. a.) 2007.

Ravasi, G., Il libro dei Salmi. Commento e attualizzazione, 3 Bde., Bologna 102008.

Reemts, C., Das Buch Rut. Zur christologischen Deutung des Alten Testaments, EuA 75 (1999), 375–382.

Röllig, W., Zur phönizischen Inschrift von Cebelireis Dağı, in: C. Roche (Hg.), D'Ougarit à Jérusalem, FS P. Bordreuil, Orient et Méditeranée 2, Paris 2008, 51–56.

Römer, T. (u. a.) (Hgg.), Einleitung in das Alte Testament. Die Bücher der Hebräischen Bibel und die alttestamentlichen Schriften der katholischen, protestantischen und orthodoxen Kirchen, aus dem Französischen übertragen von C. Henschel (u. a.), Zürich 2013.

Rudolph, W., Das Buch Ruth / Das Hohe Lied / Die Klagelieder, KAT XVII/1–3, Gütersloh 1962.

Sasson, J. M., Ruth. A New Translation with a Philological Commentary and a Formalist-Folklorist Intepretation, The Biblical Seminar, Sheffield ²1989.

Schäfer, P., Die Geburt des Judentums aus dem Geist des Christentums. Fünf Vorlesungen zur Entstehung des rabbinischen Judentums, Tria Corda. Jenaer Vorlesungen zu Antike und Christentum 6, Tübingen 2010.

Ders., Jüdische Polemik gegen Jesus und das Christentum. Die Entstehung eines jüdischen Gegenevangeliums, München 2016.

Schipper, J., Ruth. A New Translation with Introduction and Commentary, AYB 7D, New Haven / London 2016.

Schlatter, A., Der Evangelist Matthäus. Seine Sprache, sein Ziel, seine Selbständigkeit, Stuttgart ³1948.

Schnelle, U., Einleitung in das Neue Testament, Göttingen ⁸2013.

Schulz, A., Das Buch der Richter und das Buch Ruth, HSAT II/4.5, Bonn 1926.

Seybold, K., Die Psalmen, HAT I/15, Tübingen 1996.

Siquans, A., Foreignness and Poverty in the Book of Ruth: A Legal Way for a Poor Foreign Woman to Be Integrated into Israel, JBL 128 (2009), 443–452.

Slenczka, N., Vom Alten Testament und vom Neuen. Beiträge zur Neuvermessung ihres Verhältnisses, Leipzig 2017.

Ders., Flucht aus den dogmatischen Loci, Zeitzeichen 14 / 8 (2013), 45–48.

Ders., Rezeptionshermeneutik und Schriftprinzip. Bemerkungen zu einem ambivalenten Verhältnis, in: M. Witte / J. C. Gertz (Hgg.), Hermeneutik des Alten Testaments, VWGTh 47, Leipzig 2017, 144–165.

Spieckermann, H., „Ein Vater vieler Völker". Die Verheißungen an Abraham im Alten Testament, in: R. G. Kratz / T. Nagel (Hgg.), „Abraham, unser Vater". Die gemeinsamen Wurzeln von Judentum, Christentum und Islam, Göttingen 2003, 8–21.

Steiger, J. A., Martin Luthers allegorisch-figürliche Auslegung der Heiligen Schrift, ZKG 110 (1999), 331–351.

Ders., Typologische und allegorische Exegese des Alten Testaments. Intertestamentarische Hermeneutik, in: Ders., Philologia Sacra. Zur Exegese der Heiligen Schrift im Protestantismus des 16. bis 18. Jahrhunderts, BThSt 117, Neukirchen-Vluyn 2011, 88–112.

Steinberg, J., Die Ketuvim – ihr Aufbau und ihre Botschaft, BBB 152, Hamburg 2006.

Stoebe, H. J., Das erste Buch Samuelis, KAT VIII/1, Gütersloh 1973.

Strack, H. / Billerbeck, P., Kommentar zum Neuen Testament aus Talmud und Midrasch. I: Das Evangelium nach Matthäus, München [5]1969.
Strobel, A., Art. „Maße und Gewichte", in: BHH II, Sp. 1159–1169.
Umbreit, F. W. C., Ueber Geist und Zweck des Buches Ruth. Eine kritische Andeutung, ThStKr 7 (1834), 305–308.
Viberg, Å, Symbols of Law. A Contextual Analysis of Legal Symbolic Acts in the Old Testament, CB. OT Series 34, Stockholm 1992.
Villiers, G. de, The Pentateuch and its Reception in the Book of Ruth: Constructing Israelite Identity, ZAR 24 (2018), 307–320.
Volgger, D., Art. „Levirat / Leviratsehe" (erstellt: Jan 2008), in www.wibilex.de (15.10.18).
Vuilleumier, R., Stellung und Bedeutung des Buches Ruth im alttestamentlichen Kanon, ThZ 44 (1988), 193–210.
Waschke, E.-J., Art. „Messias (AT)" (erstellt: Jan 2006), in: www.wibilex.de (15.10.18).
Weinrich, H., Münze und Wort, in: Ders., Sprache in Texten, Stuttgart 1976, 276–290.
Wellhausen, J., Die Composition des Hexateuchs und der historischen Bücher des Alten Testaments, Berlin [4]1963.
Wiefel, W., Das Evangelium nach Matthäus, ThHK 1, Leipzig 1998.
Winkler, M., Art. „Maße / Gewichte (AT)", in: www.wibilex.de
Witte, M., Jesus Christus im Spiegel des Alten Testaments, in J. Schröter (Hg.), Jesus Christus, Themen der Theologie 9, Tübingen 2014, 13–70.
Witzenrath, H., Das Buch Rut. Eine literaturwissenschaftliche Untersuchung, StANT 40, München 1975.
Würthwein, E., Ruth, in: Galling, K. / Plöger, O. / Ders., Die Fünf Megilloth, HAT I/18, Tübingen [2]1969, 1–24.
Zakovitch, Y., Das Buch Rut. Ein jüdischer Kommentar, SBS 177, Stuttgart 1999.
Zenger, E., Das Buch Ruth, ZBK.AT 8, Zürich [2]1992.
Zenger, E. (u. a.) (Hrsg.), Einleitung in das Alte Testament. 9., aktualisierte Auflage hg. v. C. Frevel, Stuttgart 2016.